512
F.1

Yf 2524

ŒUVRES
CHOISIES
DE P. CORNEILLE.

TOME I.

SE TROUVE AUSSI A PARIS,

Chez { LADRANGE, libraire, quai des Augustins, n° 19.
GUIBERT, libraire, rue Gît-le-Cœur, n° 10.

A Caen. Chez madame LE BARON-BLIN.
A Rouen. Chez FRÈRE.

DE L'IMPRIMERIE DE FIRMIN DIDOT.

OEUVRES

CHOISIES

DE P. CORNEILLE.

TOME PREMIER.

A PARIS,
CHEZ LHEUREUX, LIBRAIRE,
QUAI DES AUGUSTINS, N° 37.

MDCCCXXII.

VIE
DE P. CORNEILLE,
PAR FONTENELLE.

Pierre Corneille naquit à Rouen, en 1606, de Pierre Corneille, maître des eaux et forêts en la vicomté de Rouen, et de Marthe Le Pesant. Il fit ses études aux jésuites de Rouen, et il en a toujours conservé une extrême reconnoissance pour toute la société.

Il se mit d'abord au barreau, sans goût et sans succès : mais une petite occasion fit éclater en lui un génie tout différent; et ce fut l'amour qui la fit naître. Un jeune homme de ses amis, amoureux d'une demoiselle de la même ville, le mena chez elle : le nouveau venu se rendit plus agréable que l'introducteur. Le plaisir de cette aventure excita dans M. Corneille un talent qu'il ne connoissoit pas; et sur ce léger sujet il fit la comédie de Mélite, qui parut en 1625. On y découvrit un caractère original; on conçut que la comédie alloit se perfectionner; et, sur la confiance qu'on eut du nouvel auteur qui paroissoit, il se forma une nouvelle troupe de comédiens.

Je ne doute pas que ceci ne surprenne la plupart des gens qui trouvent les six ou sept premières pièces de M. Corneille si indignes de lui, qu'ils les voudroient retrancher de son recueil, et les faire oublier à jamais. Il est certain que ces pièces ne sont pas belles; mais, outre qu'elles servent à l'histoire du théâtre, elle servent beaucoup aussi à la gloire de M. Corneille.

Il y a une grande différence entre la beauté de l'ouvrage et le mérite de l'auteur. Tel ouvrage qui est fort médiocre n'a pu partir que d'un génie sublime; et tel autre ouvrage qui est assez beau a pu partir d'un génie assez médiocre. Chaque siècle a un certain degré de lumières qui lui est propre. Les esprits médiocres demeurent au-dessous de ce degré; les bons esprits y atteignent; les excellents le passent, si on le peut passer. Un homme né avec des talents est naturellement porté par son siècle au point de perfection où ce siècle est arrivé : l'éducation qu'il a reçue, les exemples qu'il a devant les yeux, tout le conduit jusque-là. Mais, s'il va plus loin, il n'a plus rien d'étranger qui le soutienne, il ne s'appuie que sur ses propres forces, il devient supérieur aux secours dont il s'est servi. Ainsi deux auteurs, dont l'un surpasse extrêmement l'autre par la beauté de ses ouvrages, sont néanmoins égaux en mérite, s'ils se sont également élevés chacun au-dessus de son siècle. Il est vrai que l'un a été bien plus haut que l'autre; mais ce n'est pas qu'il ait eu plus de force, c'est seulement qu'il a pris son vol d'un lieu plus élevé. Par la même raison, de deux auteurs dont les ouvrages sont d'une égale beauté, l'un peut être un homme fort médiocre, et l'autre un génie sublime.

Pour juger de la beauté d'un ouvrage, il suffit donc de le considérer en lui-même; mais, pour juger du mérite de l'auteur, il faut le comparer à son siècle. Les premières pièces de M. Corneille, comme nous avons déja dit, ne sont pas belles : mais tout autre qu'un génie extraordinaire ne les eût pas faites. Mélite est divine, si vous la lisez après les pièces de Hardy, qui l'ont immédiatement précédée. Le théâtre y est sans comparaison mieux entendu, le dialogue mieux tourné, les mouvements mieux conduits, les scènes plus agréables; surtout, et c'est ce que Hardy n'avoit jamais attrapé, il y règne un air assez noble, et la conversation des honnêtes gens n'y est pas mal représentée. Jusque-là on n'avoit guère connu que le comique le plus bas, ou un tragique assez plat; on fut étonné d'entendre une nouvelle langue.

Le jugement que l'on porta de Mélite fut que cette pièce étoit trop simple, et avoit trop peu d'évènements. M. Corneille, piqué de cette critique, fit Clitandre, et y sema les incidents et les aventures avec une très-vicieuse profusion, plus pour censurer le goût du public que pour s'y accommoder. Il paroît qu'après cela il lui fut permis de revenir à son naturel. La Galerie du Palais, la Veuve, la Suivante, la Place-Royale, sont plus raisonnables.

Nous voici dans le temps où le théâtre devint florissant par la faveur du cardinal de Richelieu. Les princes et les ministres n'ont qu'à commander qu'il se forme des poëtes, des peintres, tout ce qu'ils voudront, et il s'en forme. Il y a une infinité de génies de différentes espèces qui n'attendent, pour se déclarer, que leurs ordres, ou plutôt leurs graces. La nature est toujours prête à servir leurs goûts.

On recommença alors à étudier le théâtre des anciens, et à soupçonner qu'il pouvoit y avoir des règles. Celle des vingt-quatre heures fut une des premières dont on s'avisa; mais on n'en faisoit pas encore trop grand cas. Témoin la manière dont M. Corneille lui-même en parle dans la préface de Clitandre, imprimée en 1632. « Que « si j'ai renfermé cette pièce dans la règle d'un « jour, ce n'est pas que je me repente de n'y « avoir point mis Mélite, ou que je me sois ré- « solu à m'y attacher dorénavant. Aujourd'hui « quelques-uns adorent cette règle, beaucoup la « méprisent : pour moi, j'ai voulu seulement « montrer que, si je m'en éloigne, ce n'est pas « faute de la connoître. »

Ne nous imaginons pas que le vrai soit victorieux dès qu'il se montre; il l'est à la fin, mais il lui faut du temps pour soumettre les esprits. Les règles du poëme dramatique, inconnues d'abord ou méprisées, quelque temps après combattues, ensuite reçues à demi, et sous des conditions, demeurent enfin maîtresses du théâtre. Mais l'époque de l'établissement de leur empire n'est proprement qu'au temps de Cinna.

Une des plus grandes obligations que l'on ait à M. Corneille est d'avoir purifié le théâtre. Il fut d'abord entraîné par l'usage établi, mais il y résista aussitôt après; et depuis Clitandre, sa seconde pièce, on ne trouve plus rien de licencieux dans ses ouvrages.

M. Corneille, après avoir fait un essai de ses forces dans ses six premières pièces, où il s'éleva déja au-dessus de son siècle, prit tout-à-coup l'essor dans Médée, et monta jusqu'au tragique le plus sublime. A la vérité il fut secouru par Sénèque; mais il ne laissa pas de faire voir ce qu'il pouvoit par lui-même.

Ensuite il retomba dans la comédie, et, si j'ose dire ce que j'en pense, la chute fut grande. L'Illusion comique, dont je parle ici, est une pièce irrégulière et bizarre, et qui, par ses agréments, n'excuse point sa bizarrerie et son irrégularité. Il y domine un personnage de Capitan qui abat d'un souffle le grand Sophi de Perse et le grand Mogol, et qui, une fois en sa vie, avoit empêché le soleil de se lever à son heure prescrite, parce qu'on ne trouvoit point l'aurore, qui étoit couchée avec ce merveilleux brave. Ces caractères ont été autrefois fort à la mode : mais qui représentoient-ils ? A qui en vouloit-on ? Est-ce qu'il faut outrer nos folies jusqu'à ce point-là pour les rendre plaisantes ? En vérité ce seroit nous faire trop d'honneur.

Après l'Illusion comique, M. Corneille se releva plus grand et plus fort que jamais, et fit le Cid. Jamais pièce de théâtre n'eut un si grand succès. Je me souviens d'avoir vu en ma vie un homme de guerre et un mathématicien qui, de toutes les comédies du monde, ne connoissoient que le Cid. L'horrible barbarie où ils vivoient n'avoit pu empêcher le nom du Cid d'aller jusqu'à eux. M. Corneille avoit dans son cabinet cette pièce traduite en toutes les langues de l'Europe, hors l'esclavonne et la turque. Elle étoit en allemand, en anglois, en flamand, et, par une exactitude flamande, on l'avoit rendue vers pour vers. Elle étoit en italien, et, ce qui est plus étonnant, en espagnol. Les Espagnols avoient bien voulu copier eux-mêmes une pièce dont l'original leur appartenoit. M. Pélisson, dans son Histoire de l'Académie, dit qu'en plusieurs provinces de France il étoit passé en proverbe de dire : « Cela est beau comme le Cid. » Si ce proverbe a péri, il faut s'en prendre aux auteurs, qui ne le goûtoient pas, et à la cour, où c'eût été très-mal parler que de s'en servir sous le ministère du cardinal de Richelieu.

Ce grand homme avoit la plus vaste ambition qui ait jamais été. La gloire de gouverner la France presque absolument, d'abaisser la redoutable maison d'Autriche, de remuer toute l'Europe à son gré, ne lui suffisoit point : il y vouloit joindre encore celle de faire des comédies. Quand le Cid parut, il en fut aussi alarmé que s'il avoit vu les Espagnols devant Paris. Il souleva les auteurs contre cet ouvrage, ce qui ne dut pas être fort difficile ; et il se mit à leur tête. M. de Scudéry publia ses Observations sur le Cid, adressées à l'Académie françoise, qu'il en faisoit juge, et que le cardinal, son fondateur, sollicitoit puissamment contre la pièce accusée. Mais, afin que l'Académie pût juger, ses statuts vouloient que l'autre partie, c'est-à-dire M. Corneille, y consentît. On tira donc de lui une espèce de consentement qu'il ne donna qu'à la crainte de déplaire au cardinal, et qu'il donna pourtant avec assez de fierté. Le moyen de ne pas ménager un pareil ministre, et qui étoit son bienfaiteur! car il récompensoit comme ministre ce même mérite dont il étoit jaloux comme poëte; et il semble que cette grande ame ne pouvoit pas avoir des foiblesses qu'elle ne réparât en même temps par quelque chose de noble.

L'Académie françoise donna ses Sentiments sur le Cid, et cet ouvrage fut digne de la grande réputation de cette compagnie naissante. Elle sut conserver tous les égards qu'elle devoit et à la passion du cardinal et à l'estime prodigieuse que le public avoit conçue du Cid : elle satisfit le cardinal en reprenant exactement tous les défauts de cette pièce, et le public en les reprenant avec modération, et même souvent avec des louanges.

Quand M. Corneille eut une fois, pour ainsi dire, atteint jusqu'au Cid, il s'éleva encore dans les Horace; enfin il alla jusqu'à Cinna et à Polyeucte, au-dessus desquels il n'y a rien.

Ces pièces-là étoient d'une espèce inconnue, et l'on vit un nouveau théâtre. Alors M. Corneille, par l'étude d'Aristote et d'Horace, par son expérience, par ses réflexions, et plus encore par son génie, trouva les véritables règles du poëme dramatique, et découvrit les sources du beau, qu'il a depuis ouvertes à tout le monde dans les discours qui sont à la tête de ses comédies. De là vient qu'il est regardé comme le père du théâtre françois. Il lui a donné le premier une forme raisonnable; il l'a porté à son plus haut point de perfection, et a laissé son secret à qui s'en pourra servir.

Avant que l'on jouât Polyeucte, M. Corneille le lut à l'hôtel de Rambouillet, souverain tribunal des affaires d'esprit en ce temps-là. La pièce y fut applaudie autant que le demandoient la bienséance et la grande réputation que l'auteur avoit déja. Mais, quelques jours après, M. Voiture vint trouver M. Corneille, et prit des tours fort délicats pour lui dire que Polyeucte n'avoit pas réussi comme il pensoit; que surtout le christianisme avoit extrêmement déplu. M. Corneille alarmé voulut retirer la pièce d'entre les mains des comédiens qui l'apprenoient; mais enfin il la leur laissa sur la parole d'un d'entre eux qui n'y jouoit point, parce qu'il étoit trop mauvais acteur. Étoit-ce donc à ce comédien[1] à juger mieux que tout l'hôtel de Rambouillet?

Pompée suivit Polyeucte. Ensuite vint le Menteur, pièce comique, et presque entièrement prise de l'espagnol, selon la coutume de ce temps-là.

Quoique le Menteur soit très-agréable, et qu'on l'applaudisse encore aujourd'hui sur le théâtre, j'avoue que la comédie n'étoit point encore arrivée à sa perfection. Ce qui dominoit dans les pièces, c'étoit l'intrigue et les incidents, erreurs de nom, déguisements, lettres interceptées, aventures nocturnes; et c'est pourquoi on prenoit presque tous les sujets chez les Espagnols, qui triomphent sur ces matières. Ces pièces ne laissoient pas d'être fort plaisantes, et pleines d'esprit. Témoin le Menteur, dont nous parlons, Don Bertrand de Cigaral, le Geolier de

[1] Il s'appeloit Hauteroche. Il est auteur de quelques comédies. Th. Corneille mit sous son nom le Deuil et l'Esprit follet.

soi-même. Mais enfin la plus grande beauté de la comédie étoit inconnue : on ne songeoit point aux mœurs et aux caractères ; on alloit chercher bien loin le ridicule dans des évènements imaginés avec beaucoup de peine ; et on ne s'avisoit point de l'aller prendre dans le cœur humain, où est sa principale habitation. Molière est le premier qui l'ait été chercher là, et celui qui l'a le mieux mis en œuvre. Homme inimitable, et à qui la comédie doit autant que la tragédie à M. Corneille.

Comme le Menteur eut beaucoup de succès, M. Corneille lui donna une Suite, mais qui ne réussit guère. Il en découvre lui-même la raison dans les examens qu'il a faits de ses pièces. Là il s'établit juge de ses propres ouvrages, et en parle avec un noble désintéressement, dont il tire en même temps le double fruit, et de prévenir l'envie sur le mal qu'elle en pourroit dire, et de se rendre lui-même croyable sur le bien qu'il en dit.

A la Suite du Menteur succéda Rodogune. Il a écrit quelque part que, pour trouver la plus belle de ses pièces, il falloit choisir entre Rodogune et Cinna; et ceux à qui il en a parlé ont démêlé sans beaucoup de peine qu'il étoit pour Rodogune. Il ne m'appartient nullement de prononcer sur cela; mais peut-être préféroit-il Rodogune, parce qu'elle lui avoit extrêmement coûté. Il fut plus d'un an à disposer le sujet. Peut-être vouloit-il, en mettant son affection de ce côté-là, balancer celle du public, qui paroît être de l'autre. Pour moi, si j'ose le dire, je ne mettrois point le différent entre Rodogune et Cinna : il me paroît aisé de choisir entre elles; et je connois quelque pièce [1] de M. Corneille que je ferois passer encore avant la plus belle des deux.

On apprendra dans les examens de M. Corneille, mieux que l'on ne feroit ici, l'histoire de Théodore, d'Héraclius, de Don Sanche d'Aragon, d'Andromède, de Nicomède, et de Pertharite. On y verra pourquoi Théodore et Don Sanche réussirent fort peu, et pourquoi Pertharite tomba absolument. On ne put souffrir, dans Théodore, la seule idée du péril de la prostitution ; et, si le public étoit devenu si délicat, à qui M. Corneille

[1] Polyeucte.

devoit-il s'en prendre qu'à lui-même? Avant lui, le viol réussissoit dans les pièces de Hardy. Il manqua à Don Sanche un suffrage illustre[1], qui lui fit manquer tous ceux de la cour : exemple assez commun de la soumission des François à de certaines autorités. Enfin, un mari qui veut racheter sa femme en cédant un royaume fut encore, sans comparaison, plus insupportable dans Pertharite que la prostitution ne l'avoit été dans Théodore. Le bon mari n'osa se montrer au public que deux fois. Cette chute du grand Corneille peut être mise parmi les exemples les plus remarquables des vicissitudes du monde; et Bélisaire demandant l'aumône n'est pas plus étonnant.

Il se dégoûta du théâtre, et déclara qu'il y renonçoit, dans une petite préface assez chagrine qu'il mit au-devant de Pertharite. Il dit pour raison qu'il commence à vieillir; et cette raison n'est que trop bonne, surtout quand il s'agit de poésie et des autres talents de l'imagination. L'espèce d'esprit qui dépend de l'imagination,

[1] Celui de Louis de Bourbon, prince de Condé.

et c'est ce qu'on appelle communément *esprit* dans le monde, ressemble à la beauté, et ne subsiste qu'avec la jeunesse. Il est vrai que la vieillesse vient plus tard pour l'esprit; mais elle vient. Les plus dangereuses qualités qu'elle lui apporte sont la sécheresse et la dureté ; et il y a des esprits qui en sont naturellement plus susceptibles que d'autres, et qui donnent plus de prise aux ravages du temps : ce sont ceux qui avoient de la noblesse, de la grandeur, quelque chose de fier et d'austère. Cette sorte de caractère contracte aisément par les années je ne sais quoi de sec et de dur.

C'est à peu près ce qui arriva à M. Corneille. Il ne perdit pas, en vieillissant, l'inimitable noblesse de son génie, mais il s'y mêla quelquefois un peu de dureté. Il avoit poussé les grands sentiments aussi loin que la nature pouvoit souffrir qu'ils allassent; il commença de temps en temps à les pousser un peu plus loin. Ainsi, dans Pertharite, une reine consent à épouser un tyran qu'elle déteste, pourvu qu'il égorge un fils unique qu'elle a, et que, par cette action, il se rende aussi odieux qu'elle souhaite qu'il le soit. Il est aisé de voir que ce sentiment, au lieu d'être noble, n'est que dur; et il ne faut pas trouver mauvais que le public ne l'ait pas goûté.

Après Pertharite, M. Corneille, rebuté du théâtre, entreprit la traduction en vers de l'Imitation de Jésus-Chrit. Il y fut porté par des pères jésuites de ses amis, par des sentiments de piété qu'il eut toute sa vie, et peut-être aussi par l'activité de son génie, qui ne pouvoit demeurer oisif. Cet ouvrage eut un succès prodigieux, et le dédommagea en toutes manières d'avoir quitté le théâtre. Cependant, si j'ose en parler avec une liberté que je ne devrois peut-être pas me permettre, je ne trouve point dans la traduction de M. Corneille le plus grand charme de l'Imitation de Jésus-Chrit, je veux dire sa simplicité et sa naïveté. Elle se perd dans la pompe des vers, qui étoit naturelle à M. Corneille; et je crois même qu'absolument la forme des vers lui est contraire. Ce livre, le plus beau qui soit parti de la main d'un homme, puisque l'Évangile n'en vient pas, n'iroit pas droit au cœur comme il fait, et ne s'en saisiroit pas avec tant de force, s'il n'avoit un air naturel et tendre, à quoi la négligence même du style aide beaucoup.

Il se passa six ans pendant lesquels il ne parut de M. Corneille que l'Imitation en vers. Mais enfin, sollicité par M. Fouquet, qui négocia en surintendant des finances, et peut-être encore plus poussé par son penchant naturel, il se rengagea au théâtre. M. le surintendant, pour lui faciliter ce retour, et lui ôter toutes les excuses que lui auroit pu fournir la difficulté de trouver des sujets, lui en proposa trois. Celui qu'il prit fut OEdipe; M. Corneille son frère prit Camma, qui étoit le second. Je ne sais quel fut le troisième.

La réconciliation de M. Corneille et du théâtre fut heureuse : OEdipe réussit fort bien.

La Toison d'or fut faite ensuite à l'occasion du mariage du roi; et c'est la plus belle pièce à machines que nous ayons. Les machines, qui sont ordinairement étrangères à la pièce, deviennent, par l'art du poëte, nécessaires à celle-là; et surtout le prologue doit servir de modèle aux prologues à la moderne, qui sont faits pour exposer, non pas le sujet de la pièce, mais l'occasion pour laquelle elle a été faite.

Ensuite parurent Sertorius et Sophonisbe.

Dans la première de ces deux pièces, la grandeur romaine éclate avec toute sa pompe; et l'idée qu'on pourroit se former de la conversation de deux grands hommes qui ont de grands intérêts à démêler est encore surpassée par la scène de Pompée et de Sertorius. Il semble que M. Corneille ait eu des mémoires particuliers sur les Romains. Sophonisbe avait déjà été traitée par Mairet avec beaucoup de succès, et M. Corneille avoue qu'il se trouvoit bien hardi d'oser la traiter de nouveau. Si Mairet avoit joui de cet aveu, il en auroit été fort glorieux, même étant vaincu.

Il faut croire qu'Agésilas est de M. Corneille, puisque son nom y est, et qu'il y a une scène d'Agésilas et de Lysander qui ne pourroit pas facilement être d'un autre.

Après Agésilas vint Othon, ouvrage où Tacite est mis en œuvre par le grand Corneille, et où se sont unis deux génies si sublimes. M. Corneille y a peint la corruption de la cour des empereurs du même pinceau dont il avoit peint les vertus de la république.

En ce temps-là, des pièces d'un caractère fort

différent des siennes parurent avec éclat sur le théâtre. Elles étoient pleines de tendresse et de sentiments aimables. Si elles n'alloient pas jusqu'aux beautés sublimes, elles étoient bien éloignées de tomber dans des défauts choquants. Une élévation qui n'étoit pas du premier degré, beaucoup d'amour, un style très-agréable et d'une élégance qui ne se démentoit point, une infinité de traits vifs et naturels, un jeune auteur : voilà ce qu'il falloit aux femmes, dont le jugement a tant d'autorité au théâtre françois. Aussi furent-elles charmées ; et Corneille ne fut plus chez elles que le vieux Corneille. J'en excepte quelques femmes qui valoient des hommes.

Le goût du siècle se tourna donc entièrement du côté d'un genre de tendresse moins noble, et dont le modèle se retrouvoit plus aisément dans la plupart des cœurs. Mais M. Corneille dédaigna fièrement d'avoir de la complaisance pour ce nouveau goût. Peut-être croira-t-on que son âge ne lui permettoit pas d'en avoir. Ce soupçon seroit très-légitime, si l'on ne voyoit ce qu'il a fait dans la Psyché de Molière, où, étant à l'ombre du nom d'autrui, il s'est abandonné à un excès de tendresse dont il n'auroit pas voulu déshonorer son nom.

Il ne pouvoit mieux braver son siècle qu'en lui donnant Attila, digne roi des Huns. Il règne dans cette pièce une férocité noble que lui seul pouvoit attraper. La scène où Attila délibère s'il se doit allier à l'Empire qui tombe, ou à la France qui s'élève, est une des belles choses qu'il ait faites.

Bérénice fut un duel dont tout le monde sait l'histoire. Une princesse[1], fort touchée des choses d'esprit, et qui eût pu les mettre à la mode dans un pays barbare, eut besoin de beaucoup d'adresse pour faire trouver les deux combattants sur le champ de bataille sans qu'ils sussent où on les menoit. Mais à qui demeura la victoire? au plus jeune.

Il ne reste plus que Pulchérie et Suréna, tous deux sans comparaison meilleurs que Bérénice, tous deux dignes de la vieillesse d'un grand homme. Le caractère de Pulchérie est de ceux que lui seul pouvoit faire; et il s'est dépeint lui-

---

[1] Henriette-Anne d'Angleterre.

même avec bien de la force dans Martian, qui est un vieillard amoureux. Le cinquième acte de cette pièce est tout-à-fait beau.

On voit dans Suréna une belle peinture d'un homme que son trop de mérite et de trop grands services rendent criminel auprès de son maître; et ce fut par ce dernier effort que M. Corneille termina sa carrière.

La suite de ses pièces représente ce qui doit naturellement arriver à un grand homme qui pousse le travail jusqu'à la fin de sa vie. Ses commencements sont foibles et imparfaits, mais déja dignes d'admiration par rapport à son siècle. Ensuite il va aussi haut que son art peut atteindre. A la fin il s'affoiblit, s'éteint peu à peu, et n'est plus semblable à lui-même que par intervalles.

Après Suréna, qui fut joué en 1675, M. Corneille renonça tout de bon au théâtre, et ne pensa plus qu'à mourir chrétiennement. Il ne fut pas même en état d'y penser beaucoup la dernière année de sa vie.

Je n'ai pas cru devoir interrompre la suite de ses grands ouvrages, pour parler de quelques autres beaucoup moins considérables qu'il a donnés de temps en temps. Il a fait, étant jeune, quelques petites pièces de galanterie, qui sont répandues dans des recueils. On a encore de lui quelques petites pièces de cent ou de deux cents vers au roi, soit pour le féliciter de ses victoires, soit pour lui demander des graces, soit pour le remercier de celles qu'il en avoit reçues. Il a traduit deux ouvrages latins du père de la Rue, tous deux d'assez longue haleine, et plusieurs petites pièces de M. de Santeuil. Il estimoit extrêmement ces deux poëtes. Lui-même faisoit fort bien des vers latins, et il en fit sur la campagne de Flandre, en 1667, qui parurent si beaux, que, non seulement plusieurs personnes les mirent en françois, mais que les meilleurs poëtes latins en prirent l'idée, et les mirent encore en latin.

Il avoit traduit sa première scène de Pompée en vers du style de Sénèque le tragique, pour lequel il n'avoit pas d'aversion, non plus que pour Lucain. Il falloit aussi qu'il n'en eût pas pour Stace, fort inférieur à Lucain, puisqu'il en a traduit en vers et publié les deux premiers livres de la Thébaïde. Ils ont échappé à toutes les recherches qu'on a faites depuis un temps pour en retrouver quelque exemplaire.

M. Corneille étoit assez grand et assez plein; l'air fort simple et fort commun; toujours négligé, et peu curieux de son extérieur. Il avoit le visage assez agréable, un grand nez, la bouche belle, les yeux pleins de feu, la physionomie vive, des traits fort marqués et propres à être transmis à la postérité dans une médaille ou dans un buste. Sa prononciation n'étoit pas tout-à-fait nette; il lisoit ses vers avec force, mais sans grace.

Il savoit les belles-lettres, l'histoire, la politique; mais il les prenoit principalement du côté qu'elles ont rapport au théâtre. Il n'avoit, pour toutes les autres connoissances, ni loisir, ni curiosité, ni beaucoup d'estime. Il parloit peu, même sur la matière qu'il entendoit si parfaitement. Il n'ornoit pas ce qu'il disoit; et, pour trouver le grand Corneille, il le falloit lire.

Il étoit mélancolique. Il lui falloit des sujets plus solides pour espérer et pour se réjouir, que pour se chagriner ou pour craindre. Il avoit l'humeur brusque, et quelquefois rude en apparence; au fond il étoit très-aisé à vivre, bon père, bon mari, bon parent, tendre et plein d'amitié. Son tempérament le portoit assez à l'amour, mais jamais au libertinage, et rarement aux grands attachements. Il avoit l'ame fière et indépendante; nulle souplesse, nul manége : ce qui l'a rendu très-propre à peindre la vertu romaine, et très-peu propre à faire sa fortune. Il n'aimoit point la cour ; il y apportoit un visage presque inconnu, un grand nom qui ne s'attiroit que des louanges, et un mérite qui n'étoit point le mérite de ce pays-là.

Rien n'étoit égal à son incapacité pour les affaires, que son aversion : les plus légères lui causoient de l'effroi et de la terreur. Quoique son talent lui eût beaucoup rapporté, il n'en étoit guère plus riche. Ce n'est pas qu'il eût été fâché de l'être; mais il eût fallu le devenir par une habileté qu'il n'avoit pas, et par des soins qu'il ne pouvoit prendre.

Il ne s'étoit point trop endurci aux louanges, à force d'en recevoir; mais, s'il étoit sensible à la gloire, il étoit fort éloigné de la vanité : quelquefois il se confioit trop peu à son rare mérite, et croyoit trop facilement qu'il pût avoir des rivaux.

A beaucoup de probité naturelle il a joint, dans tous les temps de sa vie, beaucoup de religion, et plus de piété que le commerce du monde n'en permet ordinairement. Il a eu souvent besoin d'être rassuré par des casuistes sur ses pièces de théâtre, et ils lui ont toujours fait grace en faveur de la pureté qu'il avoit établie sur la scène, des nobles sentiments qui règnent dans ses ouvrages, et de la vertu qu'il a mise jusque dans l'amour.

FIN DE LA VIE DE P. CORNEILLE.

MÉDÉE,

TRAGÉDIE EN CINQ ACTES.

1635.

PRÉFACE DE VOLTAIRE.

On peut entrevoir déja dans *Médée* le germe des grandes beautés qui brillent dans les autres pièces de Corneille. J'avoue cependant qu'il serait aujourd'hui inconnu, s'il n'avait fait que cette tragédie. Il était alors confondu parmi les cinq auteurs que le cardinal de Richelieu faisait travailler aux pièces dont il était l'inventeur. Ces cinq auteurs étaient, comme on sait, l'Étoile, fils du grand audiencier, dont nous avons les mémoires; Boisrobert, abbé de Châtillon-sur-Seine, aumônier du roi et conseiller d'état; Colletet, qui n'est plus connu que par les satires de Boileau, mais que le cardinal regardait alors avec estime; Rotrou, lieutenant-civil au bailliage de Dreux, homme de génie; Corneille lui-même, assez subordonné aux autres, qui l'emportaient sur lui par la fortune ou par la faveur.

Corneille se retira bientôt de cette société, sous le prétexte des arrangements de sa petite fortune qui exigeaient sa présence à Rouen. Rotrou n'avait encore rien fait qui approchât même du médiocre. Il ne donna son *Venceslas* que quatorze ans après la *Médée*, en 1649, lorsque Corneille, qui l'appelait son père, fut devenu son maître, et que Rotrou, ranimé par le génie de Corneille, devint digne de lui être comparé dans la première scène de *Venceslas*, et dans le quatrième acte. Encore même cette pièce de Rotrou était-elle une imitation de l'auteur espagnol Francesco de Roxas.

Mais, en 1635, temps auquel on joua la *Médée* de Corneille, on n'avait d'ouvrage un peu supportable à quelques égards que la *Sophonisbe* de Mairet, donnée en 1633. Il est remarquable qu'en Italie et en France la véritable tragédie dut sa naissance à une *Sophonisbe*. Le prélat Trissino, auteur de la *Sophonisbe* italienne, eut l'avantage d'écrire dans une langue déja fixée et perfectionnée ; et Mairet, au contraire, dans le temps où la langue française luttait contre la barbarie. On ne connaissait que des imitations languissantes des tragédies grecques et espagnoles, ou des inventions puériles, telles que *l'Innocente infidélité*, de Rotrou ; *l'Hôpital des Fous*, du nommé Beys ; le *Cléomédon*, de Durier ;

l'*Orante,* de Scudéri ; *la Pélerine amoureuse.* Ce sont là les pièces qu'on joua dans cette même année 1635, un peu avant la *Médée* de Corneille.

Avec quelle lenteur tout se forme! Nous avions déja plus de mille pièces de théâtre, et pas une seule qui pût être soufferte aujourd'hui par la populace des provinces les plus grossières. Il en a été de même dans tous les arts, et dans tout ce qui concerne les agréments de la société et les commodités de la vie. Que chaque nation parcoure son histoire, et elle verra que, depuis la chute de l'empire romain, elle a été presque sauvage pendant dix ou douze siècles.

La *Médée* de Corneille n'eut qu'un succès médiocre, quoiqu'elle fût au-dessus de tout ce qu'on avait donné jusqu'alors. Un ouvrage peut toucher avec les plus énormes défauts, quand il est animé par une passion vive et par un grand intérêt, comme *le Cid;* mais de longues déclamations ne réussissent en aucun pays ni en aucun temps. La *Médée* de Sénèque, qui avait ce défaut, n'eut point de succès chez les Romains ; celle de Corneille n'a pu rester au théâtre.

On ne représente d'autre *Médée* à Paris que celle de Longepierre, tragédie à la vérité très-médiocre, et où le défaut des Grecs, qui était la vaine déclamation, est poussé à l'excès; mais, lorsqu'une actrice imposante fait valoir le rôle de Médée, cette pièce a quelque éclat aux représentations, quoique la lecture en soit peu supportable.

Ces tragédies, uniquement tirées de la fable, et où tout est incroyable, ont aujourd'hui peu de réputation parmi nous, depuis que Corneille nous a accoutumés au vrai; et il faut avouer qu'un homme sensé qui vient d'entendre la délibération d'Auguste, de Cinna et de Maxime, a bien de la peine à supporter Médée traversant les airs dans un char traîné par des dragons. Un défaut plus grand encore dans la tragédie de *Médée*, c'est qu'on ne s'intéresse à aucun personnage. Médée est une méchante femme qui se venge d'un malhonnête homme. La manière dont Corneille a traité ce sujet nous révolte aujourd'hui; celles d'Euripide et de Sénèque nous révolteraient encore davantage.

Une magicienne ne nous paraît pas un sujet propre à la tragédie régulière, ni convenable à un peuple dont le goût est perfectionné. On demande pourquoi nous rejetterions des magiciens, et que non-seulement nous permettons que dans la tragédie on parle d'ombres et de fantômes, mais même qu'une ombre paraisse quelquefois sur le théâtre.

Il n'y a certainement pas plus de revenants que de magiciens dans le monde ; et, si le théâtre est la représentation de la vérité, il faut bannir également les apparitions et la magie.

Voici, je crois, la raison pour laquelle nous souffririons l'apparition d'un mort, et non le vol d'un magicien dans les airs. Il est possible que la Divinité fasse paraître une ombre pour étonner les hommes par ces coups extraordinaires de sa providence, et pour faire rentrer les criminels en eux-mêmes ; mais il n'est pas possible que des magiciens aient le pouvoir de violer les lois éternelles de cette même providence : telles sont aujourd'hui les idées reçues.

Un prodige opéré par le ciel même ne révoltera point ; mais un prodige opéré par un sorcier, malgré le ciel, ne plaira jamais qu'à la populace.

Quodcumque ostendis mihi sic incredulus odi.

Chez les Grecs, et même chez les Romains, qui admettaient les sortilèges, *Médée* pouvait être un très-beau sujet. Aujourd'hui nous le reléguons à l'opéra, qui est parmi nous l'empire des fables, et qui est à-peu-près parmi les théâtres ce qu'est l'*Orlando furioso* parmi les poèmes épiques.

Mais quand Médée ne serait pas sorcière, le parricide qu'elle commet presque de sang-froid sur ses deux enfants, pour se venger de son mari, et l'envie que Jason a de son côté de tuer ces mêmes enfants pour se venger de sa femme, forment un amas de monstres dégoûtants, qui n'est malheureusement soutenu que par des amplifications de rhétorique, en vers souvent durs ou faibles, ou tenant de ce comique qu'on mêlait avec le tragique sur tous les théâtres de l'Europe au commencement du dix-septième siècle. Cependant cette pièce est un chef-d'œuvre, en comparaison de presque tous les ouvrages dramatiques qui la précédèrent. C'est ce que M. de Fontenelle appelle *prendre l'essor, et monter jusqu'au tragique le plus sublime.* Et en effet il a raison, si on compare Médée aux six cents pièces de Hardi, qui furent faites chacune en deux ou trois jours; aux tragédies de Garnier; aux *Amours infortunées de Léandre et de Héro*, par l'avocat La Selve; à *la Fidèle Tromperie*, d'un autre avocat nommé Gougenot; au *Pirandre*, de Boisrobert, qui fut joué un an avant la *Médée*.

Nous avons déja remarqué que toutes les autres parties de la littérature n'étaient pas mieux cultivées.

Corneille avait trente ans quand il donna sa *Médée* : c'est l'âge de la force de l'esprit; mais il était encore subjugué par son siècle. Ce n'est point sa première tragédie; il avait fait jouer *Clitandre* trois ans auparavant. Ce *Clitandre* est entièrement dans le goût espagnol et dans le goût anglais : les personnages combattent sur le théâtre; on y tue, on y assassine; on voit des héroïnes tirer l'épée; des archers courent après les meurtriers; des femmes se déguisent en hommes; une Dorise crève un œil à un de ses amants avec une aiguille à tête. Il y a de quoi faire un roman de dix tomes; et cependant il n'y a rien de si froid et de plus ennuyeux. La bienséance, la vraisemblance, négligées, toutes les règles violées, ne sont qu'un très-léger défaut en comparaison de l'ennui. Les tragédies de Shakespear étaient plus monstrueuses encore que *Clitandre*, mais elles n'ennuyaient pas. Il fallut enfin revenir aux anciens pour faire quelque chose de supportable, et *Médée* est la première pièce dans laquelle on trouve quelque goût de l'antiquité. Cette imitation est sans doute très-inférieure à ces beautés vraies que Corneille tira depuis de son seul génie.

PRÉFACE DE VOLTAIRE.

Resserrer un évènement illustre et intéressant dans l'espace de deux ou trois heures, ne faire paraître les personnages que quand ils doivent venir, ne laisser jamais le théâtre vide, former une intrigue aussi vraisemblable qu'attachante, ne dire rien d'inutile, instruire l'esprit et remuer le cœur, être toujours éloquent en vers, et de l'éloquence propre à chaque caractère qu'on représente, parler sa langue avec autant de pureté que dans la prose la plus châtiée, sans que la contrainte de la rime paraisse gêner les pensées, ne se pas permettre un seul vers, ou dur, ou obscur, ou déclamateur; ce sont là les conditions qu'on exige aujourd'hui d'une tragédie, pour qu'elle puisse passer à la postérité avec l'approbation des connaisseurs, sans laquelle il n'y a jamais de réputation véritable. On verra comment, dans les pièces suivantes, P. Corneille a rempli plusieurs de ces conditions.

ÉPITRE

DE CORNEILLE

A MONSIEUR P. T. N. G.

Monsieur,

Je vous donne Médée, toute méchante qu'elle est, et ne vous dirai rien pour sa justification. Je vous la donne pour telle que vous la voudrez prendre, sans tâcher à prévenir ou violenter vos sentiments par un étalage des préceptes de l'art, qui doivent être fort mal entendus et fort mal pratiqués quand ils ne nous font pas arriver au but que l'art se propose. Celui de la poésie dramatique est de plaire; et les règles qu'elle nous prescrit ne sont que des adresses pour en faciliter les moyens au poëte, et non pas des raisons qui puissent persuader aux spectateurs qu'une chose soit agréable, quand elle leur déplaît. Ici, vous trouverez le crime en son char de triomphe, et peu de personnages sur la scène dont les mœurs ne soient plus mauvaises que bonnes; mais la peinture et la poésie ont cela de commun entre beaucoup d'autres choses, que l'une fait souvent de beaux portraits d'une femme laide, et l'autre de belles imitations d'une action qu'il ne faut pas imiter. Dans la portraiture, il n'est pas question si un visage est beau, mais s'il ressemble; et, dans la poésie, il ne faut pas considérer si les mœurs sont vertueuses, mais si elles sont pareilles à celles de la personne qu'elle introduit. Aussi nous décrit-elle indifféremment les bonnes et les mauvaises actions, sans nous proposer les dernières pour exemple; et si elle nous en veut faire quelque horreur, ce n'est point par leur punition, qu'elle n'affecte pas de nous faire voir, mais par leur laideur, qu'elle s'efforce de nous représenter au naturel. Il n'est pas besoin d'avertir ici le public que celles de cette tragédie ne sont pas à imiter : elles paroissent assez à découvert pour n'en faire envie à personne. Je n'examine point si elles sont vraisemblables ou non; cette difficulté, qui est la plus délicate de la poésie, et peut-être la moins entendue, demanderoit un discours trop long pour une épître : il me suffit qu'elles sont autorisées, ou par la vérité de l'histoire, ou par l'opinion commune des anciens. Elles vous ont agréé autrefois sur le théâtre; j'espère qu'elles vous satisferont encore aucunement sur le papier; et demeure,

Monsieur,

Votre très-humble
et très-obéissant serviteur,
P. Corneille.

PERSONNAGES.

CRÉON, roi de Corinthe.
ÆGÉE, roi d'Athènes.
JASON, mari de Médée.
POLLUX, argonaute, ami de Jason.
CRÉUSE, fille de Créon.
MÉDÉE, femme de Jason.
CLÉONE, gouvernante de Créuse.
NÉRINE, suivante de Médée.
THEUDAS, domestique de Créon.
Troupe des gardes de Créon.

La scène est à Corinthe, en plusieurs endroits différents.

MÉDÉE.

ACTE PREMIER.

SCÈNE I.

POLLUX, JASON.

POLLUX.
Que je sens à-la-fois de surprise et de joie!
Se peut-il qu'en ces lieux enfin je vous revoie,
Que Pollux dans Corinthe ait rencontré Jason?

JASON.
Vous n'y pouviez venir en meilleure saison;
Et, pour vous rendre encor l'ame plus étonnée,
Préparez-vous à voir mon second hyménée.

POLLUX.
Quoi! Médée est donc morte, ami?

JASON.
                          Non, elle vit;
Mais un objet plus beau la chasse de mon lit.

POLLUX.
Dieux! Et que fera-t-elle?

MÉDÉE.

JASON.

                     Et que fit Hypsipyle,
Que pousser les éclats d'un courroux inutile?
Elle jeta des cris, elle versa des pleurs,
Elle me souhaita mille et mille malheurs,
Dit que j'étois sans foi, sans cœur, sans conscience;
Et, lasse de le dire, elle prit patience.
Médée en son malheur en pourra faire autant :
Qu'elle soupire, pleure, et me nomme inconstant;
Je la quitte à regret, mais je n'ai point d'excuse
Contre un pouvoir plus fort qui me donne à Créuse.

POLLUX.

Créuse est donc l'objet qui vous vient d'enflammer?
Je l'aurois deviné sans l'entendre nommer.
Jason ne fit jamais de communes maîtresses;
Il est né seulement pour charmer les princesses,
Et haïroit l'amour, s'il avoit sous sa loi
Rangé de moindres cœurs que des filles de roi.
Hypsipyle à Lemnos, sur le Phase Médée,
Et Créuse à Corinthe, autant vaut, possédée,
Font bien voir qu'en tous lieux, sans le secours de Mars,
Les sceptres sont acquis à ses moindres regards.

JASON.

Aussi je ne suis pas de ces amants vulgaires;
J'accommode ma flamme au bien de mes affaires;
Et, sous quelque climat que me jette le sort,
Par maxime d'état je me fais cet effort.
   Nous voulant à Lemnos rafraîchir dans la ville,

ACTE I, SCENE I.

Qu'eussions-nous fait, Pollux, sans l'amour d'Hypsipyle?
Et depuis, à Colchos, que fit votre Jason,
Que cajoler Médée, et gagner la toison?
Alors, sans mon amour, qu'eût fait votre vaillance?
Eût-elle du dragon trompé la vigilance?
Ce peuple que la terre enfantoit tout armé,
Qui de vous l'eût défait, si Jason n'eût aimé?
Maintenant qu'un exil m'interdit ma patrie,
Créuse est le sujet de mon idolâtrie;
Et j'ai trouvé l'adresse, en lui faisant la cour,
De relever mon sort sur les ailes d'amour.

POLLUX.

Que parlez-vous d'exil? La haine de Pélie....

JASON.

Me fait, tout mort qu'il est, fuir de sa Thessalie.

POLLUX.

Il est mort!

JASON.

Écoutez, et vous saurez comment
Son trépas seul m'oblige à cet éloignement.
Après six ans passés, depuis notre voyage,
Dans les plus grands plaisirs qu'on goûte au mariage,
Mon père, tout caduc, émouvant ma pitié,
Je conjurai Médée, au nom de l'amitié....

POLLUX.

J'ai su comme son art, forçant les destinées,
Lui rendit la vigueur de ses jeunes années :
Ce fut, s'il m'en souvient, ici que je l'appris;

D'où soudain un voyage en Asie entrepris
Fait que, nos deux séjours divisés par Neptune,
Je n'ai point su depuis quelle est votre fortune;
Je n'en fais qu'arriver.

JASON.

Apprenez donc de moi
Le sujet qui m'oblige à lui manquer de foi.
  Malgré l'aversion d'entre nos deux familles,
De mon tyran Pélie elle gagne les filles,
Et leur feint de ma part tant d'outrages reçus,
Que ces foibles esprits sont aisément déçus.
Elle fait amitié, leur promet des merveilles,
Du pouvoir de son art leur remplit les oreilles;
Et, pour mieux leur montrer comme il est infini,
Leur étale surtout mon père rajeuni.
Pour épreuve, elle égorge un bélier à leurs vues,
Le plonge en un bain d'eaux et d'herbes inconnues,
Lui forme un nouveau sang avec cette liqueur,
Et lui rend d'un agneau la taille et la vigueur.
Les sœurs crient miracle, et chacune ravie
Conçoit pour son vieux père une pareille envie,
Veut un effet pareil, le demande, et l'obtient;
Mais chacune a son but. Cependant la nuit vient;
Médée, après le coup d'une si belle amorce,
Prépare de l'eau pure et des herbes sans force,
Redouble le sommeil des gardes et du roi.
La suite au seul récit me fait trembler d'effroi :
A force de pitié ces filles inhumaines

De leur père endormi vont épuiser les veines;
Leur tendresse crédule, à grands coups de couteau,
Prodigue ce vieux sang, et fait place au nouveau;
Le coup le plus mortel s'impute à grand service;
On nomme piété ce cruel sacrifice;
Et l'amour paternel qui fait agir leurs bras
Croiroit commettre un crime à n'en commettre pas.
Médée est éloquente à leur donner courage:
Chacune toutefois tourne ailleurs son visage;
Une secrète horreur condamne leur dessein,
Et refuse leurs yeux à conduire leur main.

POLLUX.

A me représenter ce tragique spectacle,
Qui fait un parricide, et promet un miracle,
J'ai de l'horreur moi-même, et ne puis concevoir
Qu'un esprit jusque-là se laisse décevoir.

JASON.

Ainsi mon père Æson recouvra sa jeunesse.
Mais oyez le surplus. Ce grand courage cesse;
L'épouvante les prend; Médée en raille, et fuit.
Le jour découvre à tous les crimes de la nuit;
Et, pour vous épargner un discours inutile,
Acaste, nouveau roi, fait mutiner la ville,
Nomme Jason l'auteur de cette trahison,
Et, pour venger son père, assiége ma maison.
Mais j'étois déja loin aussi bien que Médée;
Et ma famille enfin à Corinthe abordée,
Nous saluons Créon, dont la bénignité

Nous promet contre Acaste un lieu de sûreté.
Que vous dirai-je plus? Mon bonheur ordinaire
M'acquiert les volontés de la fille et du père ;
Si bien que de tous deux également chéri,
L'un me veut pour son gendre, et l'autre pour mari.
D'un rival couronné les grandeurs souveraines,
La majesté d'Ægée, et le sceptre d'Athènes,
N'ont rien, à leur avis, de comparable à moi;
Et, banni que je suis, je leur suis plus qu'un roi.
Je vois trop ce bonheur, mais je le dissimule;
Et, bien que pour Créuse un pareil feu me brûle,
Du devoir conjugal je combats mon amour,
Et je ne l'entretiens que pour faire ma cour.
 Acaste cependant menace d'une guerre
Qui doit perdre Créon et dépeupler sa terre;
Puis, changeant tout-à-coup ses résolutions,
Il propose la paix sous des conditions.
Il demande d'abord et Jason et Médée :
On lui refuse l'un, et l'autre est accordée;
Je l'empêche, on débat, et je fais tellement
Qu'enfin il se réduit à son bannissement.
De nouveau je l'empêche, et Créon me refuse;
Et, pour m'en consoler, il m'offre sa Créuse.
Qu'eussé-je fait, Pollux, en cette extrémité
Qui commettoit ma vie avec ma loyauté?
Car, sans doute, à quitter l'utile pour l'honnête,
La paix allait se faire aux dépens de ma tête;
Ce mépris insolent des offres d'un grand roi

Aux mains d'un ennemi livroit Médée et moi.
Je l'eusse fait pourtant, si je n'eusse été père.
L'amour de mes enfants m'a fait l'ame légère;
Ma perte étoit la leur; et cet hymen nouveau
Avec Médée et moi les tira du tombeau :
Eux seuls m'ont fait résoudre, et la paix s'est conclue.

POLLUX.

Bien que de tous côtés l'affaire résolue
Ne laisse aucune place aux conseils d'un ami,
Je ne puis toutefois l'approuver qu'à demi.
Sur quoi que vous fondiez un traitement si rude,
C'est montrer pour Médée un peu d'ingratitude;
Ce qu'elle a fait pour vous est mal récompensé.
Il faut craindre, après tout, son courage offensé;
Vous savez mieux que moi ce que peuvent ses charmes.

JASON.

Ce sont à sa fureur d'épouvantables armes;
Mais son bannissement nous en va garantir.

POLLUX.

Gardez d'avoir sujet de vous en repentir.

JASON.

Quoi qu'il puisse arriver, ami, c'est chose faite.

POLLUX.

La termine le ciel comme je le souhaite!
Permettez cependant qu'afin de m'acquitter
J'aille trouver le roi pour l'en féliciter.

JASON.

Je vous y conduirois; mais j'attends ma princesse

Qui va sortir du temple.
POLLUX.
Adieu : l'amour vous presse ;
Et je serois marri qu'un soin officieux
Vous fît perdre pour moi des temps si précieux.

SCÈNE II.

JASON.

Depuis que mon esprit est capable de flamme,
Jamais un trouble égal n'a confondu mon ame.
Mon cœur, qui se partage en deux affections,
Se laisse déchirer à mille passions.
Je dois tout à Médée, et je ne puis sans honte
Et d'elle et de ma foi tenir si peu de compte.
Je dois tout à Créon, et d'un si puissant roi
Je fais un ennemi, si je garde ma foi.
Je regrette Médée, et j'adore Créuse ;
Je vois mon crime en l'une, en l'autre mon excuse ;
Et dessus mon regret mes desirs triomphants
Ont encor le secours du soin de mes enfants.
    Mais la princesse vient : l'éclat d'un tel visage
Du plus constant du monde attireroit l'hommage,
Et semble reprocher à ma fidélité
D'avoir osé tenir contre tant de beauté.

SCÈNE III.

CRÉUSE, JASON, CLÉONE.

JASON.

Que votre zèle est long, et que d'impatience
Il donne à votre amant, qui meurt en votre absence!

CRÉUSE.

Je n'ai pas fait pourtant au ciel beaucoup de vœux;
Ayant Jason à moi, j'ai tout ce que je veux.

JASON.

Et moi, puis-je espérer l'effet d'une prière
Que ma flamme tiendroit à faveur singulière?
Au nom de notre amour, sauvez deux jeunes fruits
Que d'un premier hymen la couche m'a produits;
Employez-vous pour eux, faites auprès d'un père
Qu'ils ne soient point compris dans l'exil de leur mère;
C'est lui seul qui bannit ces petits malheureux,
Puisque dans les traités il n'est point parlé d'eux.

CRÉUSE.

J'avois déja parlé de leur tendre innocence,
Et vous y servirai de toute ma puissance,
Pourvu qu'à votre tour vous m'accordiez un point
Que jusques à tantôt je ne vous dirai point.

JASON.

Dites, et, quel qu'il soit, que ma reine en dispose.

CRÉUSE.
Si je puis sur mon père obtenir quelque chose,
Vous le saurez après; je ne veux rien pour rien.
CLÉONE.
Vous pourrez au palais suivre cet entretien.
On ouvre chez Médée, ôtez-vous de sa vue;
Vos présences rendroient sa douleur plus émue;
Et vous seriez marris que cet esprit jaloux
Mêlât son amertume à des plaisirs si doux.

SCÈNE IV.

MÉDÉE.

Souverains protecteurs des lois de l'hyménée,
Dieux, garants de la foi que Jason m'a donnée,
Vous qu'il prit à témoin d'une immortelle ardeur
Quand par un faux serment il vainquit ma pudeur,
Voyez de quel mépris vous traite son parjure,
Et m'aidez à venger cette commune injure :
S'il me peut aujourd'hui chasser impunément,
Vous êtes sans pouvoir ou sans ressentiment.

 Et vous, troupe savante en noires barbaries,
Filles de l'Achéron, pestes, larves, furies,
Fières sœurs, si jamais notre commerce étroit
Sur vous et vos serpents me donna quelque droit,
Sortez de vos cachots avec les mêmes flammes
Et les mêmes tourments dont vous gênez les ames;

ACTE I, SCENE IV.

Laissez-les quelque temps reposer dans leurs fers;
Pour mieux agir pour moi faites trève aux enfers;
Apportez-moi, du fond des antres de Mégère,
La mort de ma rivale, et celle de son père;
Et, si vous ne voulez mal servir mon courroux,
Quelque chose de pis pour mon perfide époux :
Qu'il coure vagabond de province en province;
Qu'il fasse lâchement la cour à chaque prince;
Banni de tous côtés, sans bien et sans appui,
Accablé de frayeur, de misère et d'ennui,
Qu'à ses plus grands malheurs aucun ne compatisse;
Qu'il ait regret à moi pour son dernier supplice;
Et que mon souvenir jusque dans le tombeau
Attache à son esprit un éternel bourreau.
Jason me répudie! eh! qui l'auroit pu croire?
S'il a manqué d'amour, manque-t-il de mémoire?
Me peut-il bien quitter après tant de bienfaits?
M'ose-t-il bien quitter après tant de forfaits?
Sachant ce que je puis, ayant vu ce que j'ose,
Croit-il que m'offenser ce soit si peu de chose?
Quoi! mon père trahi, les éléments forcés,
D'un frère dans la mer les membres dispersés,
Lui font-ils présumer mon audace épuisée?
Lui font-ils présumer qu'à mon tour méprisée,
Ma rage contre lui n'ait par où s'assouvir,
Et que tout mon pouvoir se borne à le servir?
Tu t'abuses, Jason, je suis encor moi-même.
Tout ce qu'en ta faveur fit mon amour extrême,

Je le ferai par haine; et je veux pour le moins
Qu'un forfait nous sépare, ainsi qu'il nous a joints;
Que mon sanglant divorce, en meurtres, en carnage,
S'égale aux premiers jours de notre mariage,
Et que notre union, que rompt ton changement,
Trouve une fin pareille à son commencement.
Déchirer par morceaux l'enfant aux yeux du père
N'est que le moindre effet qui suivra ma colère;
Des crimes si légers furent mes coups d'essai:
Il faut bien autrement montrer ce que je sai;
Il faut faire un chef-d'œuvre, et qu'un dernier ouvrage
Surpasse de bien loin ce foible apprentissage.
 Mais, pour exécuter tout ce que j'entreprends,
Quels dieux me fourniront des secours assez grands?
Ce n'est plus vous, enfers, qu'ici je sollicite,
Vos feux sont impuissants pour ce que je médite.
Auteur de ma naissance, aussi bien que du jour,
Qu'à regret tu dépars à ce fatal séjour,
Soleil, qui vois l'affront qu'on va faire à ta race,
Donne-moi tes chevaux à conduire en ta place :
Accorde cette grace à mon desir bouillant;
Je veux choir sur Corinthe avec ton char brûlant:
Mais ne crains pas de chute à l'univers funeste;
Corinthe consumé garantira le reste;
De mon juste courroux les implacables vœux
Dans ces odieux murs arrêteront tes feux:
Créon en est le prince, et prend Jason pour gendre;
C'est assez mériter d'être réduit en cendre,

D'y voir réduit tout l'isthme, afin de l'en punir,
Et qu'il n'empêche plus les deux mers de s'unir.

SCÈNE V.
MÉDÉE, NÉRINE.

MÉDÉE.
Eh bien! Nérine, à quand, à quand cet hyménée?
En ont-ils choisi l'heure? en sais-tu la journée?
N'en as-tu rien appris? n'as-tu point vu Jason?
N'appréhende-t-il rien après sa trahison?
Croit-il qu'en cet affront je m'amuse à me plaindre?
S'il cesse de m'aimer, qu'il commence à me craindre;
Il verra, le perfide, à quel comble d'horreur
De mes ressentiments peut monter la fureur.

NÉRINE.
Modérez les bouillons de cette violence;
Et laissez déguiser vos douleurs au silence.
Quoi! madame, est-ce ainsi qu'il faut dissimuler?
Et faut-il perdre ainsi des menaces en l'air?
Les plus ardents transports d'une haine connue
Ne sont qu'autant d'éclairs avortés dans la nue,
Qu'autant d'avis à ceux que vous voulez punir,
Pour repousser vos coups, ou pour les prévenir.
Qui peut, sans s'émouvoir, supporter une offense
Peut mieux prendre à son point le temps de sa vengeance,
Et sa feinte douceur sous un appât mortel

Mène insensiblement sa victime à l'autel.

MÉDÉE.

Tu veux que je me taise et que je dissimule!
Nérine, porte ailleurs ce conseil ridicule;
L'ame en est incapable en de moindres malheurs,
Et n'a point où cacher de pareilles douleurs.
Jason m'a fait trahir mon pays et mon père,
Et me laisse, au milieu d'une terre étrangère,
Sans support, sans amis, sans retraite, sans bien,
La fable de son peuple, et la haine du mien.
Nérine, après cela, tu veux que je me taise!
Ne dois-je point encore en témoigner de l'aise,
De ce royal hymen souhaiter l'heureux jour,
Et forcer tous mes soins à servir son amour?

NÉRINE.

Madame, pensez mieux à l'éclat que vous faites.
Quelque juste qu'il soit, regardez où vous êtes;
Considérez qu'à peine un esprit plus remis
Vous tient en sûreté parmi vos ennemis.

MÉDÉE.

L'ame doit se roidir plus elle est menacée,
Et contre la fortune aller tête baissée,
La choquer hardiment, et, sans craindre la mort,
Se présenter de front à son plus rude effort.
Cette lâche ennemie a peur des grands courages,
Et sur ceux qu'elle abat redouble ses outrages.

NÉRINE.

Que sert ce grand courage où l'on est sans pouvoir?

ACTE I, SCENE V.

MÉDÉE.
Il trouve toujours lieu de se faire valoir.
NÉRINE.
Forcez l'aveuglement dont vous êtes séduite,
Pour voir en quel état le sort vous a réduite.
Votre pays vous hait, votre époux est sans foi;
Dans un si grand revers que vous reste-t-il?
MÉDÉE.
                                              Moi.
Moi, dis-je, et c'est assez.
NÉRINE.
                    Quoi! vous seule, Madame?
MÉDÉE.
Oui! tu vois en moi seule, et le fer, et la flamme,
Et la terre, et la mer, et l'enfer, et les cieux,
Et le sceptre des rois, et le foudre des dieux.
NÉRINE.
L'impétueuse ardeur d'un courage sensible
A vos ressentiments figure tout possible;
Mais il faut craindre un roi fort de tant de sujets.
MÉDÉE.
Mon père qui l'étoit rompit-il mes projets?
NÉRINE.
Non; mais il fut surpris, et Créon se défie:
Fuyez; qu'à ces soupçons il ne vous sacrifie.
MÉDÉE.
Las! je n'ai que trop fui: cette infidélité
D'un juste châtiment punit ma lâcheté.

Si je n'eusse point fui pour la mort de Pélie,
Si j'eusse tenu bon dedans la Thessalie,
Il n'eût point vu Créuse, et cet objet nouveau
N'eût point de notre hymen étouffé le flambeau.

NÉRINE.

Fuyez encor, de grace.

MÉDÉE.

Oui, je fuirai, Nérine,
Mais, avant, de Créon on verra la ruine.
Je brave la fortune; et toute sa rigueur,
En m'ôtant un mari, ne m'ôte pas le cœur;
Sois seulement fidèle, et, sans te mettre en peine,
Laisse agir pleinement mon savoir et ma haine.

NÉRINE, seule.

Madame.... Elle me quitte au lieu de m'écouter :
Ces violents transports la vont précipiter;
D'une trop juste ardeur l'inexorable envie
Lui fait abandonner le souci de sa vie.
Tâchons encore un coup d'en divertir le cours :
Apaiser sa fureur, c'est conserver ses jours.

FIN DU PREMIER ACTE.

ACTE SECOND.

SCÈNE I.

MÉDÉE, NÉRINE.

NÉRINE.

Bien qu'un péril certain suive votre entreprise,
Assurez-vous sur moi, je vous suis toute acquise;
Employez mon service aux flammes, au poison,
Je ne refuse rien; mais épargnez Jason.
Votre aveugle vengeance une fois assouvie,
Le regret de sa mort vous coûteroit la vie;
Et les coups violents d'un rigoureux ennui....

MÉDÉE.

Cesse de m'en parler, et ne crains rien pour lui
Ma fureur jusque-là n'oseroit me séduire;
Jason m'a trop coûté pour le vouloir détruire;
Mon courroux lui fait grace, et ma première ardeur
Soutient son intérêt au milieu de mon cœur.
Je crois qu'il m'aime encore, et qu'il nourrit en l'ame
Quelques restes secrets d'une si belle flamme:
Il ne fait qu'obéir aux volontés d'un roi

Qui l'arrache à Médée en dépit de sa foi.
Qu'il vive, et, s'il se peut, que l'ingrat me demeure;
Sinon, ce m'est assez que sa Créuse meure;
Qu'il vive cependant, et jouisse du jour
Que lui conserve encor mon immuable amour.
Créon seul et sa fille ont fait la perfidie;
Eux seuls termineront toute la tragédie:
Leur perte achèvera cette fatale paix.

NÉRINE.

Contenez-vous, madame; il sort de son palais.

SCÈNE II.

CRÉON, MÉDÉE, NÉRINE, SOLDATS.

CRÉON.

Quoi! je te vois encore! Avec quelle impudence
Peux-tu, sans t'effrayer, soutenir ma présence?
Ignores-tu l'arrêt de ton bannissement?
Fais-tu si peu de cas de mon commandement?
Voyez comme elle s'enfle et d'orgueil et d'audace!
Ses yeux ne sont que feu; ses regards, que menace!
Gardes, empêchez-la de s'approcher de moi.
Va, purge mes états d'un tel monstre que toi,
Délivre mes sujets et moi-même de crainte.

MÉDÉE.

De quoi m'accuse-t-on? quel crime, quelle plainte
Pour mon bannissement vous donne tant d'ardeur?

ACTE II, SCENE II. 63
CRÉON.

Ah! l'innocence même, et la même candeur!
Médée est un miroir de vertu signalée;
Quelle inhumanité de l'avoir exilée!
Barbare, as-tu sitôt oublié tant d'horreurs?
Repasse tes forfaits, repasse tes fureurs,
Et de tant de pays nomme quelque contrée
Dont tes méchancetés te permettent l'entrée.
Toute la Thessalie en armes te poursuit,
Ton père te déteste, et l'univers te fuit.
Me dois-je en ta faveur charger de tant de haines,
Et sur mon peuple et moi faire tomber tes peines?
Va pratiquer ailleurs tes noires actions;
J'ai racheté la paix à ces conditions.

MÉDÉE.

Lâche paix, qu'entre vous, sans m'avoir écoutée,
Pour m'arracher mon bien vous avez complotée!
Paix, dont le déshonneur vous demeure éternel!
Quiconque, sans l'ouïr, condamne un criminel,
Son crime eût-il cent fois mérité le supplice,
D'un juste châtiment il fait une injustice.

CRÉON.

Au regard de Pélie, il fut bien mieux traité;
Avant que l'égorger tu l'avois écouté?

MÉDÉE.

Écouta-t-il Jason, quand sa haine couverte
L'envoya sur nos bords se livrer à sa perte?
Car, comment voulez-vous que je nomme un dessein

Au-dessus de sa force et du pouvoir humain?
Apprenez quelle étoit cette illustre conquête,
Et de combien de morts j'ai garanti sa tête.

Il falloit mettre au joug deux taureaux furieux :
Des tourbillons de feu s'élançoient de leurs yeux,
Et leur maître Vulcain poussoit par leur haleine
Un long embrasement dessus toute la plaine.
Eux domptés, on entroit en de nouveaux hasards;
Il fallait labourer les tristes champs de Mars,
Et des dents d'un serpent ensemencer leur terre,
Dont la stérilité, fertile pour la guerre,
Produisoit à l'instant des escadrons armés
Contre la même main qui les avoit semés.
Mais, quoi qu'eût fait contre eux une valeur parfaite,
La toison n'étoit pas au bout de leur défaite :
Un dragon, enivré des plus mortels poisons
Qu'enfantent les péchés de toutes les saisons,
Vomissant mille traits de sa gorge enflammée,
La gardoit beaucoup mieux que toute cette armée;
Jamais étoile, lune, aurore, ni soleil,
Ne virent abaisser sa paupière au sommeil :
Je l'ai seule assoupi; seule, j'ai par mes charmes
Mis au joug les taureaux, et défait les gendarmes.
Si lors à mon devoir mon desir limité
Eût conservé ma gloire et ma fidélité,
Si j'eusse eu de l'horreur de tant d'énormes fautes,
Que devenoit Jason et tous vos Argonautes?
Sans moi, ce vaillant chef que vous m'avez ravi,

Eût péri le premier, et tous l'auroient suivi.
Je ne me repens point d'avoir, par mon adresse,
Sauvé le sang des dieux et la fleur de la Grèce;
Zéthés, et Calaïs, et Pollux, et Castor,
Et le charmant Orphée, et le sage Nestor,
Tous vos héros enfin tiennent de moi la vie;
Je vous les verrai tous posséder sans envie :
Je vous les ai sauvés, je vous les cède tous;
Je n'en veux qu'un pour moi, n'en soyez point jaloux.
Pour de si bons effets laissez-moi l'infidèle;
Il est mon crime seul, si je suis criminelle;
Aimer cet inconstant, c'est tout ce que j'ai fait :
Si vous me punissez, rendez-moi mon forfait.
Est-ce user comme il faut d'un pouvoir légitime
Que me faire coupable, et jouir de mon crime ?

CRÉON.

Va te plaindre à Colchos.

MÉDÉE.

Le retour m'y plaira :
Que Jason m'y remette ainsi qu'il m'en tira;
Je suis prête à partir sous la même conduite
Qui de ces lieux aimés précipita ma fuite.
O d'un injuste affront les coups les plus cruels !
Vous faites différence entre deux criminels !
Vous voulez qu'on l'honore, et que de deux complices
L'un ait votre couronne, et l'autre des supplices.

CRÉON.

Cesse de plus mêler ton intérêt au sien,

Ton Jason pris à part est trop homme de bien;
Le séparant de toi, sa défense est facile:
Jamais il n'a trahi son père ni sa ville;
Jamais sang innocent n'a fait rougir ses mains;
Jamais il n'a prêté son bras à tes desseins:
Son crime, s'il en a, c'est de t'avoir pour femme;
Laisse-le s'affranchir d'une honteuse flamme;
Rends-lui son innocence en t'éloignant de nous;
Porte en d'autres climats ton insolent courroux,
Tes herbes, tes poisons, ton cœur impitoyable,
Et tout ce qui jamais a fait Jason coupable.

MÉDÉE.

Peignez mes actions plus noires que la nuit;
Je n'en ai que la honte, il en a tout le fruit:
Ce fut en sa faveur que ma savante audace
Immola son tyran par les mains de sa race;
Joignez-y mon pays et mon frère; il suffit
Qu'aucun de tant de maux ne va qu'à son profit.
Mais vous les saviez tous, quand vous m'avez reçue;
Votre simplicité n'a point été déçue;
En ignoriez-vous un, quand vous m'avez promis
Un rempart assuré contre mes ennemis?
Ma main, saignante encor du meurtre de Pélie,
Soulevoit contre moi toute la Thessalie,
Quand votre cœur, sensible à la compassion,
Malgré tous mes forfaits, prit ma protection.
Si l'on me peut depuis imputer quelque crime,
C'est trop peu que l'exil, ma mort est légitime:

ACTE II, SCENE II.

Sinon, à quel propos me traitez-vous ainsi?
Je suis coupable ailleurs, mais innocente ici.

CRÉON.

Je ne veux plus ici d'une telle innocence,
Ni souffrir en ma cour ta fatale présence.
Va....

MÉDÉE.

Dieux justes, vengeurs....

CRÉON.

Va, dis-je, en d'autres lieux
Par tes cris importuns solliciter les dieux.
Laisse-nous tes enfants : je serois trop sévère,
Si je les punissois des crimes de leur mère;
Et, bien que je le pusse avec juste raison,
Ma fille les demande en faveur de Jason.

MÉDÉE.

Barbare humanité, qui m'arrache à moi-même,
Et feint de la douceur pour m'ôter ce que j'aime!
Si Jason et Créuse ainsi l'ont ordonné,
Qu'ils me rendent le sang que je leur ai donné.

CRÉON.

Ne me réplique plus, suis la loi qui t'est faite;
Prépare ton départ, et pense à ta retraite.
Pour en délibérer, et choisir le quartier,
De grace ma bonté te donne un jour entier.

MÉDÉE.

Quelle grace!

CRÉON.

Soldats, remettez-la chez elle;
Sa contestation deviendroit éternelle.

SCÈNE III.
CRÉON.

Quel indomptable esprit! quel arrogant maintien
Accompagnoit l'orgueil d'un si long entretien!
A-t-elle rien fléchi de son humeur altière?
A-t-elle pu descendre à la moindre prière?
Et le sacré respect de ma condition
En a-t-il arraché quelque soumission?

SCÈNE IV.
CRÉON, JASON, CRÉUSE, CLÉONE.

CRÉON.

Te voilà sans rivale, et mon pays sans guerres,
Ma fille; c'est demain qu'elle sort de nos terres.
Nous n'avons désormais que craindre de sa part:
Acaste est satisfait d'un si proche départ;
Et si tu peux calmer le courage d'Ægée,
Qui voit par notre choix son ardeur négligée,
Fais état que demain nous assure à jamais
Et dedans et dehors une profonde paix.

CRÉUSE.

Je ne crois pas, seigneur, que ce vieux roi d'Athènes,

Voyant aux mains d'autrui le fruit de tant de peines,
Mêle tant de foiblesse à son ressentiment,
Que son premier courroux se dissipe aisément.
J'espère toutefois qu'avec un peu d'adresse
Je pourrai le résoudre à perdre une maîtresse
Dont l'âge peu sortable et l'inclination
Répondoient assez mal à son affection.

JASON.

Il doit vous témoigner, par son obéissance,
Combien sur son esprit vous avez de puissance;
Et, s'il s'obstine à suivre un injuste courroux,
Nous saurons, ma princesse, en rabattre les coups;
Et nos préparatifs contre la Thessalie
Ont trop de quoi punir sa flamme et sa folie.

CRÉON.

Nous n'en viendrons pas là : regarde seulement
A le payer d'estime et de remerciement.
Je voudrois pour tout autre un peu de raillerie;
Un vieillard amoureux mérite qu'on en rie :
Mais le trône soutient la majesté des rois
Au-dessus du mépris, comme au-dessus des lois;
On doit toujours respect au sceptre, à la couronne.
Remets tout, si tu veux, aux ordres que je donne;
Je saurai l'apaiser avec facilité,
Si tu ne te défends qu'avec civilité.

SCÈNE V.

JASON, CRÉUSE, CLÉONE.

JASON.

Que ne vous dois-je point pour cette préférence,
Où mes desirs n'osoient porter mon espérance !
C'est bien me témoigner un amour infini,
De mépriser un roi pour un pauvre banni !
A toutes ses grandeurs préférer ma misère !
Tourner en ma faveur les volontés d'un père !
Garantir mes enfants d'un exil rigoureux !

CRÉUSE.

Qu'a pu faire de moins un courage amoureux ?
La fortune a montré dedans votre naissance
Un trait de son envie, ou de son impuissance ;
Elle devoit un sceptre au sang dont vous naissez,
Et sans lui vos vertus le méritoient assez.
L'amour, qui n'a pu voir une telle injustice,
Supplée à son défaut, ou punit sa malice,
Et vous donne, au plus fort de vos adversités,
Le sceptre que j'attends, et que vous méritez.
La gloire m'en demeure ; et les races futures,
Comptant notre hyménée entre vos aventures,
Vanteront à jamais mon amour généreux,
Qui d'un si grand héros rompt le sort malheureux.
   Après tout cependant, riez de ma foiblesse ;

Prête de posséder le phénix de la Grèce,
La fleur de nos guerriers, le sang de tant de dieux,
La robe de Médée a donné dans mes yeux ;
Mon caprice, à son lustre attachant mon envie,
Sans elle trouve à dire au bonheur de ma vie :
C'est ce qu'ont prétendu mes desseins relevés,
Pour le prix des enfants que je vous ai sauvés.

JASON.

Que ce prix est léger pour un si bon office !
Il y faut toutefois employer l'artifice :
Ma jalouse en fureur n'est pas femme à souffrir
Que ma main l'en dépouille, afin de vous l'offrir ;
Des trésors dont son père épuise la Scythie
C'est tout ce qu'elle a pris quand elle en est sortie.

CRÉUSE.

Qu'elle a fait un beau choix ! jamais éclat pareil
Ne sema dans la nuit les clartés du soleil ;
Les perles avec l'or confusément mêlées,
Mille pierres de prix sur ses bords étalées,
D'un mélange divin éblouissent les yeux :
Jamais rien d'approchant ne se fit en ces lieux.
Pour moi, tout aussitôt que je l'en vis parée,
Je ne fis plus d'état de la toison dorée ;
Et, dussiez-vous vous-même en être un peu jaloux,
J'en eus presques envie aussitôt que de vous.
Pour apaiser Médée, et réparer sa perte,
L'épargne de mon père, entièrement ouverte,
Lui met à l'abandon tous les trésors du roi,

Pourvu que cette robe et Jason soient à moi.

JASON.

N'en doutez point, ma reine, elle vous est acquise.
Je vais chercher Nérine, et, par son entremise,
Obtenir de Médée, avec dextérité,
Ce que refuseroit son courage irrité.
Pour elle, vous savez que j'en fuis les approches;
J'aurois peine à souffrir l'orgueil de ses reproches;
Et je me connois mal, ou dans notre entretien
Son courroux s'allumant allumeroit le mien.
Je n'ai point un esprit complaisant à sa rage,
Jusques à supporter sans réplique un outrage;
Et ce seroit pour moi d'éternels déplaisirs
De reculer par là l'effet de vos desirs.
Mais, sans plus de discours, d'une maison voisine
Je vais prendre le temps que sortira Nérine.
Souffrez, pour avancer votre contentement,
Que, malgré mon amour, je vous quitte un moment.

CLÉONE.

Madame, j'aperçois venir le roi d'Athènes.

CRÉUSE.

Allez donc; votre vue augmenteroit ses peines.

CLÉONE.

Souvenez-vous de l'air dont il le faut traiter.

CRÉUSE.

Ma bouche accortement saura s'en acquitter.

SCÈNE VI.

ÆGÉE, CRÉUSE, CLÉONE.

ÆGÉE.

Sur un bruit qui m'étonne, et que je ne puis croire,
Madame, mon amour, jaloux de votre gloire,
Vient savoir s'il est vrai que vous soyez d'accord,
Par un honteux hymen, de l'arrêt de ma mort.
Votre peuple en frémit; votre cour en murmure;
Et Tout Corinthe enfin s'impute à grande injure
Qu'un fugitif, un traître, un meurtrier de rois,
Lui donne à l'avenir des princes et des lois;
Il ne peut endurer que l'horreur de la Grèce,
Pour prix de ses forfaits, épouse sa princesse,
Et qu'il faille ajouter à vos titres d'honneur,
« Femme d'un assassin et d'un empoisonneur. »

CRÉUSE.

Laissez agir, grand roi, la raison sur votre ame,
Et ne le chargez point des crimes de sa femme.
J'épouse un malheureux, et mon père y consent,
Mais prince, mais vaillant, et sur-tout innocent.
Non pas que je ne faille en cette préférence;
De votre rang au sien je sais la différence :
Mais, si vous connoissez l'amour et ses ardeurs,
Jamais pour son objet il ne prend les grandeurs;
Avouez que son feu n'en veut qu'à la personne,
Et qu'en moi vous n'aimez rien moins que ma couronne.

Souvent je ne sais quoi, qu'on ne peut exprimer,
Nous surprend, nous emporte, et nous force d'aimer;
Et souvent sans raison les objets de nos flammes
Frappent nos yeux ensemble et saisissent nos ames.
Ainsi nous avons vu le souverain des dieux,
Au mépris de Junon, aimer en ces bas lieux;
Vénus quitter son Mars, et négliger sa prise,
Tantôt pour Adonis, et tantôt pour Anchise;
Et c'est peut-être encore avec moins de raison
Que, bien que vous m'aimiez, je me donne à Jason.
D'abord dans mon esprit vous eûtes ce partage:
Je vous estimai plus, et l'aimai davantage.
ÆGÉE.
Gardez ces compliments pour de moins enflammés,
Et ne m'estimez point qu'autant que vous m'aimez.
Que me sert cet aveu d'une erreur volontaire?
Si vous croyez faillir, qui vous force à le faire?
N'accusez point l'amour ni son aveuglement;
Quand on connoît sa faute, on manque doublement.
CRÉUSE.
Puis donc que vous trouvez la mienne inexcusable,
Je ne veux plus, seigneur, me confesser coupable.
　　L'amour de mon pays et le bien de l'état
Me défendoient l'hymen d'un si grand potentat.
Il m'eût fallu soudain vous suivre en vos provinces,
Et priver mes sujets de l'aspect de leurs princes:
Votre sceptre pour moi n'est qu'un pompeux exil;
Que me sert son éclat? et que me donne-t-il?

ACTE II, SCÈNE VII.

M'élève-t-il d'un rang plus haut que souveraine?
Et, sans le posséder, ne me vois-je pas reine?
Graces aux immortels, dans ma condition
J'ai de quoi m'assouvir de cette ambition;
Je ne veux point changer mon sceptre contre un autre;
Je perdrois ma couronne en acceptant la vôtre.
Corinthe est bon sujet, mais il veut voir son roi,
Et d'un prince éloigné rejetteroit la loi.
Joignez à ces raisons qu'un père un peu sur l'âge,
Dont ma seule présence adoucit le veuvage,
Ne sauroit se résoudre à séparer de lui
De ses débiles ans l'espérance et l'appui,
Et vous reconnoîtrez que je ne vous préfère
Que le bien de l'état, mon pays et mon père.
   Voilà ce qui m'oblige au choix d'un autre époux;
Mais, comme ces raisons font peu d'effet sur vous,
Afin de redonner le repos à votre ame,
Souffrez que je vous quitte.

SCÈNE VII.

ÆGÉE.

                  Allez, allez, madame,
Étaler vos appas, et vanter vos mépris
A l'infame sorcier qui charme vos esprits.
De cette indignité faites un mauvais conte;
Riez de mon ardeur, riez de votre honte;

Favorisez celui de tous vos courtisans
Qui raillera le mieux le déclin de mes ans :
Vous jouirez fort peu d'une telle insolence ;
Mon amour outragé court à la violence ;
Mes vaisseaux à la rade, assez proches du port,
N'ont que trop de soldats à faire un coup d'effort.
La jeunesse me manque, et non pas le courage :
Les rois ne perdent point les forces avec l'âge ;
Et l'on verra, peut-être avant ce jour fini,
Ma passion vengée, et votre orgueil puni.

FIN DU SECOND ACTE.

ACTE TROISIÈME.

SCENE I.

NÉRINE.

Malheureux instrument du malheur qui nous presse,
Que j'ai pitié de toi, déplorable princesse !
Avant que le soleil ait fait encore un tour,
Ta perte inévitable achève ton amour.
  Ton destin te trahit, et ta beauté fatale
Sous l'appât d'un hymen t'expose à ta rivale ;
Ton sceptre est impuissant à vaincre son effort ;
Et le jour de sa fuite est celui de ta mort.
Sa vengeance à la main elle n'a qu'à résoudre ;
Un mot du haut des cieux fait descendre la foudre ;
Les mers, pour noyer tout, n'attendent que sa loi ;
La terre offre à s'ouvrir sous le palais du roi ;
L'air tient les vents tout prêts à suivre sa colère,
Tant la nature esclave a peur de lui déplaire ;
Et si ce n'est assez de tous les éléments,
Les enfers vont sortir à ses commandements.
Moi, bien que mon devoir m'attache à son service,
Je lui prête à regret un silence complice ;

D'un louable desir mon cœur sollicité
Lui feroit avec joie une infidélité :
Mais, loin de s'arrêter, sa rage découverte
A celle de Créuse ajouteroit ma perte;
Et mon funeste avis ne serviroit de rien
Qu'à confondre mon sang dans les bouillons du sien.
D'un mouvement contraire à celui de mon ame,
La crainte de la mort m'ôte celle du blâme;
Et ma timidité s'efforce d'avancer
Ce que hors du péril je voudrois traverser.

SCÈNE II.

JASON, NÉRINE.

JASON.

Nérine, he bien! que dit, que fait notre exilée?
Dans ton cher entretien s'est-elle consolée?
Veut-elle bien céder à la nécessité?

NÉRINE.

Je trouve en son chagrin moins d'animosité;
De moment en moment son ame plus humaine
Abaisse sa colère, et rabat de sa haine :
Déja son déplaisir ne nous veut plus de mal.

JASON.

Fais-lui prendre pour tous un sentiment égal.
Toi, qui de mon amour connoissois la tendresse,
Tu peux connoître aussi quelle douleur me presse.

ACTE III, SCENE II.

Je me sens déchirer le cœur à son départ :
Créuse en ses malheurs prend même quelque part,
Ses pleurs en ont coulé; Créon même en soupire,
Lui préfère à regret le bien de son empire;
Et si, dans son adieu, son cœur moins irrité
Pouvoit laisser agir sa libéralité,
Si jusque-là Médée apaisoit ses menaces,
Qu'elle voulût partir avec ses bonnes graces;
Je sais, comme il est bon, que ses trésors ouverts
Lui seroient, sans réserve, entièrement offerts,
Et, malgré les malheurs où le sort l'a réduite,
Soulageroient sa peine, et soutiendroient sa fuite.

NÉRINE.

Puisqu'il faut se résoudre à ce bannissement,
Il faut en adoucir le mécontentement :
Cette offre y peut servir; et par elle j'espère,
Avec un peu d'adresse, apaiser sa colère.
Mais, d'ailleurs, toutefois n'attendez rien de moi,
S'il faut prendre congé de Créuse et du roi :
L'objet de votre amour et de sa jalousie
De toutes ses fureurs l'auroit tôt ressaisie.

JASON.

Pour montrer sans les voir son courage apaisé,
Je te dirai, Nérine, un moyen fort aisé;
Et de si longue main je connois ta prudence,
Que je t'en fais sans peine entière confidence.
   Créon bannit Médée, et ses ordres précis
Dans son bannissement enveloppoient ses fils

La pitié de Créuse a tant fait vers son père,
Qu'ils n'auront point de part au malheur de leur mère.
Elle lui doit par eux quelque remerciement;
Qu'un présent de sa part suive leur compliment :
Sa robe, dont l'éclat sied mal à sa fortune,
Et n'est à son exil qu'une charge importune,
Lui gagneroit le cœur d'un prince libéral,
Et de tous ses trésors l'abandon général.
D'une vaine parure, inutile à sa peine,
Elle peut acquérir de quoi faire la reine :
Créuse, ou je me trompe, en a quelque desir;
Et je ne pense pas qu'elle pût mieux choisir.
Mais la voici qui sort; souffre que je l'évite;
Ma rencontre la trouble, et mon aspect l'irrite.

SCÈNE III.

MÉDÉE, JASON, NÉRINE.

MÉDÉE.

Ne fuyez pas, Jason, de ces funestes lieux;
C'est à moi d'en partir : recevez mes adieux.
Accoutumée à fuir, l'exil m'est peu de chose;
Sa rigueur n'a pour moi de nouveau que sa cause :
C'est pour vous que j'ai fui, c'est vous qui me chassez.
Où me renvoyez-vous, si vous me bannissez?
Irai-je sur le Phase, où j'ai trahi mon père,
Apaiser de mon sang les mânes de mon frère?

Irai-je en Thessalie, où le meurtre d'un roi
Pour victime aujourd'hui ne demande que moi?
Il n'est point de climat dont mon amour fatale
N'ait acquis à mon nom la haine générale;
Et ce qu'ont fait pour vous mon savoir et ma main
M'a fait un ennemi de tout le genre humain.
Ressouviens-t'en, ingrat; remets-toi dans la plaine
Que ces taureaux affreux brûloient de leur haleine;
Revois ce champ guerrier dont les sacrés sillons
Élevoient contre toi de soudains bataillons;
Ce dragon, qui jamais n'eut les paupières closes;
Et lors, préfère-moi Créuse, si tu l'oses.
Qu'ai-je épargné depuis qui fût en mon pouvoir?
Ai-je auprès de l'amour écouté mon devoir?
Pour jeter un obstacle à l'ardente poursuite
Dont mon père en fureur touchoit déja ta fuite,
Semai-je avec regret mon frère par morceaux?
A ce funeste objet épandu sur les eaux,
Mon père, trop sensible aux droits de la nature,
Quitta tous autres soins que de sa sépulture;
Et, par ce nouveau crime émouvant sa pitié,
J'arrêtai les effets de son inimitié.
Prodigue de mon sang, honte de ma famille,
Aussi cruelle sœur que déloyale fille,
Ces titres glorieux plaisoient à mes amours;
Je les pris sans horreur pour conserver tes jours.
Alors, certes, alors mon mérite étoit rare;
Tu n'étois point honteux d'une femme barbare.

Quand à ton père usé je rendis la vigueur,
J'avois encor tes vœux, j'étois encor ton cœur;
Mais cette affection, mourant avec Pélie,
Dans le même tombeau se vit ensevelie :
L'ingratitude en l'ame, et l'impudence au front,
Une Scythe en ton lit te fut lors un affront;
Et moi, que tes desirs avoient tant souhaitée,
Le dragon assoupi, la toison emportée,
Ton tyran massacré, ton père rajeuni,
Je devins un objet digne d'être banni.
Tes desseins achevés, j'ai mérité ta haine;
Il t'a fallu sortir d'une honteuse chaîne,
Et prendre une moitié qui n'a rien plus que moi,
Que le bandeau royal, que j'ai quitté pour toi.

JASON.

Ah! que n'as-tu des yeux à lire dans mon ame,
Et voir les purs motifs de ma nouvelle flamme!
Les tendres sentiments d'un amour paternel
Pour sauver mes enfants me rendent criminel,
Si l'on peut nommer crime un malheureux divorce
Où le soin que j'ai d'eux me réduit et me force.
Toi-même, furieuse, ai-je peu fait pour toi,
D'arracher ton trépas aux vengeances d'un roi?
Sans moi, ton insolence alloit être punie;
A ma seule prière on ne t'a que bannie.
C'est rendre la pareille à tes grands coups d'effort :
Tu m'as sauvé la vie, et j'empêche ta mort.

MÉDÉE.

On ne m'a que bannie! ô bonté souveraine!

ACTE III, SCENE III.

C'est donc une faveur, et non pas une peine!
Je reçois une grace au lieu d'un châtiment!
Et mon exil encor doit un remerciement!
  Ainsi l'avare soif d'un brigand assouvie,
Il s'impute à pitié de nous laisser la vie;
Quand il n'égorge point, il croit nous pardonner,
Et ce qu'il n'ôte pas, il pense le donner.

JASON.

Tes discours, dont Créon de plus en plus s'offense,
Le forceroient enfin à quelque violence.
Éloigne-toi d'ici, tandis qu'il t'est permis:
Les rois ne sont jamais de foibles ennemis.

MÉDÉE.

A travers tes conseils je vois assez ta ruse:
Ce n'est là m'en donner qu'en faveur de Créuse.
Ton amour, déguisé d'un soin officieux,
D'un objet importun veut délivrer ses yeux.

JASON.

N'appelle point amour un change inévitable,
Où Créuse fait moins que le sort qui m'accable.

MÉDÉE.

Peux-tu bien, sans rougir, désavouer tes feux?

JASON.

Eh bien! soit; ses attraits captivent tous mes vœux:
Toi, qu'un amour furtif souilla de tant de crimes,
M'oses-tu reprocher des ardeurs légitimes?

MÉDÉE.

Oui, je te les reproche, et de plus....

MÉDÉE.

JASON.

Quels forfaits!

MÉDÉE.

La trahison, le meurtre, et tous ceux que j'ai faits.

JASON.

Il manque encor ce point à mon sort déplorable,
Que de tes cruautés on me fasse coupable.

MÉDÉE.

Tu présumes en vain de t'en mettre à couvert;
Celui-là fait le crime, à qui le crime sert.
Que chacun, indigné contre ceux de ta femme,
La traite en ses discours de méchante et d'infame,
Toi seul, dont ses forfaits ont fait tout le bonheur,
Tiens-la pour innocente, et défends son honneur.

JASON.

J'ai honte de ma vie, et je hais son usage,
Depuis que je la dois aux effets de ta rage.

MÉDÉE.

La honte généreuse, et la haute vertu!
Puisque tu la hais tant, pourquoi la gardes-tu?

JASON.

Au bien de nos enfants, dont l'âge foible et tendre
Contre tant de malheurs ne sauroit se défendre :
Deviens, en leur faveur, d'un naturel plus doux.

MÉDÉE.

Mon ame à leur sujet redouble son courroux.
Faut-il ce déshonneur pour comble à mes misères,
Qu'à mes enfants Créuse enfin donne des frères!
Tu vas mêler, impie, et mettre en rang pareil

Des neveux de Sisyphe avec ceux du soleil!

JASON.

Leur grandeur soutiendra la fortune des autres;
Créuse et ses enfants conserveront les nôtres.

MÉDÉE.

Je l'empêcherai bien, ce mélange odieux,
Qui déshonore ensemble et ma race et les dieux.

JASON.

Lassés de tant de maux, cédons à la fortune.

MÉDÉE.

Ce corps n'enferme pas une ame si commune:
Je n'ai jamais souffert qu'elle me fît la loi,
Et toujours ma fortune a dépendu de moi.

JASON.

La peur que j'ai d'un sceptre....

MÉDÉE.

Ah! cœur rempli de feinte!
Tu masques tes desirs d'un faux titre de crainte;
Un sceptre est l'objet seul qui fait ton nouveau choix.

JASON.

Veux-tu que je m'expose aux haines de deux rois,
Et que mon imprudence attire sur nos têtes
D'un et d'autre côté de nouvelles tempêtes?

MÉDÉE.

Fuis-les, fuis-les tous deux, suis Médée à ton tour,
Et garde au moins ta foi, si tu n'as plus d'amour.

JASON.

Il est aisé de fuir, mais il n'est pas facile
Contre deux rois aigris de trouver un asile.

MÉDÉE.

Qui leur résistera s'ils viennent à s'unir?

MÉDÉE.

Qui me résistera, si je te veux punir,
Déloyal? Auprès d'eux crains-tu si peu Médée?
Que toute leur puissance, en armes débordée,
Dispute contre moi ton cœur qu'ils m'ont surpris,
Et ne sois du combat que le juge et le prix!
Joins-leur, si tu le veux, mon père et la Scythie;
En moi seule ils n'auront que trop forte partie.
Bornes-tu mon pouvoir à celui des humains?
Contre eux, quand il me plaît, j'arme leurs propres mains :
Tu le sais, tu l'as vu, quand ces fils de la Terre
Par leurs coups mutuels terminèrent leur guerre.
 Misérable! je puis adoucir des taureaux;
La flamme m'obéit, et je commande aux eaux;
L'enfer tremble, et les cieux, sitôt que je les nomme :
Et je ne puis toucher les volontés d'un homme!
Je t'aime encor, Jason, malgré ta lâcheté;
Je ne m'offense plus de ta légèreté :
Je sens à tes regards décroître ma colère;
De moment en moment ma fureur se modère;
Et je cours sans regret à mon bannissement,
Puisque j'en vois sortir ton établissement.
Je n'ai plus qu'une grace à demander ensuite :
Souffre que mes enfants accompagnent ma fuite;
Que je t'admire encore en chacun de leurs traits;
Que je t'aime et te baise en ces petits portraits;
Et que leur cher objet, entretenant ma flamme,

ACTE III, SCENE IV.

Te présente à mes yeux aussi bien qu'à mon ame.
JASON.
Ah! reprends ta colère, elle a moins de rigueur.
M'enlever mes enfants, c'est m'arracher le cœur;
Et Jupiter tout prêt à m'écraser du foudre,
Mon trépas à la main, ne pourroit m'y résoudre.
C'est pour eux que je change; et la Parque, sans eux,
Seule de notre hymen pourroit rompre les nœuds.
MÉDÉE.
Cet amour paternel, qui te fournit d'excuses,
Me fait souffrir aussi que tu me les refuses;
Je ne t'en presse plus; et, prête à me bannir,
Je ne veux plus de toi qu'un léger souvenir.
JASON.
Ton amour vertueux fait ma plus grande gloire :
Ce seroit me trahir qu'en perdre la mémoire;
Et le mien envers toi, qui demeure éternel,
T'en laisse en cet adieu le serment solennel.
Puissent briser mon chef les traits les plus sévères
Que lancent des grands dieux les plus âpres colères,
Qu'ils s'unissent ensemble afin de me punir,
Si je ne perds la vie avant ton souvenir!

SCÈNE IV.
MÉDÉE, NÉRINE.

MÉDÉE.
J'y donnerai bon ordre : il est en ta puissance

MÉDÉE.

D'oublier mon amour, mais non pas ma vengeance;
Je la saurai graver en tes esprits glacés,
Par des coups trop profonds pour en être effacés.
   Il aime ses enfants, ce courage inflexible;
Son foible est découvert; par eux il est sensible;
Par eux mon bras, armé d'une juste rigueur,
Va trouver des chemins à lui percer le cœur.

NÉRINE.

Madame, épargnez-les, épargnez vos entrailles;
N'avancez point par là vos propres funérailles:
Contre un sang innocent pourquoi vous irriter,
Si Créuse en vos lacs se vient précipiter?
Elle-même s'y jette, et Jason vous la livre.

MÉDÉE.

Tu flattes mes desirs.

NÉRINE.

              Que je cesse de vivre,
Si ce que je vous dit n'est pure vérité!

MÉDÉE.

Ah! ne me tiens donc plus l'ame en perplexité.

NÉRINE.

Madame, il faut garder que quelqu'un ne nous voie,
Et du palais du roi découvre notre joie:
Un dessein éventé succède rarement.

MÉDÉE.

Rentrons donc, et mettons nos secrets sûrement.

FIN DU TROISIÈME ACTE.

ACTE QUATRIÈME.

SCÈNE I.

MÉDÉE, dans sa grotte magique.

C'est trop peu de Jason que ton œil me dérobe,
C'est trop peu de mon lit, tu veux encor ma robe,
Rivale insatiable; et c'est encor trop peu,
Si, la force à la main, tu l'as sans mon aveu;
Il faut que par moi-même elle te soit offerte,
Que, perdant mes enfants, j'achète encor leur perte;
Il en faut un hommage à tes divins attraits,
Et des remerciements au vol que tu me fais.
Tu l'auras; mon refus seroit un nouveau crime;
Mais je t'en veux parer pour être ma victime,
Et, sous un faux semblant de libéralité,
Soûler et ma vengeance et ton avidité.

SCÈNE II.

MÉDÉE, NÉRINE.

MÉDÉE.

Le charme est achevé, tu peux entrer, Nérine;
Mes maux dans ces poisons trouvent leur médecine:

Vois combien de serpents à mon commandement
D'Afrique jusqu'ici n'ont tardé qu'un moment,
Et, contraints d'obéir à mes clameurs funestes,
Ont sur ce don fatal vomi toutes leurs pestes.
L'amour à tous mes sens ne fut jamais si doux
Que ce triste appareil à mon esprit jaloux.
Ces herbes ne sont pas d'une vertu commune;
Moi-même en les cueillant je fis pâlir la lune,
Quand, les cheveux flottants, le bras et le pied nu,
J'en dépouillai jadis un climat inconnu.
Vois mille autres venins : cette liqueur épaisse
Mêle du sang de l'hydre avec celui de Nesse;
Python eut cette langue; et ce plumage noir
Est celui qu'une harpie en fuyant laissa choir;
Par ce tison Althée assouvit sa colère,
Trop pitoyable sœur, et trop cruelle mère;
Ce feu tomba du ciel avecque Phaéton,
Cet autre vient des flots du pierreux Phlégéthon;
Et celui-ci jadis remplit en nos contrées
Des taureaux de Vulcain les gorges ensoufrées.
Enfin, tu ne vois là poudres, racines, eaux,
Dont le pouvoir mortel n'ouvrît mille tombeaux;
Ce présent déceptif a bu toute leur force,
Et bien mieux que mon bras, vengera mon divorce.
Mes tyrans par leur perte apprendront que jamais....
Mais d'où vient ce grand bruit que j'entends au palais?

NÉRINE.

Du bonheur de Jason, et du malheur d'Ægée :

ACTE IV, SCENE II.

Madame, peu s'en faut qu'il ne vous ait vengée.
 Ce généreux vieillard, ne pouvant supporter
Qu'on lui vole à ses yeux ce qu'il croit mériter,
Et que sur sa couronne et sa persévérance
L'exil de votre époux ait eu la préférence,
A tâché, par la force, à repousser l'affront
Que ce nouvel hymen lui porte sur le front.
Comme cette beauté, pour lui toute de glace,
Sur les bords de la mer contemploit la bonace,
Il la voit mal suivie, et prend un si beau temps
A rendre ses desirs et les vôtres contents.
De ses meilleurs soldats une troupe choisie
Enferme la princesse, et sert sa jalousie;
L'effroi qui la surprend la jette en pamoison;
Et tout ce qu'elle peut, c'est de nommer Jason.
Ses gardes à l'abord font quelque résistance,
Et le peuple leur prête une foible assistance;
Mais l'obstacle léger de ces débiles cœurs
Laissoit honteusement Créuse à leurs vainqueurs:
Déja presqu'en leur bord elle étoit enlevée....

MÉDÉE.

Je devine la fin, mon traître l'a sauvée.

NÉRINE.

Oui, madame, et, de plus, Ægée est prisonnier;
Votre époux à son myrte ajoute ce laurier:
Mais apprenez comment.

MÉDÉE.

    N'en dis pas davantage:

Je ne veux point savoir ce qu'a fait son courage;
Il suffit que son bras a travaillé pour nous,
Et rend une victime à mon juste courroux.
Nérine, mes douleurs auroient peu d'allégeance,
Si cet enlèvement l'ôtoit à ma vengeance :
Pour quitter son pays en est-on malheureux?
Ce n'est pas son exil, c'est sa mort que je veux;
Elle auroit trop d'honneur de n'avoir que ma peine,
Et de verser des pleurs pour être deux fois reine.
Tant d'invisibles feux enfermés dans ce don,
Que d'un titre plus vrai j'appelle ma rançon,
Produiront des effets bien plus doux à ma haine.

NÉRINE.

Par là vous vous vengez, et sa perte est certaine :
Mais contre la fureur de son père irrité
Où pensez-vous trouver un lieu de sûreté?

MÉDÉE.

Si la prison d'Ægée a suivi sa défaite,
Tu peux voir qu'en l'ouvrant je m'ouvre une retraite,
Et que ses fers brisés, malgré leurs attentats,
A ma protection engagent ses états.
Dépêche seulement, et cours vers ma rivale
Lui porter de ma part cette robe fatale :
Mène-lui mes enfants, et fais-les, si tu peux,
Présenter par leur père à l'objet de ses vœux.

NÉRINE.

Mais, madame, porter cette robe empestée,
Que de tant de poisons vous avez infectée,

C'est pour votre Nérine un trop funeste emploi;
Avant que sur Créuse ils agiraient sur moi.
MÉDÉE.
Ne crains pas leur vertu, mon charme la modère,
Et lui défend d'agir que sur elle et son père;
Pour un si grand effet, prends un cœur plus hardi,
Et, sans me répliquer, fais ce que je te di.

SCÈNE III.
CRÉON, POLLUX, SOLDATS.

CRÉON.
Nous devons bien chérir cette valeur parfaite
Qui de nos ravisseurs nous donne la défaite.
Invincible héros, c'est à votre secours
Que je dois désormais le bonheur de mes jours;
C'est vous seul aujourd'hui dont la main vengeresse
Rend à Créon sa fille, à Jason sa maîtresse,
Met Ægée en prison et son orgueil à bas,
Et fait mordre la terre à ses meilleurs soldats.
POLLUX.
Grand roi, l'heureux succès de cette délivrance
Vous est beaucoup mieux dû qu'à mon peu de vaillance.
C'est vous seul et Jason, dont les bras indomptés
Portoient avec effroi la mort de tous côtés;
Pareils à deux lions dont l'ardente furie
Dépeuple en un moment toute une bergerie.

L'exemple glorieux de vos faits plus qu'humains
Échauffoit mon courage, et conduisoit mes mains :
J'ai suivi, mais de loin, des actions si belles,
Qui laissoient à mon bras tant d'illustres modèles.
Pourroit-on reculer en combattant sous vous,
Et n'avoir point de cœur à seconder vos coups?

CRÉON.

Votre valeur, qui souffre en cette repartie,
Ote toute croyance à votre modestie :
Mais, puisque le refus d'un honneur mérité
N'est pas un petit trait de générosité,
Je vous laisse en jouir. Auteur de la victoire,
Ainsi qu'il vous plaira, départez-en la gloire;
Comme elle est votre bien, vous pouvez la donner.
Que prudemment les dieux savent tout ordonner!
Voyez, brave guerrier, comme votre arrivée
Au jour de nos malheurs se trouve réservée,
Et qu'au point que le sort osoit nous menacer
Ils nous ont envoyé de quoi le terrasser.

Digne sang de leur roi, demi-dieu magnanime,
Dont la vertu ne peut recevoir trop d'estime,
Qu'avons-nous plus à craindre? et quel destin jaloux,
Tant que nous vous aurons, s'osera prendre à nous?

POLLUX.

Appréhendez pourtant, grand prince.

CRÉON.

       Et quoi?

ACTE IV, SCENE III.

POLLUX.

Médée,
Qui par vous de son lit se voit dépossédée.
Je crains qu'il ne vous soit malaisé d'empêcher
Qu'un gendre valeureux ne vous coûte bien cher.
Après l'assassinat d'un monarque et d'un frère,
Peut-il être de sang qu'elle épargne ou révère?
Accoutumée au meurtre, et savante en poison,
Voyez ce qu'elle a fait pour acquérir Jason;
Et ne présumez pas, quoi que Jason vous die,
Que pour le conserver elle soit moins hardie.

CRÉON.

C'est de quoi mon esprit n'est plus inquiété;
Par son bannissement j'ai fait ma sûreté.
Elle n'a que fureur et que vengeance en l'ame;
Mais, en si peu de temps, que peut faire une femme?
Je n'ai prescrit qu'un jour de terme à son départ.

POLLUX.

C'est peu pour une femme, et beaucoup pour son art:
Sur le pouvoir humain ne réglez pas les charmes.

CRÉON.

Quelque puissants qu'ils soient, je n'en ai point d'alarmes;
Et quand bien ce délai devroit tout hasarder,
Ma parole est donnée, et je la veux garder.

SCÈNE IV.

CRÉON, POLLUX, CLÉONE.

CRÉON.

Que font nos deux amants, Cléone?
CLÉONE.
La princesse,
Seigneur, près de Jason reprend son allégresse ;
Et ce qui sert beaucoup à son contentement,
C'est de voir que Médée est sans ressentiment.
CRÉON.
Et quel dieu si propice a calmé son courage?
CLÉONE.
Jason, et ses enfants qu'elle vous laisse en gage.
La grace que pour eux Créuse obtient de vous
A calmé les transports de son esprit jaloux.
Le plus riche présent qui fût en sa puissance
A ses remerciements joint sa reconnoissance.
Sa robe sans pareille, et sur qui nous voyons
Du Soleil son aïeul briller mille rayons,
Que la princesse même avoit tant souhaitée,
Par ces petits héros lui vient d'être apportée,
Et fait voir clairement les merveilleux effets
Qu'en un cœur irrité produisent les bienfaits.
CRÉON.
Eh bien, qu'en dites-vous? Qu'avons-nous plus à craindre?

ACTE VI, SCENE IV.

POLLUX.

Si vous ne craignez rien, que je vous trouve à plaindre!

CRÉON.

Un si rare présent montre un esprit remis.

POLLUX.

J'eus toujours pour suspects les dons des ennemis;
Ils font assez souvent ce que n'ont pu leurs armes.
Je connois de Médée et l'esprit et les charmes,
Et veux bien m'exposer au plus cruel trépas,
Si ce rare présent n'est un mortel appas.

CRÉON.

Ses enfants si chéris, qui nous servent d'ôtages,
Nous peuvent-ils laisser quelque sorte d'ombrages?

POLLUX.

Peut-être que contre eux s'étend sa trahison,
Qu'elle ne les prend plus que pour ceux de Jason,
Et qu'elle s'imagine, en haine de leur père,
Que, n'étant plus sa femme, elle n'est plus leur mère.
Renvoyez-lui, seigneur, ce don pernicieux,
Et ne vous chargez point d'un poison précieux.

CLÉONE.

Madame cependant en est toute ravie,
Et de s'en voir parée elle brûle d'envie.

POLLUX.

Où le péril égale et passe le plaisir,
Il faut se faire force, et vaincre son desir.
Jason dans son amour a trop de complaisance,
De souffrir qu'un tel don s'accepte en sa présence.

I.   7

CRÉON.

Sans rien mettre au hasard, je saurai dextrement
Accorder vos soupçons et son contentement.
Nous verrons dès ce soir, sur une criminelle,
Si ce présent nous cache une embûche mortelle.
Nise, pour ses forfaits destinée à mourir,
Ne peut par cette épreuve injustement périr :
Heureuse, si sa mort nous rendoit ce service,
De nous en découvrir le funeste artifice !
Allons-y de ce pas, et ne consumons plus
De temps ni de discours en débats superflus.

SCÈNE V.

ÆGÉE, en prison.

Demeure affreuse des coupables,
Lieux maudits, funeste séjour,
Dont jamais avant mon amour
Les sceptres n'ont été capables,
Redoublez puissamment votre mortel effroi,
Et joignez à mes maux une si vive atteinte,
Que mon ame chassée, ou s'enfuyant de crainte,
Dérobe à mes vainqueurs le supplice d'un roi.

Le triste bonheur où j'aspire !
Je ne veux que hâter ma mort,
Et n'accuse mon mauvais sort

Que de souffrir que je respire.
Puisqu'il me faut mourir, que je meure à mon choix;
Le coup m'en sera doux, s'il est sans infamie :
Prendre l'ordre à mourir d'une main ennemie,
C'est mourir, pour un roi, beaucoup plus d'une fois.

    Malheureux prince, on te méprise
    Quand tu t'arrêtes à servir;
    Si tu t'efforces de ravir,
    Ta prison suit ton entreprise.
Ton amour qu'on dédaigne, et ton vain attentat,
D'un éternel affront vont souiller ta mémoire;
L'un t'a déja coûté ton repos et ta gloire,
L'autre te va coûter ta vie et ton état.

    Destin, qui punis mon audace,
    Tu n'as que de justes rigueurs;
    Et s'il est d'assez tendres cœurs
    Pour compatir à ma disgrace,
Mon feu de leur tendresse étouffe la moitié,
Puisque, à bien comparer mes fers avec ma flamme,
Un vieillard amoureux mérite plus de blâme
Qu'un monarque en prison n'est digne de pitié.

    Cruel auteur de ma misère,
    Peste des cœurs, tyran des rois,
    Dont les impérieuses lois
    N'épargnent pas même ta mère,

Amour, contre Jason tourne ton trait fatal;
Au pouvoir de tes dards je remets ma vengeance :
Atterre son orgueil, et montre ta puissance
A perdre également l'un et l'autre rival.

    Qu'une implacable jalousie
    Suive son nuptial flambeau;
    Que sans cesse un objet nouveau
    S'empare de sa fantaisie;
Que Corinthe à sa vue accepte un autre roi;
Qu'il puisse voir sa race à ses yeux égorgée;
Et, pour dernier malheur, qu'il ait le sort d'Ægée,
Et devienne à mon âge amoureux comme moi!

Mais d'où vient ce bruit sourd? quelle pâle lumière
Dissipe ces horreurs et frappe ma paupière?

SCÈNE VI.

MÉDÉE, ÆGÉE.

ÆGÉE.

Mortel, qui que tu sois, détourne ici tes pas,
Et, de grace, m'apprends l'arrêt de mon trépas,
L'heure, le lieu, le genre; et, si ton cœur sensible
A la compassion peut se rendre accessible,
Donne-moi les moyens d'un généreux effort
Qui des mains des bourreaux affranchisse ma mort.

ACTE IV, SCENE VI.

MÉDÉE.

Je viens l'en affranchir. Ne craignez plus, grand prince;
Ne pensez qu'à revoir votre chère province.

(Elle donne un coup de baguette sur la porte de la prison, qui s'ouvre aussitôt, et, en ayant tiré Ægée, elle en donne encore un sur ses fers, qui tombent.)

Ni grilles ni verroux ne tiennent contre moi.
Cessez, indignes fers, de captiver un roi;
Est-ce à vous à presser les bras d'un tel monarque?
Et vous, reconnoissez Médée à cette marque,
Et fuyez un tyran dont le forcénement
Joindroit votre supplice à mon bannissement;
Avec la liberté reprenez le courage.

ÆGÉE.

Je les reprends tous deux pour vous en faire hommage.
Princesse, de qui l'art propice aux malheureux
Oppose un tel miracle à mon sort rigoureux:
Disposez de ma vie, et du sceptre d'Athènes;
Je dois et l'une et l'autre à qui brise mes chaînes.
Si votre heureux secours me tire de danger,
Je ne veux en sortir qu'afin de vous venger;
Et si je puis jamais, avec votre assistance,
Arriver jusqu'aux lieux de mon obéissance,
Vous me verrez, suivi de mille bataillons,
Sur ces murs renversés planter mes pavillons,
Punir leur traître roi de vous avoir bannie,
Dedans le sang des siens noyer sa tyrannie,
Et remettre en vos mains et Créuse et Jason,

Pour venger votre exil plutôt que ma prison.
MÉDÉE.
Je veux une vengeance et plus haute et plus prompte;
Ne l'entreprenez pas, votre offre me fait honte :
Emprunter le secours d'aucun pouvoir humain
D'un reproche éternel diffameroit ma main.
En est-il, après tout, aucun qui ne me cède?
Qui force la nature a-t-il besoin qu'on l'aide?
Laissez-moi le souci de venger mes ennuis,
Et, par ce que j'ai fait, jugez ce que je puis.
L'ordre en est tout donné, n'en soyez point en peine :
C'est demain que mon art fait triompher ma haine;
Demain je suis Médée, et je tire raison
De mon bannissement et de votre prison.
ÆGÉE.
Quoi! madame, faut-il que mon peu de puissance
Empêche les devoirs de ma reconnoissance?
Mon sceptre ne peut-il être employé pour vous?
Et vous serai-je ingrat autant que votre époux?
MÉDÉE.
Si je vous ai servi, tout ce que j'en souhaite,
C'est de trouver chez vous une sûre retraite,
Où de mes ennemis menaces ni présents
Ne puissent plus troubler le repos de mes ans.
Non pas que je les craigne; eux et toute la terre
A leur confusion me livreroient la guerre :
Mais je hais ce désordre, et n'aime pas à voir
Qu'il me faille pour vivre user de mon savoir.

ÆGÉE.
L'honneur de recevoir une si grande hôtesse
De mes malheurs passés efface la tristesse.
Disposez d'un pays qui vivra sous vos lois,
Si vous l'aimez assez pour lui donner des rois;
Si mes ans ne vous font mépriser ma personne,
Vous y partagerez mon lit et ma couronne:
Sinon, sur mes sujets faites état d'avoir,
Ainsi que sur moi-même, un absolu pouvoir.
Allons, madame, allons; et par votre conduite
Faites la sûreté que demande ma fuite.
MÉDÉE.
Ma vengeance n'auroit qu'un succès imparfait:
Je ne me venge pas, si je n'en vois l'effet;
Je dois à mon courroux l'heur d'un si doux spectacle.
Allez, prince, et sans moi ne craignez point d'obstacle;
Je vous suivrai demain par un chemin nouveau.
Pour votre sûreté conservez cet anneau.
Sa secrète vertu, qui vous fait invisible,
Rendra votre départ de tous côtés paisible.
  Ici, pour empêcher l'alarme que le bruit
De votre délivrance auroit bientôt produit,
Un fantôme pareil et de taille et de face,
Tandis que vous fuirez, remplira votre place.
Partez sans plus tarder, prince chéri des dieux,
Et quittez pour jamais ces détestables lieux.
ÆGÉE.
J'obéis sans réplique, et je pars sans remise.

Puisse d'un prompt succès votre grande entreprise
Combler nos ennemis d'un mortel désespoir,
Et me donner bientôt le bien de vous revoir!

FIN DU QUATRIÈME ACTE.

ACTE CINQUIÈME.

SCÈNE I.

MÉDÉE, THEUDAS.

THEUDAS, sans voir Médée.

Ah, déplorable prince! ah, fortune cruelle!
Que je porte à Jason une triste nouvelle!

MÉDÉE, lui donnant un coup de baguette qui le fait demeurer immobile.

Arrête, misérable, et m'apprends quel effet
A produit chez le roi le présent que j'ai fait.

THEUDAS.

Dieux! je suis dans les fers d'une invisible chaîne!

MÉDÉE.

Dépêche, ou ces longueurs t'attireront ma haine.

THEUDAS.

Apprenez donc l'effet le plus prodigieux
Que jamais la vengeance ait offert à nos yeux.
  Votre robe a fait peur, et sur Nise éprouvée,
En dépit des soupçons, sans péril s'est trouvée;
Et cette épreuve a su si bien les assurer,
Qu'incontinent Créuse a voulu s'en parer.

Mais cette infortunée à peine l'a vêtue,
Qu'elle sent aussitôt une ardeur qui la tue;
Un feu subtil s'allume, et ses brandons épars
Sur votre don fatal courent de toutes parts;
Et Cléone et le roi s'y jettent pour l'éteindre :
Mais, ô nouveau sujet de pleurer et de plaindre!
Ce feu saisit le roi, ce prince en un moment
Se trouve enveloppé du même embrasement.

MÉDÉE.

Courage; enfin il faut que l'un et l'autre meure.

THEUDAS.

La flamme disparoît, mais l'ardeur leur demeure;
Et leurs habits charmés, malgré nos vains efforts,
Sont des brasiers secrets attachés à leurs corps;
Qui veut les dépouiller, lui-même les déchire,
Et ce nouveau secours est un nouveau martyre.

MÉDÉE.

Que dit mon déloyal? que fait-il là-dedans?

THEUDAS.

Jason, sans rien savoir de tous ces accidents,
S'acquitte des devoirs d'une amitié civile
A conduire Pollux hors des murs de la ville,
Qui va se rendre en hâte aux noces de sa sœur,
Dont bientôt Ménélas doit être possesseur;
Et j'allois lui porter ce funeste message.

MÉDÉE, lui donnant un autre coup de baguette.

Va, tu peux maintenant achever ton voyage.

SCÈNE II.

MÉDÉE.

Est-ce assez, ma vengeance, est-ce assez de deux morts?
Consulte avec loisir tes plus ardents transports.
Des bras de mon perfide arracher une femme,
Est-ce pour assouvir les fureurs de mon ame?
Que n'a-t-elle déja des enfants de Jason,
Sur qui plus pleinement venger sa trahison?
Suppléons-y des miens; immolons avec joie
Ceux qu'à me dire adieu Créuse me renvoie:
Nature, je le puis sans violer ta loi;
Ils viennent de sa part, et ne sont plus à moi:
Mais ils sont innocents, aussi l'étoit mon frère:
Ils sont trop criminels d'avoir Jason pour père;
Il faut que leur trépas redouble son tourment;
Il faut qu'il souffre en père aussi bien qu'en amant.
Mais quoi! j'ai beau contre eux animer mon audace,
La pitié la combat, et se met en sa place;
Puis, cédant tout-à-coup la place à ma fureur,
J'adore les projets qui me faisoient horreur:
De l'amour aussitôt je passe à la colère,
Des sentiments de femme aux tendresses de mère.

Cessez dorénavant, pensers irrésolus,
D'épargner des enfants que je ne verrai plus.
Chers fruits de mon amour, si je vous ai fait naître,

Ce n'est pas seulement pour caresser un traître :
Il me prive de vous, et je l'en vais priver.
Mais ma pitié renaît, et revient me braver;
Je n'exécute rien, et mon ame éperdue
Entre deux passions demeure suspendue.
N'en délibérons plus, mon bras en résoudra.
Je vous perds, mes enfants; mais Jason vous perdra;
Il ne vous verra plus.... Créon sort tout en rage;
Allons à son trépas joindre ce triste ouvrage.

SCÈNE III.

CRÉON, DOMESTIQUES.

CRÉON.

Loin de me soulager vous croissez mes tourments;
Le poison à mon corps unit mes vêtements,
Et ma peau, qu'avec eux votre secours m'arrache,
Pour suivre votre main de mes os se détache.
Voyez comme mon sang en coule à gros ruisseaux;
Ne me déchirez plus, officieux bourreaux;
Votre pitié pour moi s'est assez hasardée;
Fuyez, ou ma fureur vous prendra pour Médée.
C'est avancer ma mort que de me secourir;
Je ne veux que moi-même à m'aider à mourir.
Quoi! vous continuez, canailles infidèles!
Plus je vous le défends, plus vous m'êtes rebelles!
Traîtres, vous sentirez encor ce que je puis;

Je serai votre roi tout mourant que je suis;
Si mes commandements ont trop peu d'efficace,
Ma rage pour le moins me fera faire place :
Il faut ainsi payer votre cruel secours.

(Il se défait d'eux et les chasse à coups d'épée.)

SCÈNE IV.

CRÉON, CRÉUSE, CLÉONE.

CRÉUSE.

Où fuyez-vous de moi, cher auteur de mes jours?
Fuyez-vous l'innocente et malheureuse source
D'où prennent tant de maux leur effroyable course?
Ce feu qui me consume et dehors et dedans
Vous venge-t-il trop peu de mes vœux imprudents?
 Je ne puis excuser mon indiscrète envie,
Qui donne le trépas à qui je dois la vie :
Mais soyez satisfait des rigueurs de mon sort,
Et cessez d'ajouter votre haine à ma mort.
L'ardeur qui me dévore, et que j'ai méritée,
Surpasse en cruauté l'aigle de Prométhée;
Et je crois qu'Ixion au choix des châtiments
Préfèreroit sa roue à mes embrasements.

CRÉON.

Si ton jeune desir eut beaucoup d'imprudence,
Ma fille, j'y devois opposer ma défense.
Je n'impute qu'à moi l'excès de mes malheurs,

Et j'ai part en ta faute ainsi qu'en tes douleurs.
Si j'ai quelque regret, ce n'est pas en ma vie,
Que le déclin des ans m'auroit bientôt ravie :
La jeunesse des tiens, si beaux, si florissants,
Me porte au fond du cœur des coups bien plus pressants.
  Ma fille, c'est donc là ce royal hyménée
Dont nous pensions toucher la pompeuse journée !
La parque impitoyable en éteint le flambeau,
Et pour lit nuptial il te faut un tombeau !
Ah ! rage, désespoir, destins, feux, poisons, charmes,
Tournez tous contre moi vos plus cruelles armes ;
S'il faut vous assouvir par la mort de deux rois,
Faites en ma faveur que je meure deux fois,
Pourvu que mes deux morts emportent cette grace,
De laisser ma couronne à mon unique race,
Et cet espoir si doux, qui m'a toujours flatté,
De revivre à jamais en sa postérité.

CRÉUSE.

Cléone, soutenez, je chancelle, je tombe ;
Mon reste de vigueur sous mes douleurs succombe ;
Je sens que je n'ai plus à souffrir qu'un moment.
Ne me refusez pas ce triste allègement,
Seigneur ; et, si pour moi quelque amour vous demeure,
Entre vos bras mourants permettez que je meure.
Mes pleurs arroseront vos mortels déplaisirs ;
Je mêlerai leurs eaux à vos brûlants soupirs.
Ah ! je brûle, je meurs, je ne suis plus que flamme ;
De grace, hâtez-vous de recevoir mon ame.

ACTE V, SCENE VI.

Quoi! vous vous éloignez!

CRÉON.

Oui; je ne verrai pas,
Comme un lâche témoin, ton indigne trépas:
Il faut, ma fille, il faut que ma main me délivre
De l'infame regret de t'avoir pu survivre.
Invisible ennemi, sors avecque mon sang.

(Il se tue avec un poignard.)

CRÉUSE.

Courez à lui, Cléone: il se perce le flanc.

CRÉON.

Retourne; c'en est fait. Ma fille, adieu; j'expire,
Et ce dernier soupir met fin à mon martyre:
Je laisse à ton Jason le soin de nous venger.

CRÉUSE.

Vain et triste confort! soulagement léger!
Mon père....

CLÉONE.

Il ne vit plus, sa grande ame est partie.

CRÉUSE.

Donnez donc à la mienne une même sortie;
Apportez-moi ce fer qui, de ses maux vainqueur,
Est déja si savant à traverser le cœur.
Ah! je sens fers, et feux, et poison, tout ensemble;
Ce que souffroit mon père à mes peines s'assemble.
Hélas! que de douceur auroit un prompt trépas!
Depêchez-vous, Cléone, aidez mon foible bras.

CLÉONE.

Ne désespérez point : les dieux, plus pitoyables,
A nos justes clameurs se rendront exorables,
Et vous conserveront, en dépit du poison,
Et pour reine à Corinthe, et pour femme à Jason.
Il arrive, et, surpris, il change de visage;
Je lis dans sa pâleur une secrète rage,
Et son étonnement va passer en fureur.

SCÈNE V.

JASON, CRÉUSE, CLÉONE, THEUDAS.

JASON.

Que vois-je ici, grands dieux ! quel spectacle d'horreur !
Où que puissent mes yeux porter ma vue errante,
Je vois, ou Créon mort, ou Créuse mourante.
Ne t'en va pas, belle ame, attends encore un peu,
Et le sang de Médée éteindra tout ce feu;
Prends le triste plaisir de voir punir son crime,
De te voir immoler cette infame victime;
Et que ce scorpion sur la plaie écrasé
Fournisse le remède au mal qu'il a causé.

CRÉUSE.

Il n'en faut point chercher au poison qui me tue;
Laisse-moi le bonheur d'expirer à ta vue,
Souffre que j'en jouisse en ce dernier moment:
Mon trépas fera place à ton ressentiment;

ACTE V, SCENE V.

Le mien cède à l'ardeur dont je suis possédée ;
J'aime mieux voir Jason que la mort de Médée.
Approche, cher amant, et retiens ces transports ;
Mais garde de toucher ce misérable corps ;
Ce brasier, que le charme ou répand ou modère,
A négligé Cléone, et dévoré mon père :
Au gré de ma rivale il est contagieux.
Jason, ce m'est assez de mourir à tes yeux :
Empêche les plaisirs qu'elle attend de ta peine ;
N'attire point ces feux esclaves de sa haine.
Ah, quel âpre tourment ! quels douloureux abois !
Et que je sens de morts sans mourir une fois !

JASON.

Quoi ! vous m'estimez donc si lâche que de vivre ?
Et de si beaux chemins sont ouverts pour vous suivre !
Ma reine, si l'hymen n'a pu joindre nos corps,
Nous joindrons nos esprits, nous joindrons nos deux morts ;
Et l'on verra Caron passer chez Radhamante,
Dans une même barque, et l'amant et l'amante.
Hélas ! vous recevez, par ce présent charmé,
Le déplorable prix de m'avoir trop aimé ;
Et, puisque cette robe a causé votre perte,
Je dois être puni de vous l'avoir offerte.
Quoi ! ce poison m'épargne, et ces feux impuissants
Refusent de finir les douleurs que je sens !
Il faut donc que je vive, et vous m'êtes ravie !
Justes dieux ! quel forfait me condamne à la vie ?
Est-il quelque tourment plus grand pour mon amour

Que de la voir mourir, et de souffrir le jour?
Non, non; si par ces feux mon attente est trompée,
J'ai de quoi m'affranchir au bout de mon épée;
Et l'exemple du roi, de sa main transpercé,
Qui nage dans les flots du sang qu'il a versé,
Instruit suffisamment un généreux courage
Des moyens de braver le destin qui l'outrage.

CRÉUSE.

Si Créuse eut jamais sur toi quelque pouvoir,
Ne t'abandonne point au coup du désespoir.
Vis pour sauver ton nom de cette ignominie,
Que Créuse soit morte, et Médée impunie;
Vis pour garder le mien en ton cœur affligé,
Et du moins ne meurs point que tu ne sois vengé.
    Adieu: donne la main; que, malgré ta jalouse,
J'emporte chez Pluton le nom de ton épouse.
Ah! douleurs! C'en est fait, je meurs à cette fois,
Et perds en ce moment la vie avec la voix.
Si tu m'aimes....

JASON.

             Ce mot lui coupe la parole;
Et je ne suivrai pas son ame qui s'envole!
Mon esprit, retenu par ses commandements,
Réserve encor ma vie à de pires tourments!
Pardonne, chère épouse, à mon obéissance:
Mon déplaisir mortel défère à ta puissance,
Et de mes jours maudits tout près de triompher,
De peur de te déplaire, il n'ose m'étouffer.

ACTE V, SCENE VI.

Ne perdons pas de temps, courons chez la sorcière
Délivrer par sa mort mon ame prisonnière.
Vous autres, cependant, enlevez ces deux corps :
Contre tous ses démons mes bras sont assez forts ;
Et la part que votre aide auroit à ma vengeance
Ne m'en permettroit pas une entière allégeance.
Préparez seulement des gênes, des bourreaux ;
Devenez inventifs en supplices nouveaux,
Qui la fassent mourir tant de fois sur leur tombe
Que son coupable sang leur vaille une hécatombe ;
Et si cette victime, en mourant mille fois,
N'apaise point encor les mânes de deux rois,
Je serai la seconde ; et mon esprit fidèle
Ira gêner là-bas son ame criminelle,
Ira faire assembler, pour sa punition,
Les peines de Titye à celles d'Ixion.

(On emporte les corps de Créon et de Créuse.)

SCÈNE VI.

JASON.

Mais leur puis-je imputer ma mort en sacrifice ?
Elle m'est un plaisir et non pas un supplice :
Mourir, c'est seulement auprès d'eux me ranger,
C'est rejoindre Créuse, et non pas la venger.
Instruments des fureurs d'une mère insensée,
Indignes rejetons de mon amour passée,

Quel malheureux destin vous avoit réservés
A porter le trépas à qui vous a sauvés?
C'est vous, petits ingrats, que, malgré la nature,
Il me faut immoler dessus leur sépulture.
Que la sorcière en vous commence de souffrir;
Que son premier tourment soit de vous voir mourir.
Toutefois qu'ont-ils fait qu'obéir à leur mère?

SCÈNE VII.

MÉDÉE, JASON.

MÉDÉE, sur un balcon.

Lâche, ton désespoir encore en délibère?
Lève les yeux, perfide, et reconnoîs ce bras
Qui t'a déja vengé de ces petits ingrats;
Ce poignard que tu vois vient de chasser leurs ames,
Et noyer dans leur sang les restes de nos flammes.
Heureux père et mari, ma fuite et leur tombeau
Laissent la place vide à ton hymen nouveau.
Réjouis-t'en, Jason, va posséder Créuse :
Tu n'auras plus ici personne qui t'accuse;
Ces gages de nos feux ne feront plus pour moi
De reproches secrets à ton manque de foi.

JASON.

Horreur de la nature, exécrable tigresse!

MÉDÉE.

Va, bienheureux amant, cajoler ta maîtresse :

ACTE V, SCENE VII.

A cet objet si cher tu dois tous tes discours;
Parler encor à moi, c'est trahir tes amours.
Va lui, va lui compter tes rares aventures,
Et contre mes effets ne combats point d'injures.

JASON.

Quoi! tu m'oses braver, et ta brutalité
Pense encore échapper à mon bras irrité!
Tu redoubles ta peine avec cette insolence.

MÉDÉE.

Et que peut contre moi ta débile vaillance?
Mon art faisoit ta force, et tes exploits guerriers
Tiennent de mon secours ce qu'ils ont de lauriers.

JASON.

Ah! c'est trop en souffrir; il faut qu'un prompt supplice
De tant de cruautés à la fin te punisse.
Sus, sus, brisons la porte, enfonçons la maison;
Que des bourreaux soudain m'en fassent la raison:
Ta tête répondra de tant de barbaries.

MÉDÉE, en l'air, dans un char tiré par deux dragons.

Que sert de t'emporter à ces vaines furies?
Épargne, cher époux, des efforts que tu perds:
Vois les chemins de l'air qui me sont tous ouverts;
C'est par là que je fuis, et que je t'abandonne
Pour courir à l'exil que ton change m'ordonne.
Suis-moi, Jason, et trouve en ces lieux désolés
Des postillons pareils à mes dragons ailés.

Enfin, je n'ai pas mal employé la journée
Que la bonté du roi de grace m'a donnée :

Mes desirs sont contents. Mon père et mon pays,
Je ne me repens plus de vous avoir trahis ;
Avec cette douceur j'en accepte le blâme.
Adieu, parjure : apprends à connoître ta femme ;
Souviens-toi de sa fuite, et songe une autre fois
Lequel est plus à craindre ou d'elle ou de deux rois.

SCÈNE VIII.

JASON.

O dieux! ce char volant, disparu dans la nue,
La dérobe à sa peine aussi-bien qu'à ma vue ;
Et son impunité triomphe arrogamment
Des projets avortés de mon ressentiment.
Créuse, enfants, Médée, amour, haine, vengeance,
Où dois-je désormais chercher quelque allégeance ?
Où suivre l'inhumaine, et dessous quels climats
Porter les châtiments de tant d'assassinats ?
Va, furie exécrable, en quelque coin de terre
Que t'emporte ton char, j'y porterai la guerre :
J'apprendrai ton séjour de tes sanglants effets,
Et te suivrai partout au bruit de tes forfaits.
Mais, que me servira cette vaine poursuite,
Si l'air est un chemin toujours libre à ta fuite ;
Si toujours tes dragons sont prêts à t'enlever,
Si toujours tes forfaits ont de quoi me braver ?
Malheureux, ne perds point contre une telle audace

ACTE V, SCENE VIII.

De ta juste fureur l'impuissante menace;
Ne cours point à ta honte, et fuis l'occasion
D'accroître sa victoire et ta confusion.
Misérable! perfide! ainsi donc ta foiblesse
Épargne la sorcière, et trahit ta princesse!
Est-ce là le pouvoir qu'ont sur toi ses desirs,
Et ton obéissance à ses derniers soupirs?
Venge-toi, pauvre amant, Créuse le commande;
Ne lui refuse point un sang qu'elle demande;
Écoute les accents de sa mourante voix,
Et vole sans rien craindre à ce que tu lui dois.
A qui sait bien aimer il n'est rien d'impossible :
Eusses-tu pour retraite un roc inaccessible,
Tigresse, tu mourras; et, malgré ton savoir,
Mon amour te verra soumise à son pouvoir.
Mes yeux se repaîtront des horreurs de ta peine :
Ainsi le veut Créuse, ainsi le veut ma haine.
Mais quoi! je vous écoute, impuissantes chaleurs!
Allez, n'ajoutez plus de comble à mes malheurs.
Entreprendre une mort que le ciel s'est gardée,
C'est préparer encore un triomphe à Médée.
Tourne avec plus d'effet sur toi-même ton bras,
Et punis-toi, Jason, de ne la punir pas.
Vains transports, où sans fruit mon désespoir s'amuse,
Cessez de m'empêcher de rejoindre Créuse.
Ma reine, ta belle ame, en partant de ces lieux,
M'a laissé la vengeance, et je la laisse aux dieux :
Eux seuls, dont le pouvoir égale la justice,

Peuvent de la sorcière achever le supplice.
Trouve-le bon, chère ombre, et pardonne à mes feux,
Si je vais te revoir plus tôt que tu ne veux.

(Il se tue.)

FIN DE MÉDÉE.

EXAMEN DE MÉDÉE.

Cette tragédie a été traitée en grec par Euripide, et en latin par Sénèque; et c'est sur leur exemple que je me suis autorisé à en mettre le lieu dans une place publique, quelque peu de vraisemblance qu'il y ait à y faire parler des rois, et à y voir Médée prendre les desseins de sa vengeance. Elle en fait confidence, chez Euripide, à tout le chœur, composé de Corinthiennes, sujettes de Créon, et qui devoient être du moins au nombre de quinze, à qui elle dit hautement qu'elle fera périr leur roi, leur princesse et son mari, sans qu'aucune d'elles ait la moindre pensée d'en donner avis à ce prince.

Pour Sénèque, il y a quelque apparence qu'il ne lui fait pas prendre ces résolutions violentes en présence du chœur, qui n'est pas toujours sur le theâtre, et n'y parle jamais aux autres acteurs; mais je ne puis comprendre comme, dans son quatrième acte, il lui fait achever ses enchantements en place publique; et j'ai mieux aimé rompre l'unité exacte du lieu, pour faire voir Médée dans le même cabinet où elle a fait ses charmes, que de l'imiter en ce point.

Tous les deux m'ont semblé donner trop peu de défiance à Créon des présents de cette magicienne offensée au dernier point, qu'il témoigne craindre chez l'un et chez l'autre, et dont il a d'autant plus de lieu de se défier, qu'elle lui demande instamment un jour de délai pour se préparer à partir, et qu'il croit qu'elle ne le demande que pour machiner quelque chose contre lui, et troubler les noces de sa fille.

J'ai cru mettre la chose dans un peu plus de justesse par quelques précautions que j'y ai apportées. La première, en ce que Créuse souhaite avec passion cette robe que Médée empoisonne, et qu'elle oblige Jason à la tirer d'elle par adresse : ainsi, bien que les présents des ennemis doivent être suspects, celui-ci ne le doit pas être, parce que ce n'est pas tant un don qu'elle fait qu'un paiement qu'on lui arrache de la grace que ses enfants reçoivent. La seconde, en ce que ce n'est pas elle qui demande ce jour de délai qu'elle emploie à sa vengeance, mais Créon qui le lui donne de son mouvement, comme pour diminuer quelque chose de l'injuste violence qu'il lui fait, dont il semble avoir honte en lui-même. Et la troisième enfin, en ce qu'après les défiances que Pollux lui en fait prendre presque par force, il en fait faire l'épreuve sur une autre avant que de permettre à sa fille de s'en parer.

L'épisode d'Ægée n'est pas tout-à-fait de mon invention; Euripide l'introduit en son troisième acte mais seulement comme un passant à qui Médée fait ses plaintes, et qui l'assure d'une retraite chez lui à Athènes, en considération d'un service qu'elle promet de lui rendre. En quoi je trouve deux choses à dire : l'une, qu'Ægée étant dans la cour de Créon ne parle point du tout de le voir; l'autre, que, bien qu'il promette à Médée de la recevoir et protéger à Athènes après qu'elle se sera vengée, ce qu'elle fait dès ce jour-là même, il lui témoigne toutefois qu'au sortir de Corinthe il va trouver Pitthéus à Trézène, pour consulter avec lui sur le sens de l'oracle qu'on venoit de lui rendre à Delphes; et qu'ainsi Médée seroit demeurée en assez mauvaise posture dans Athènes en l'attendant, puisqu'il tarda manifestement quelque temps chez Pitthéus, où il fit l'amour à sa fille Æthra, qu'il laissa grosse de Thésée, et n'en partit point que sa grossesse ne fût constante. Pour donner un peu plus d'intérêt à ce monarque dans l'action de cette tragédie, je le fais amoureux de Créuse, qui lui préfère Jason, et je porte ses ressentiments à l'enlever, afin qu'en cette entreprise, demeurant prisonnier de ceux qui la sauvent de ses mains, il ait obligation à Médée de sa délivrance, et que la reconnoissance qu'il lui en doit l'engage plus fortement à sa protection, et même à l'épouser, comme l'histoire le marque.

Pollux est de ces personnages protatiques qui ne sont introduits que pour écouter la narration du sujet. Je pense l'avoir déjà dit, et j'ajoute que ces personnages sont d'ordinaire assez difficiles à imaginer dans la tragédie, parce que les évènements publics et éclatants dont elle est composée sont connus de tout le monde, et que, s'il est aisé de trouver des gens qui les sachent pour les raconter, il n'est pas aisé d'en trouver qui les ignorent pour les entendre; c'est ce qui m'a fait avoir recours à cette fiction, que Pollux, depuis son retour de Colchos, avoit toujours été en Asie, où il n'avoit rien appris de ce qui s'étoit passé dans la Grèce, que la mer en sépare. Le contraire arrive en la comédie : comme elle n'est que d'intrigues particulières, il n'est rien si facile que de trouver des gens qui les ignorent; mais souvent il n'y a qu'une seule personne qui les puisse expliquer. Ainsi l'on n'y manque jamais de confident quand il y a matière de confidence.

Dans la narration que fait Nérine au quatrième acte, on peut considérer que, quand ceux qui écoutent ont quelque chose d'important dans l'esprit, ils n'ont pas assez de patience pour écouter le détail de ce qu'on leur vient raconter, et que c'est assez pour eux d'en apprendre l'évènement en un mot : c'est ce que fait voir ici Médée, qui, ayant su que Jason a arraché Créuse à ses ravisseurs, et pris Ægée prisonnier, ne veut point qu'on lui explique comment cela s'est fait. Lorsqu'on a affaire à un esprit tranquille, comme Achorée à Cléopatre dans *la Mort de Pompée*, pour qui elle ne s'intéresse que par un sentiment d'honneur, on prend le loisir d'exprimer toutes les particularités : mais avant que d'y descendre, j'estime qu'il est bon même alors d'en dire tout l'effet en deux mots dès l'abord.

Surtout, dans les narrations ornées et pathétiques, il faut très-soigneusement prendre garde en quelle assiette est l'ame de celui qui parle et de celui qui écoute, et se passer de cet ornement qui ne va guère sans quelque étalage ambitieux, s'il y a la moindre apparence que l'un des deux soit trop en péril, ou dans une passion trop violente pour avoir toute la patience nécessaire au récit qu'on se propose.

J'oubliois à remarquer que la prison où je mets Ægée est un spectacle désagréable que je conseillerois d'éviter : ces grilles, qui éloignent l'acteur du spectateur, et lui cachent toujours plus de la moitié de sa personne, ne manquent jamais à rendre son action fort languissante. Il arrive quelquefois des occasions indispensables de faire arrêter prisonniers sur nos théâtres quelques-uns de nos principaux acteurs; mais alors il vaut mieux se contenter de leur donner des gardes qui les suivent, et qui n'affoiblissent ni le spectacle ni l'action, comme dans *Polyeucte* et dans *Héraclius*. J'ai voulu rendre visible ici l'obligation qu'Ægée avoit à Médée; mais cela se fût mieux fait par un récit.

Je serai bien aise encore qu'on remarque la civilité de Jason envers Pollux, à son départ : il l'accompagne jusques hors de la ville; et c'est une adresse de théâtre assez heureusement pratiquée pour l'éloigner de Créon et de Créuse mourants, et n'en avoir que deux à-la-fois à faire parler. Un auteur est bien embarrassé quand il en a trois, qui tous ont une assez forte passion dans l'ame pour leur donner une juste impatience de la pousser au-dehors : c'est ce qui m'a obligé à faire mourir ce roi malheureux avant l'arrivée de Jason, afin qu'il n'eût à parler qu'à Créuse; et à faire aussi mourir cette princesse avant que Médée se montre sur le balcon, afin que cet amant en colère n'ait plus à qui s'adresser qu'à elle. Mais on auroit eu lieu de trouver à dire qu'il ne fût pas auprès de sa maîtresse dans un si grand malheur, si je n'eusse rendu raison de son éloignement.

J'ai feint que les feux que produit la robe de Médée, et qui font périr Créon et Créuse, étoient invisibles, parce que j'ai mis leurs personnes sur la scène dans la catastrophe. Ce spectacle de mourants m'étoit nécessaire pour remplir mon cinquième acte, qui sans cela n'eût pu atteindre à la longueur ordinaire des nôtres. Mais, à dire le vrai, il n'a pas l'effet que demande la tragédie; et ces deux mourants importunent plus par leurs cris et par leurs gémissements qu'ils ne font pitié par leur malheur. La raison en est, qu'ils semblent l'avoir mérité par l'injustice qu'ils ont faite à Médée, qui attire si bien de son côté toute la faveur de l'auditoire, qu'on excuse sa vengeance après l'indigne traitement qu'elle a reçu de Créon et de son mari, et qu'on a plus de compassion du désespoir où ils l'ont réduite que de tout ce qu'elle leur fait souffrir.

Quant au style, il est fort inégal en ce poëme, et ce que j'y ai mêlé du mien approche si peu de ce que j'ai traduit de Sénèque, qu'il n'est pas besoin d'en mettre le texte en marge pour faire discerner au lecteur ce qui est de lui ou de moi. Le temps m'a donné le moyen d'amasser assez de forces pour ne laisser pas cette différence si visible dans le Pompée, où j'ai beaucoup pris de Lucain, et ne crois pas être demeuré fort au-dessous de lui quand il a fallu me passer de son secours.

FIN DE L'EXAMEN DE MÉDÉE.

LE CID,

TRAGÉDIE EN CINQ ACTES.

1636.

PRÉFACE HISTORIQUE
DE VOLTAIRE
SUR LE CID.

Lorsque Corneille donna *le Cid*, les Espagnols avaient sur tous les théâtres de l'Europe la même influence que dans les affaires publiques; leur goût dominait, ainsi que leur politique : et même en Italie leurs comédies ou leurs tragi-comédies obtenaient la préférence chez une nation qui avait l'*Aminte* et le *Pastor fido*, et qui, étant la première qui eût cultivé les arts, semblait plutôt faite pour donner des lois à la littérature que pour en recevoir.

Il est vrai que dans presque toutes ces tragédies espagnoles il y avait toujours quelques scènes de bouffonneries. Cet usage infecta l'Angleterre. Il n'y a guère de tragédies de Shakspeare où l'on ne trouve des plaisanteries d'hommes grossiers à côté du sublime des héros. A quoi attribuer une mode si extravagante, et si honteuse pour l'esprit humain, qu'à la coutume des princes mêmes qui entretenaient toujours des bouffons auprès d'eux? coutume digne de barbares qui sentaient le besoin des plaisirs de l'esprit, et qui étaient incapables d'en avoir; coutume même qui a duré jusqu'à nos temps, lorsqu'on en reconnaissait la turpitude. Jamais ce vice n'avilit la scène française : il se glissa seulement dans nos premiers opéra, qui, n'étant pas des ouvrages réguliers, semblaient permettre cette indécence; mais bientôt l'élégant Quinault purgea l'opéra de cette bassesse.

Quoi qu'il en soit, on se piquait alors de savoir l'espagnol, comme on se fait honneur aujourd'hui de parler français. C'était la langue des cours de Vienne, de Bavière, de Bruxelles, de Naples et de Milan : la ligue l'avait introduite en France; et le mariage de Louis XIII avec la fille de Philippe III avait tellement mis l'espagnol à la mode, qu'il était alors presque honteux aux gens de lettres de l'ignorer. La plupart de nos comédies étaient imitées du théâtre de Madrid.

Un secrétaire de la reine Marie de Médicis, nommé *Chalons*, retiré à Rouen dans sa vieillesse, conseilla à Corneille d'apprendre l'espagnol, et lui proposa d'abord le sujet du *Cid*. L'Espagne avait deux tragédies du *Cid*, l'une de Diamante, intitulée *El honrador de su padre*, qui était la plus ancienne; l'autre, *el Cid*, de Guillem de Castro, qui était la plus en vogue : on voyait dans toutes les deux une infante amoureuse du Cid, et un bouffon appelé *le valet gracieux*, personnages également ridicules ; mais tous les sentiments généreux et tendres dont Corneille a fait un si bel usage sont dans ces deux originaux.

Je n'avais pu encore déterrer *le Cid* de Diamante quand je donnai la première édition des commentaires de Corneille; je marquerai dans celle-ci les principaux endroits qu'il traduisit de cet auteur espagnol.

C'est une chose, à mon avis, très-remarquable, que, depuis la renaissance des lettres en Europe, depuis que le théâtre était cultivé, on n'eût encore rien produit de véritablement intéressant sur la scène, et qui fît verser des larmes, si on en excepte quelques scènes attendrissantes du *Pastor fido* et du *Cid* espagnol. Les pièces italiennes du seizième siècle étaient de belles déclamations imitées du grec; mais les déclamations ne touchent point le cœur. Les pièces espagnoles étaient des tissus d'aventures incroyables. Les Anglais avaient encore pris ce goût. On n'avait point su encore parler au cœur chez aucune nation. Cinq ou six endroits très-touchants, mais noyés dans la foule des irrégularités de Guillem de Castro, furent sentis par Corneille, comme on découvre un sentier couvert de ronces et d'épines.

Il sut faire du *Cid* espagnol une pièce moins irrégulière et non moins touchante. Le sujet du *Cid* est le mariage de Rodrigue avec Chimène. Ce mariage est un point d'histoire presque aussi célèbre en Espagne que celui d'Andromaque avec Pyrrhus chez les Grecs; et c'était en cela même que consistait une grande partie de l'intérêt de la pièce. L'authenticité de l'histoire rendait tolérable aux spectateurs un dénouement qu'il n'aurait pas été peut-être permis de feindre; et l'amour de Chimène, qui eût été odieux, s'il n'avait commencé qu'après la mort de son père, devenait aussi touchant qu'excusable, puisqu'elle aimait déja Rodrigue avant cette mort, et par l'ordre de son père même.

On ne connaissait point encore, avant *le Cid* de Corneille, ce combat des passions qui déchire le cœur, et devant lequel toutes les autres beautés de l'art ne sont que des beautés inanimées. On sait quel succès eut *le Cid*, et quel enthousiasme il produisit dans la nation ; on sait aussi les contradictions et les dégoûts qu'essuya Corneille.

Il était, comme on sait, un des cinq auteurs qui travaillaient aux pièces du cardinal de Richelieu. Ces cinq auteurs étaient Rotrou, l'Étoile, Colletet, Boisrobert, et Corneille, admis le dernier dans cette société. Il n'avait trouvé d'amitié et d'estime que dans Rotrou, qui sentait son mérite : les autres n'en avaient pas assez pour lui rendre justice. Scudéri écrivait contre lui avec le fiel de la jalousie humiliée et avec le ton de la supériorité. Un Claveret, qui avait fait une comédie intitulée *la Place Royale*, sur le même sujet que Corneille, se répandit en invectives grossières. Mairet lui-même s'avilit jusqu'à écrire contre Corneille avec la même amertume. Mais ce qui l'affligea, et ce qui pouvait priver la France des chefs-d'œuvres dont il l'enrichit depuis, ce fut de voir le cardinal, son protecteur, se mettre avec chaleur à la tête de tous ses ennemis.

Le cardinal, à la fin de 1635, un an avant les représentations du *Cid*, avait donné dans le Palais-Cardinal, aujourd'hui le Palais-Royal, la comédie des *Tuileries*, dont il avait arrangé lui-même toutes les scènes. Corneille, plus docile à son génie que souple aux volontés d'un premier ministre, crut devoir changer quelque chose dans le troisième acte qui lui fut confié. Cette liberté estimable fut envenimée par deux de ses confrères, et déplut beaucoup au cardinal, qui lui dit *qu'il fallait avoir un esprit de suite*. Il entendait par esprit de suite la soumission qui suit aveuglément les ordres d'un supérieur. Cette anecdote était fort connue chez les derniers princes de la maison de Vendôme, petits-fils de César de Vendôme, qui avait assisté à la représentation de cette pièce du cardinal.

Le premier ministre vit donc les défauts du *Cid* avec les yeux d'un homme mécontent de l'auteur, et ses yeux se fermèrent trop sur les beautés. Il était si entier dans son sentiment, que, quand on lui apporta les premières esquisses du travail de l'Académie sur *le Cid*, et quand il vit que l'Académie, avec un ménagement aussi poli qu'encourageant pour les arts et pour le grand Corneille, comparait les contestations présentes à celles que la *Jérusalem délivrée* et le *Pastor fido* avaient fait naître, il mit en marge, de sa main : « L'applaudissement et

« le blâme du *Cid* n'est qu'entre les doctes et les
« ignorants, au lieu que les contestations sur
« les deux autres pièces ont été entre les gens
« d'esprit. »

Qu'il me soit permis de hasarder une réflexion.
Je crois que le cardinal de Richelieu avait raison, en ne considérant que les irrégularités de
la pièce, l'inutilité et l'inconvenance du rôle de
l'infante, le rôle faible du roi, le rôle encore
plus faible de don Sanche, et quelques autres
défauts. Son grand sens lui faisait voir clairement
toutes ces fautes; et c'est en quoi il me paraît
plus qu'excusable.

Je ne sais s'il était possible qu'un homme occupé des intérêts de l'Europe, des factions de la
France, et des intrigues plus épineuses de la
cour, un cœur ulcéré par les ingratitudes, et
endurci par les vengeances, sentît le charme des
scènes de Rodrigue et de Chimène. Il voyait que
Rodrigue avait très-grand tort d'aller chez sa
maîtresse après avoir tué son père; et quand on
est trop fortement choqué de voir ensemble
deux personnes qu'on croit ne devoir pas se
chercher, on peut n'être pas ému de ce qu'elles
disent.

Je suis donc persuadé que le cardinal de Richelieu était de bonne foi. Remarquons encore que cette ame altière, qui voulait absolument que l'Académie condamnât *le Cid*, continua sa faveur à l'auteur, et que même Corneille eut le malheureux avantage de travailler deux ans après à *l'Aveugle de Smyrne*, tragi-comédie des cinq auteurs, dont le canevas était encore du premier ministre.

Il y a une scène de baisers dans cette pièce, et l'auteur du canevas avait reproché à Chimène un amour toujours combattu par son devoir. Il est à croire que le cardinal de Richelieu n'avait pas ordonné cette scène, et qu'il fut plus indulgent envers Colletet qui la fit, qu'il ne l'avait été envers Corneille.

Quant au jugement que l'Académie fut obligée de prononcer entre Corneille et Scudéri, et qu'elle intitula modestement *Sentiments de l'Académie sur le Cid*, j'ose dire que jamais on ne s'est conduit avec plus de noblesse, de politesse et de prudence, et que jamais on n'a jugé avec plus de goût. Rien n'était plus noble que de rendre justice aux beautés du *Cid*, malgré la volonté décidée du maître du royaume.

La politesse avec laquelle elle reprend les défauts est égale à celle du style; et il y eut une très-grande prudence à se conduire de façon que ni le cardinal de Richelieu ni Corneille, ni même Scudéri, n'eurent au fond sujet de se plaindre.

Je prendrai la liberté de faire quelques notes sur le jugement de l'Académie comme sur la pièce; mais je crois devoir les prévenir ici par une seule : c'est sur ces paroles de l'Académie, *encore que le sujet du Cid ne soit pas bon*. Je crois que l'Académie entendait que le mariage, ou du moins la promesse de mariage entre le meurtrier et la fille du mort, n'est pas un bon sujet pour une pièce morale, que nos bienséances en sont blessées. Cet aveu de ce corps éclairé satisfaisait à-la-fois la raison et le cardinal de Richelieu, qui croyait le sujet défectueux. Mais l'Académie n'a pas prétendu que le sujet ne fût pas très-intéressant et très-tragique ; et quand on songe que ce mariage est un point d'histoire célèbre, on ne peut que louer Corneille d'avoir réduit ce mariage à une simple promesse d'épouser Chimène : c'est en quoi il me semble que Corneille a observé les bienséances beaucoup plus que ne le pensaient ceux qui n'étaient pas instruits de l'histoire.

La conduite de l'Académie, composée de gens

de lettres, est d'autant plus remarquable, que le déchaînement de presque tous les auteurs était plus violent; c'est une chose curieuse de voir comme il est traité dans la lettre sous le nom d'Ariste.

« Pauvre esprit qui, voulant paroître admi-
« rable à chacun, se rend ridicule à tout le
« monde, et qui, le plus ingrat des hommes, n'a
« jamais reconnu les obligations qu'il a à Sénèque
« et à Guillem de Castro, à l'un desquels il est
« redevable de son *Cid*, et à l'autre de sa *Mé-*
« *dée!* Il reste maintenant à parler de ses autres
« pièces, qui peuvent passer pour farces, et dont
« les titres seuls faisoient rire autrefois les plus
« sages et les plus sérieux : il a fait voir une
« *Mélite, la Galerie du Palais*, et *la Place Royale;*
« ce qui nous faisoit espérer que Mondory an-
« nonceroit bientôt *le Cimetière Saint-Jean, la*
« *Samaritaine*, et *la place aux Veaux*. L'humeur
« vile de cet auteur et la bassesse de son ame, etc. »

On voit, par cet échantillon de plus de cent brochures faites contre Corneille, qu'il y avait, comme aujourd'hui, un certain nombre d'hommes que le mérite d'autrui rend si furieux, qu'ils ne connoissent plus ni raison ni bienséance : c'est une espèce de rage qui attaque les petits auteurs,

et surtout ceux qui n'ont point eu d'éducation.
Dans une pièce de vers contre lui, on fit parler
ainsi Guillem de Castro :

> Donc, fier de mon plumage, en Corneille d'Horace,
> Ne prétends plus voler plus haut que le Parnasse.
> Ingrat, rends-moi mon *Cid* jusques au dernier mot :
> Après tu connoîtras, Corneille déplumée,
> Que l'esprit le plus vain est souvent le plus sot,
> Et qu'enfin tu me dois toute ta renommée.

Mairet, l'auteur de la *Sophonisbe*, qui avait au moins la gloire d'avoir fait la première pièce régulière que nous eussions en France, sembla perdre cette gloire en écrivant contre Corneille des personnalités odieuses. Il faut avouer que Corneille répondit très-aigrement à tous ses ennemis. La querelle même alla si loin entre lui et Mairet, que le cardinal de Richelieu interposa entre eux son autorité. Voici ce qu'il fit écrire à Mairet par l'abbé de Boisrobert :

A Charonne, 5 octobre 1637.

« Vous lirez le reste de ma lettre comme un
« ordre que je vous envoie par le commandement
« de son Éminence. Je ne vous cèlerai pas qu'elle
« s'est fait lire, avec un plaisir extrême, tout
« ce qui s'est fait sur le sujet du *Cid*; et, parti-

« culièrement, une lettre qu'elle a vue de vous
« lui a plu jusqu'à un tel point qu'elle lui a
« fait naître l'envie de voir tout le reste. Tant
« qu'elle n'a connu dans les écrits des uns et
« des autres que des contestations d'esprit agréa-
« bles et des railleries innocentes, je vous avoue
« qu'elle a pris bonne part au divertissement;
« mais quand elle a reconnu que dans ces con-
« testations naissoient enfin des injures, des ou-
« trages et des menaces, elle a pris aussitôt la
« résolution d'en arrêter le cours. Pour cet effet,
« quoiqu'elle n'ait point vu le libelle que vous
« attribuez à M. Corneille, présupposant, par
« votre réponse que je lui lus hier au soir, qu'il
« devoit être l'agresseur, elle m'a commandé de
« lui remontrer le tort qu'il se faisoit, et de lui
« défendre de sa part de ne plus faire de réponse,
« s'il ne vouloit lui déplaire; mais, d'ailleurs,
« craignant que, des tacites menaces que vous
« lui faites, vous ou quelqu'un de vos amis n'en
« viennent aux effets, qui tireroient des suites
« ruineuses à l'un et à l'autre, elle m'a com-
« mandé de vous écrire que, si vous voulez avoir
« la continuation de ses bonnes graces, vous
« mettiez toutes vos injures sous le pied, et ne
« vous souveniez plus que de votre ancienne

« amitié, que j'ai charge de renouveler sur la
« table de ma chambre, à Paris, quand vous
« serez tous rassemblés. Jusqu'ici j'ai parlé par
« la bouche de son Éminence; mais, pour vous
« dire ingénument ce que je pense de toutes vos
« procédures, j'estime que vous avez suffisam-
« ment puni le pauvre M. Corneille de ses va-
« nités, et que ses foibles défenses ne deman-
« doient pas des armes si fortes et si pénétrantes
« que les vôtres : vous verrez un de ces jours
« son *Cid* assez mal mené par les sentiments de
« l'Académie.

L'Académie trompa les espérances de Boisrobert. On voit évidemment, par cette lettre, que le cardinal de Richelieu vouloit humilier Corneille, mais qu'en qualité de premier ministre il ne vouloit pas qu'une dispute littéraire dégénérât en querelle personnelle.

Pour laver la France du reproche que les étrangers pourraient lui faire que le *Cid* n'attira à son auteur que des injures et des dégoûts, je joindrai ici une partie de la lettre que le célèbre Balzac écrivait à Scudéri, en réponse à la critique du *Cid* que Scudéri lui avait envoyée.

...... « Considérez néanmoins, monsieur, que
« toute la France entre en cause avec lui, et que

« peut-être il n'y a pas un des juges dont vous
« êtes convenus ensemble qui n'ait loué ce que
« vous désirez qu'il condamne : de sorte que,
« quand vos arguments seroient invincibles, et
« que votre adversaire y acquiesceroit, il auroit
« toujours de quoi se consoler glorieusement de
« la perte de son procès, et vous dire que c'est
« quelque chose de plus d'avoir satisfait tout
« un royaume que d'avoir fait une pièce ré-
« gulière. Il n'y a point d'architecte d'Italie qui
« ne trouve des défauts à la structure de Fon-
« tainebleau, et qui ne l'appelle un monstre de
« pierre : ce monstre néanmoins est la belle de-
« meure des rois, et la cour y loge commodé-
« ment. Il y a des beautés parfaites qui sont
« effacées par d'autres beautés qui ont plus d'a-
« grément et moins de perfection ; et, parce que
« l'acquis n'est pas si noble que le naturel, ni
« le travail des hommes que les dons du ciel,
« on vous pourroit encore dire que savoir l'art
« de plaire ne vaut pas tant que de savoir plaire
« sans art. Aristote blâme la *Fleur d'Agathon*,
« quoiqu'il dise qu'elle fût agréable ; et l'*OEdipe*
« peut-être n'agréoit pas, quoique Aristote l'ap-
« prouve. Or, s'il est vrai que la satisfaction des
« spectateurs soit la fin que se proposent les

« spectacles, et que les maîtres même du métier
« aient quelquefois appelé de *César* au peuple,
« le *Cid* du poëte français ayant plu aussi bien
« que la *Fleur* du poëte grec, ne serait-il point
« vrai qu'il a obtenu la fin de la représentation,
« et qu'il est arrivé à son but, encore que ce
« ne soit pas par le chemin d'Aristote, ni par
« les adresses de sa Poétique? Mais vous dites,
« monsieur, qu'il a ébloui les yeux du monde,
« et vous l'accusez de charme et d'enchante-
« ment : je connais beaucoup de gens qui feraient
« vanité d'une telle accusation; et vous me con-
« fesserez vous-même que, si la magie était une
« chose permise, ce serait une chose excellente :
« ce serait, à vrai dire, une belle chose de pou-
« voir faire des prodiges innocemment, de faire
« voir le soleil quand il est nuit, d'apprêter des
« festins sans viandes ni officiers, de changer en
« pistoles les feuilles de chêne, et le verre en
« diamants; c'est ce que vous reprochez à l'au-
« teur du *Cid*, qui, vous avouant qu'il a violé
« les règles de l'art, vous oblige de lui avouer
« qu'il a un secret, qu'il a mieux réussi que l'art
« même; et, ne vous niant pas qu'il a trompé
« toute la cour et tout le peuple, ne vous laisse
« conclure de là sinon qu'il est plus fin que

« toute la cour et tout le peuple, et que la trom-
« perie qui s'étend à un si grand nombre de per-
« sonnes est moins une fraude qu'une conquête.
« Cela étant, monsieur, je ne doute point que
« messieurs de l'Académie ne se trouvent bien
« empêchés dans le jugement de votre procès,
« et que, d'un côté, vos raisons ne les ébran-
« lent, et de l'autre, l'approbation publique ne
« les retienne. Je serais en la même peine, si
« j'étais en la même délibération, et si de bonne
« fortune je ne venais de trouver votre arrêt
« dans les registres de l'antiquité. Il a été pro-
« noncé, il y a plus de quinze cents ans, par
« un philosophe de la famille stoïque, mais un
« philosophe dont la dureté n'était pas impéné-
« trable à la joie, de qui il nous reste des jeux
« et des tragédies, qui vivait sous le règne d'un
« empereur poëte et comédien, au siècle des vers
« et de la musique. Voici les termes de cet au-
« thentique arrêt, et je vous les laisse interpréter
« à vos dames, pour lesquelles vous avez bien en-
« trepris une plus longue et plus difficile traduc-
« tion : *Illud multùm est primo aspectu oculos*
« *occupásse, etiamsi contemplatio diligens inven-*
« *tura est quod arguat. Si me interrogas, major*
« *ille est qui judicium abstulit quàm qui meruit.*

« Votre adversaire y trouve son compte par ce
« favorable mot de *major est;* et vous avez aussi
« ce que vous pouvez desirer, ne desirant rien,
« à mon avis, que de prouver que *judicium abs-*
« *tulit.* Ainsi vous l'emportez dans le cabinet, et
« il a gagné au théâtre. Si le *Cid* est coupable,
« c'est d'un crime qui a eu récompense; s'il est
« puni, ce sera après avoir triomphé; s'il faut
« que Platon le bannisse de sa république, il faut
« qu'il le couronne de fleurs en le bannissant,
« et ne le traite point plus mal qu'il a traité au-
« trefois Homère. Si Aristote trouve quelque
« chose à desirer en sa conduite, il doit le laisser
« jouir de sa bonne fortune, et ne pas con-
« damner un dessein que le succès a justifié.
« Vous êtes trop bon pour en vouloir davantage :
« vous savez qu'on apporte souvent du tempé-
« rament aux lois, et que l'équité conserve ce
« que la justice pourrait ruiner. N'insistez point
« sur cette exacte et rigoureuse justice. Ne vous
« attachez point avec tant de scrupule à la sou-
« veraine raison : qui voudrait la contenter et
« satisfaire à sa régularité, serait obligé de lui
« bâtir un plus beau monde que celui-ci; il fau-
« drait lui faire une nouvelle nature des choses,
« et lui aller chercher des idées au-dessus du

« ciel. Je parle, monsieur, pour mon intérêt : si
« vous la croyez, vous ne trouverez rien qui
« mérite d'être aimé, et par conséquent je suis
« en hasard de perdre vos bonnes graces, bien
« qu'elles me soient extrêmement chères, et que
« je sois passionnément, monsieur, votre, etc. »

C'est ainsi que Balzac, retiré du monde, et plus impartial qu'un autre, écrivait à Scudéri son ami, et osait lui dire la vérité. Balzac, tout ampoulé qu'il était dans ses lettres, avait beaucoup d'érudition et de goût, connaissait l'éloquence des vers, et avait introduit en France celle de la prose. Il rendit justice aux beautés du *Cid*; et ce témoignage fait honneur à Balzac et à Corneille.

A MADAME LA DUCHESSE

D'AIGUILLON.

Madame,

Ce portrait vivant que je vous offre représente un héros assez reconnoissable aux lauriers dont il est couvert. Sa vie a été une suite continuelle de victoires; son corps, porté dans son armée, a gagné des batailles après sa mort; et son nom, au bout de six cents ans, vient encore de triompher en France. Il a trouvé une réception trop favorable pour se repentir d'être sorti de son pays, et d'avoir appris à parler une autre langue que la sienne. Ce succès a passé mes plus ambitieuses espérances, et m'a surpris d'abord; mais il a cessé de m'étonner depuis que j'ai vu la satisfaction que vous avez témoignée quand il a paru devant vous. Alors j'ai osé me promettre de lui tout ce qui en est arrivé, et j'ai cru qu'après les éloges dont vous l'avez honoré cet applaudissement universel ne lui pouvoit manquer. Et véritablement, Madame, on ne peut douter avec raison de ce que vaut une chose qui a le bonheur de vous plaire; le jugement que vous en faites est la marque assurée de son prix : et comme vous donnez toujours libéralement aux véritables beautés l'estime qu'elles méritent, les fausses n'ont jamais le pouvoir de vous éblouir. Mais votre générosité ne s'arrête pas à des louanges stériles pour les ouvrages qui vous agréent; elle prend plaisir à s'étendre utilement sur ceux qui les produisent, et ne dédaigne point d'employer en leur faveur ce grand crédit que votre qualité et vos vertus vous ont acquis. J'en ai ressenti des effets qui me sont trop avantageux pour m'en taire, et je ne vous dois pas moins de remercîments pour moi que pour LE CID. C'est une reconnoissance qui m'est glorieuse, puisqu'il m'est impossible de publier que je vous ai de grandes obligations, sans publier en même temps que vous m'avez assez estimé pour vouloir que je vous en eusse. Aussi, MADAME, si je souhaite quelque durée pour cet heureux effort de ma plume, ce n'est point pour apprendre mon nom à la postérité, mais seulement pour laisser des marques éternelles de ce que je vous dois, et faire lire à ceux qui naîtront dans les autres siècles la protestation que je fais d'être toute ma vie,

MADAME,

Votre très-humble, très-obéissant
et très-obligé serviteur,
P. CORNEILLE.

AVERTISSEMENT
DE CORNEILLE.

Fragment de l'historien Mariana, *Historia de España*.
L. IV, C. 5o.

« Avia pocos dias antes hecho campo con D. Gomez conde
« de Gormaz. Vencióle, y dióle la muerte. Lo que resultó de
« este caso, fue que casó con doña Ximena, hija y heredera
« del mismo conde. Ella misma requirió al rey que se le
« diesse por marido (y a estaba muy prendada de sus partes),
« ó le castigasse conforme á las leyes, por la muerte que dió
« á su padre. Hizóse el casamiento, que á todos estaba á
« cuento, con el qual por el gran dote de su esposa, que se
« allegó al estado que él tenia de su padre, se aumentó en
« poder y riquezas. »

Voilà ce qu'a prêté l'histoire à D. Guillem de Castro, qui a mis ce fameux évènement sur le théâtre avant moi. Ceux qui entendent l'espagnol y remarqueront deux circonstances : l'une, que Chimène, ne pouvant s'empêcher de reconnoître et d'aimer les belles qualités qu'elle voyoit en D. Rodrigue, quoiqu'il eût tué son père (*estaba prendada de sus partes*), alla proposer elle-même au roi cette généreuse alternative, ou qu'il le lui donnât pour mari, ou qu'il le fît punir suivant les lois ; l'autre, que ce mariage se fit au gré de tout le monde (*á todos estaba á cuento*). Deux chroniques du Cid ajoutent qu'il fut célébré par l'archevêque de Séville, en présence du roi et de toute sa cour ; mais je me suis contenté du texte de l'historien, parce que toutes les deux ont quelque chose qui sent le roman, et peuvent ne persuader pas davantage que celles que nos François ont faites de Charlemagne et Roland. Ce que j'ai rapporté de Mariana suffit pour faire voir l'état qu'on fit de Chimène et de son mariage dans son siècle même, où elle vécut en un tel éclat, que les rois d'Aragon et de Navarre tinrent à honneur d'être ses gendres, en épousant ses deux filles. Quelques-unes ne l'ont pas si bien traitée dans le nôtre : et, sans parler de ce qu'on a dit de la Chimène du théâtre, celui qui a composé l'histoire d'Espagne en françois l'a notée, dans son livre, de s'être tôt et aisément consolée de la mort de son père, et a voulu taxer de légèreté une action qui fut imputée à grandeur de courage par ceux qui en furent les témoins. Deux romances espagnoles, que je vous donnerai ensuite de cet avertissement, parlent encore plus en sa faveur. Ces sortes de petits poëmes sont comme des originaux décousus de leurs anciennes histoires ; et je serois ingrat envers la mémoire de cette héroïne, si, après l'avoir fait connoître en France, et m'y être fait connoître par elle, je ne tâchois de la tirer de la honte qu'on lui a voulu faire, parce qu'elle a passé par mes mains. Je vous donne donc ces pièces justificatives de la réputation où elle a vécu, sans dessein de justifier la façon dont je l'ai fait parler françois. Le temps l'a fait pour moi, et les traductions qu'on en a faites en toutes les langues qui servent aujourd'hui à la scène, et chez tous les peuples où l'on voit des théâtres, je veux dire en italien, flamand et anglois, sont d'assez glorieuses apologies contre tout ce qu'on en a dit. Je n'y ajouterai pour toute chose qu'environ une douzaine de vers espagnols qui semblent faits exprès pour la défendre. Ils sont du même auteur qui l'a traitée avant moi, D. Guillem de Castro, qui, dans une autre comédie qu'il intitule *Engañarse engañando*, fait dire à à une princesse de Béarn :

> A mirar
> Bien el mondo, que el tener
> Apetitos que vencer,
> Y occasiones que dexar.
> Examinan el valor
> En la muger, yo dixera
> Lo que siento, porque fuera
> Luzimiento de mi honor.
> Pero malicias fundadas
> En honras mal entendidas
> De tentationes vencidas
> Hazen culpas declaradas :
> Y assi, la que el dessear
> Con el resistir apunta,
> Vence dos vezes, si junta
> Con el resistir el callar.

C'est, si je ne me trompe, comme agit Chimène

dans mon ouvrage, en présence du roi et de l'infante. Je dis en présence du roi et de l'infante, parce que, quand elle est seule, ou avec sa confidente, ou avec son amant, c'est une autre chose. Ses mœurs sont inégalement égales, pour parler en termes de notre Aristote, et changent suivant les circonstances des lieux, des personnes, des temps et des occasions, en conservant toujours le même principe.

Au reste, je me sens obligé de désabuser le public de deux erreurs qui s'y sont glissées touchant cette tragédie, et qui semblent avoir été autorisées par mon silence. La première est que j'aie convenu de juger touchant son mérite, et m'en sois rapporté au sentiment de ceux qu'on a priés d'en juger. Je m'en tairois encore, si ce faux bruit n'avoit été jusque chez M. de Balzac dans sa province, ou, pour me servir de ses paroles mêmes, dans son désert, et si je n'en avois vu depuis peu les marques dans cette admirable lettre qu'il a écrite sur ce sujet, et qui ne fait pas la moindre richesse des deux derniers trésors qu'il nous a donnés. Or, comme tout ce qui part de sa plume regarde toute la postérité, maintenant que mon nom est assuré de passer jusqu'à elle dans cette lettre incomparable, il me seroit honteux qu'il y passât avec cette tache, et qu'on pût à jamais me reprocher d'avoir compromis de ma réputation. C'est une chose qui jusqu'à présent est sans exemple; et de tous ceux qui ont été attaqués comme moi, aucun que je sache n'a eu assez de foiblesse pour convenir d'arbitres avec ses censeurs; et, s'ils ont laissé tout le monde dans la liberté publique d'en juger, ainsi que j'ai fait, c'a été sans s'obliger, non plus que moi, à en croire personne. Outre que, dans la conjoncture où étoient lors les affaires du Cid, il ne falloit pas être grand devin pour prévoir ce que nous en avons vu arriver; à moins que d'être tout-à-fait stupide, on ne pouvoit pas ignorer que, comme les questions de cette nature ne concernent ni la religion ni l'état, on en peut décider par les règles de la prudence humaine, aussi bien que par celles du théâtre, et tourner sans scrupule le sens du bon Aristote du côté de la politique. Ce n'est pas que je sache si ceux qui ont jugé du Cid en ont jugé suivant leur sentiment ou non, ni même que je veuille dire qu'ils en aient bien ou mal jugé, mais seulement que ce n'a jamais été de mon consentement qu'ils en ont jugé, et que peut-être je l'aurois justifié sans beaucoup de peine, si la même raison qui les a fait parler ne m'avoit obligé à me taire. Aristote ne s'est pas expliqué si clairement dans sa Poétique, que nous n'en puissions faire ainsi que les philosophes, qui le tirent chacun à leur parti dans leurs opinions contraires; et comme c'est un pays inconnu pour beaucoup de monde, les plus zélés partisans du Cid en ont cru ses censeurs sur leur parole, et se sont imaginé avoir pleinement satisfait à toutes leurs objections, quand ils ont soutenu qu'il importoit peu qu'il fût selon les règles d'Aristote, et qu'Aristote en avoit fait pour son siècle et pour des Grecs, et non pas pour le nôtre et pour des François.

Cette seconde erreur, que mon silence a affermie, n'est pas moins injurieuse à Aristote qu'à moi. Ce grand homme a traité la poétique avec tant d'adresse et de jugement, que les préceptes qu'il nous en a laissés sont de tous les temps et de tous les peuples; et, bien loin de s'amuser au détail des bienséances et des agréments, qui peuvent être divers, selon que ces deux circonstances sont diverses, il a été droit aux mouvements de l'ame dont la nature ne change point. Il a montré quelles passions la tragédie doit exciter dans celle de ses auditeurs; il a cherché quelles conditions sont nécessaires, et aux personnes qu'on introduit, et aux évènements qu'on représente, pour les y faire naître; il en a laissé des moyens qui auroient produit leur effet partout dès la création du monde, et qui seront capables de le produire encore partout, tant qu'il y aura des théâtres et des acteurs; et pour le reste, que les lieux et les temps peuvent changer, il l'a négligé, et n'a pas même prescrit le nombre des actes, qui n'a été réglé que par Horace beaucoup après lui.

Et certes, je serois le premier qui condamnerois *le Cid*, s'il péchoit contre ces grandes et souveraines maximes que nous tenons de ce philosophe; mais, bien loin d'en demeurer d'accord, j'ose dire que cet heureux poëme n'a si extraordinairement réussi que parce qu'on y voit les deux maîtresses conditions (permettez-moi cette épithète) que demande ce grand maître aux excellentes tragédies, et qui se trouvent si rarement assemblées dans un même ouvrage, qu'un des plus doctes commentateurs de ce divin traité qu'il en a fait, soutient que toute l'antiquité ne les a vues se rencontrer que dans le seul OEdipe. La première est que celui qui souffre et est persécuté ne soit ni tout méchant ni tout vertueux, mais un homme plus vertueux que méchant, qui, par quelque trait de foiblesse humaine qui ne soit pas un crime, tombe dans un malheur qu'il ne mérite pas : l'autre, que la persécution et le péril ne viennent point d'un ennemi, ni d'un indifférent, mais d'une personne qui doive aimer celui qui souffre et en être aimée. Et voilà, pour en parler pleinement, la véritable et seule cause de tout le succès du *Cid*, en qui l'on ne peut méconnoître ces deux conditions, sans s'aveugler soi-même pour lui faire injustice. J'achève donc en m'acquittant de ma parole, et, après vous avoir dit en passant ces deux mots pour le Cid du théâtre, je vous donne, en faveur de la Chimène de l'histoire, les deux romances que je vous ai promises.

ROMANCE PRIMERO.

Delante el rey de Leon
Doña Ximena una tarde
Se pone á pedir justicia
Por la muerte de su padre.
Para contra el Cid la pide,
Don Rodrigo de Bivare,
Que huerfana la dexó,
Niña, y de muy poca edade.
Si tengo razon, o non,
Bien, rey, lo alcanzas y sabes,
Que los negocios de honra
No pueden disimularse.
Cada dia que amanece
Veo al lobo de mi sangre
Caballero en un caballo
Por darme mayor pesare.
Mandale, buen rey, pues puedes,
Que no me ronde mi calle,
Que no se venga en mugeres
El hombre que mucho vale.
Si mi padre afrentó al suyo,
Bien ha vengado á su padre,
Que si honras pagaron muertes,
Para su disculpa basten.
Encomendada me tienes,
No consientas que me agravien,
Que el que á mi se fiziere,
A tu corona se faze.
Calledes, doña Ximena,
Que me dades pena grande,
Que yo dare buen remedio
Para tódos vuestros males.
Al Cid no le he de ofender,
Que es hombre que mucho vale,
Y me defiende mis reynos,

ROMANCE.

Y quiero que me los guarde.
Pero yo faré un partido
Con el, que no os este male,
De tomalle la palabrà
Para que con vos se case.
Contenta quedó Ximena,
Con la merced que le faze,
Que quien huerfana la fizó
Aquesse mismo la ampare.

ROMANCE SEGUNDO.

A Ximena y á Rodrigo
Prendió el rey palabra, y mano,
De juntarlos para en uno
En presencia de Layn Calvo.
Las enemistades viejas
Con amor se conformaron,
Que donde preside el amor
Se olvidan muchos agravios.
. . . .

Llegaron juntos los novios,
Y al dar la mano, y abraco,
El Cid mirando ó la novia,
Le dixó todo turbado:
Maté á tu padre, Ximena,
Pero no á desaguisado,
Matéle de hombre á hombre,
Para vengar cierto agravio.
Maté hombre, y hombre doy;
Aqui estey á tu mandado,
Y en lugar del muerto padre
Cobraste un marido honrado.
A todos pareció bien,
Su discrecion alabaron,
Y assi se hizieron las bodas
De Rodrigo el Castellano.

PERSONNAGES.

D. FERNAND, premier roi de Castille.
D. URRAQUE, infante de Castille.
D. DIÈGUE, père de don Rodrigue.
D. GOMÈS, comte de Gormas, père de Chimène.
CHIMÈNE, fille de don Gomès.
D. RODRIGUE, fils de don Diègue, et amant de Chimène.
D. SANCHE, amoureux de Chimène.
D. ARIAS, \
          } gentilshommes castillans.
D. ALONSE, /
LÉONOR, gouvernante de l'infante.
ELVIRE, gouvernante de Chimène.
Un page de l'infante.

La scène est à Séville.

LE CID.

ACTE PREMIER.

SCÈNE I.

CHIMÈNE, ELVIRE.

CHIMÈNE.

Elvire, m'as-tu fait un rapport bien sincère?
Ne déguises-tu rien de ce qu'a dit mon père?

ELVIRE.

Tous mes sens à moi-même en sont encor charmés :
Il estime Rodrigue autant que vous l'aimez;
Et, si je ne m'abuse à lire dans son ame,
Il vous commandera de répondre à sa flamme.

CHIMÈNE.

Dis-moi donc, je te prie, une seconde fois,
Ce qui te fait juger qu'il approuve mon choix;
Apprends-moi de nouveau quel espoir j'en dois prendre :
Un si charmant discours ne se peut trop entendre;
Tu ne peux trop promettre aux feux de notre amour
La douce liberté de se montrer au jour.

Que t'a-t-il répondu sur la secrète brigue
Que font auprès de toi don Sanche et don Rodrigue?
N'as-tu point trop fait voir quelle inégalité
Entre ces deux amants me penche d'un côté?

ELVIRE.

Non : j'ai peint votre cœur dans une indifférence
Qui n'enfle d'aucun d'eux ni n'abat l'espérance,
Et, sans les voir d'un œil trop sévère ou trop doux,
Attend l'ordre d'un père à choisir un époux.
Ce respect l'a ravi; sa bouche et son visage
M'en ont donné sur l'heure un digne témoignage;
Et puisqu'il faut encor vous en faire un récit,
Voici d'eux et de vous ce qu'en hâte il m'a dit :

« Elle est dans le devoir; tous deux sont dignes d'elle,
Tous deux formés d'un sang noble, vaillant, fidèle,
Jeunes, mais qui font lire aisément dans leurs yeux
L'éclatante vertu de leurs braves aïeux.
Don Rodrigue, surtout, n'a trait en son visage
Qui d'un homme de cœur ne soit la haute image,
Et sort d'une maison si féconde en guerriers,
Qu'ils y prennent naissance au milieu des lauriers.
La valeur de son père, en son temps sans pareille,
Tant qu'a duré sa force, a passé pour merveille;
Ses rides sur son front ont gravé ses exploits,
Et nous disent encor ce qu'il fut autrefois.
Je me promets du fils ce que j'ai vu du père;
Et ma fille, en un mot, peut l'aimer et me plaire. »
Il alloit au conseil, dont l'heure qui pressoit

A tranché ce discours qu'à peine il commençoit;
Mais, à ce peu de mots, je crois que sa pensée
Entre vos deux amants n'est pas fort balancée.
Le roi doit à son fils élire un gouverneur;
Et c'est lui que regarde un tel degré d'honneur:
Ce choix n'est pas douteux; et sa rare vaillance
Ne peut souffrir qu'on craigne aucune concurrence.
Comme ses hauts exploits le rendent sans égal,
Dans un espoir si juste il sera sans rival;
Et puisque don Rodrigue a résolu son père
Au sortir du conseil à proposer l'affaire,
Je vous laisse à juger s'il prendra bien son temps,
Et si tous vos desirs seront bientôt contents.

CHIMÈNE.

Il semble toutefois que mon ame troublée
Refuse cette joie, et s'en trouve accablée.
Un moment donne au sort des visages divers;
Et dans ce grand bonheur je crains un grand revers.

ELVIRE.

Vous verrez cette crainte heureusement déçue.

CHIMÈNE.

Allons, quoi qu'il en soit, en attendre l'issue.

SCÈNE II.

L'INFANTE, LÉONOR, UN PAGE.

L'INFANTE.

Page, allez avertir Chimène de ma part

Qu'aujourd'hui pour me voir elle attend un peu tard,
Et que mon amitié se plaint de sa paresse.

SCÈNE III.

L'INFANTE, LÉONOR.

LÉONOR.

Madame, chaque jour même desir vous presse ;
Et dans son entretien je vous vois chaque jour
Demander en quel point se trouve son amour.

L'INFANTE.

Ce n'est pas sans sujet : je l'ai presque forcée
A recevoir les traits dont son ame est blessée.
Elle aime don Rodrigue, et le tient de ma main ;
Et par moi don Rodrigue a vaincu son dédain :
Ainsi, de ces amants ayant formé les chaînes,
Je dois prendre intérêt à voir finir leurs peines.

LÉONOR.

Madame, toutefois, parmi leurs bons succès,
Vous montrez un chagrin qui va jusqu'à l'excès.
Cet amour qui tous deux les comble d'alégresse
Fait-il de ce grand cœur la profonde tristesse ?
Et ce grand intérêt que vous prenez pour eux
Vous rend-il malheureuse alors qu'ils sont heureux ?
Mais je vais trop avant, et deviens indiscrète.

L'INFANTE.

Ma tristesse redouble à la tenir secrète.

Écoute, écoute enfin comme j'ai combattu;
Et, plaignant ma foiblesse, admire ma vertu.
 L'amour est un tyran qui n'épargne personne :
Ce jeune chevalier, cet amant que je donne,
Je l'aime.

LÉONOR.

 Vous l'aimez!

L'INFANTE.

 Mets la main sur mon cœur,
Et vois comme il se trouble au nom de son vainqueur,
Comme il le reconnoît.

LÉONOR.

 Pardonnez-moi, madame,
Si je sors du respect pour blâmer cette flamme.
Choisir pour votre amant un simple chevalier!
Une grande princesse à ce point s'oublier!
Et que dira le roi? que dira la Castille?
Vous souvenez-vous bien de qui vous êtes fille?

L'INFANTE.

Oui, oui; je m'en souviens; et j'épandrai mon sang,
Plutôt que de rien faire indigne de mon rang.
Je te répondrois bien que dans les belles ames
Le seul mérite a droit de produire des flammes;
Et, si ma passion cherchoit à s'excuser,
Mille exemples fameux pourroient l'autoriser :
Mais je n'en veux point suivre où ma gloire s'engage.
Si j'ai beaucoup d'amour, j'ai bien plus de courage;
Un noble orgueil m'apprend qu'étant fille de roi

Tout autre qu'un monarque est indigne de moi.

  Quand je vis que mon cœur ne se pouvoit défendre,
Moi-même je donnai ce que je n'osois prendre;
Je mis au lieu de moi Chimène en ces liens,
Et j'allumai leurs feux pour éteindre les miens.
Ne t'étonne donc plus si mon ame gênée
Avec impatience attend leur hyménée;
Tu vois que mon repos en dépend aujourd'hui.
Si l'amour vit d'espoir, il périt avec lui;
C'est un feu qui s'éteint faute de nourriture;
Et, malgré la rigueur de ma triste aventure,
Si Chimène a jamais Rodrigue pour mari,
Mon espérance est morte, et mon esprit guéri.

  Je souffre cependant un tourment incroyable;
Jusques à cet hymen Rodrigue m'est aimable:
Je travaille à le perdre, et le perds à regret;
Et de là prend son cours mon déplaisir secret.
Je suis au désespoir que l'amour me contraigne
A pousser des soupirs pour ce que je dédaigne:
Je sens en deux partis mon esprit divisé;
Si mon courage est haut, mon cœur est embrasé.
Cet hymen m'est fatal; je le crains et souhaite;
Je n'ose en espérer qu'une joie imparfaite:
Ma gloire et mon amour ont pour moi tant d'appas,
Que je meurs, s'il s'achève ou ne s'achève pas.

LÉONOR.

Madame, après cela, je n'ai rien à vous dire,
Sinon que de vos maux avec vous je soupire:

Je vous blâmois tantôt, je vous plains à présent.
Mais, puisque dans un mal si doux et si cuisant
Votre vertu combat et son charme et sa force,
En repousse l'assaut, en rejette l'amorce,
Elle rendra le calme à vos esprits flottants.
Espérez donc tout d'elle et du secours du temps :
Espérez tout du ciel; il a trop de justice
Pour laisser la vertu dans un si long supplice.

L'INFANTE.

Ma plus douce espérance est de perdre l'espoir.

SCÈNE IV.

L'INFANTE, LÉONOR, UN PAGE.

LE PAGE.

Par vos commandements Chimène vous vient voir.

L'INFANTE, à Léonor.

Allez l'entretenir en cette galerie.

LÉONOR.

Voulez-vous demeurer dedans la rêverie?

L'INFANTE.

Non; je veux seulement, malgré mon déplaisir,
Remettre mon visage un peu plus à loisir.
Je vous suis.

SCÈNE V.

L'INFANTE.

Juste ciel, d'où j'attends mon remède,
Mets enfin quelque borne au mal qui me possède;
Assure mon repos, assure mon honneur.
Dans le bonheur d'autrui je cherche mon bonheur :
Cet hyménée à trois également importe ;
Rends son effet plus prompt, ou mon ame plus forte.
D'un lien conjugal joindre ces deux amants,
C'est briser tous mes fers, et finir mes tourments.
Mais je tarde un peu trop ; allons trouver Chimène,
Et par son entretien soulager notre peine.

SCÈNE VI.

LE COMTE, D. DIÈGUE.

LE COMTE.

Enfin vous l'emportez, et la faveur du roi
Vous élève en un rang qui n'étoit dû qu'à moi ;
Il vous fait gouverneur du prince de Castille.

D. DIÈGUE.

Cette marque d'honneur qu'il met dans ma famille
Montre à tous qu'il est juste, et fait connoître assez
Qu'il sait récompenser les services passés.

LE COMTE.

Pour grands que soient les rois, ils sont ce que nous sommes,

Ils peuvent se tromper comme les autres hommes;
Et ce choix sert de preuve à tous les courtisans
Qu'ils savent mal payer les services présents.

D. DIÈGUE.

Ne parlons plus d'un choix dont votre esprit s'irrite :
La faveur l'a pu faire autant que le mérite;
Mais on doit ce respect au pouvoir absolu,
De n'examiner rien quand un roi l'a voulu.
A l'honneur qu'il m'a fait ajoutez-en un autre;
Joignons d'un sacré nœud ma maison à la vôtre :
Rodrigue aime Chimène, et ce digne sujet
De ses affections est le plus cher objet;
Consentez-y, monsieur, et l'acceptez pour gendre.

LE COMTE.

A de plus hauts partis Rodrigue doit prétendre;
Et le nouvel éclat de votre dignité
Lui doit enfler le cœur d'une autre vanité.
Exercez-la, monsieur, et gouvernez le prince;
Montrez-lui comme il faut régir une province,
Faire trembler partout les peuples sous sa loi,
Remplir les bons d'amour, et les méchants d'effroi.
Joignez à ces vertus celles d'un capitaine;
Montrez-lui comme il faut s'endurcir à la peine,
Dans le métier de Mars se rendre sans égal,
Passer les jours entiers et les nuits à cheval,
Reposer tout armé, forcer une muraille,
Et ne devoir qu'à soi le gain d'une bataille.
Instruisez-le d'exemple, et vous ressouvenez

Qu'il faut faire à ses yeux ce que vous enseignez.
D. DIÈGUE.
Pour s'instruire d'exemple, en dépit de l'envie,
Il lira seulement l'histoire de ma vie.
Là, dans un long tissu de belles actions,
Il verra comme il faut dompter les nations,
Attaquer une place, ordonner une armée,
Et sur de grands exploits bâtir sa renommée.
LE COMTE.
Les exemples vivants ont bien plus de pouvoir;
Un prince dans un livre apprend mal son devoir.
Et, qu'a fait, après tout, ce grand nombre d'années,
Que ne puisse égaler une de mes journées?
Si vous fûtes vaillant, je le suis aujourd'hui,
Et ce bras du royaume est le plus ferme appui.
Grenade et l'Aragon tremblent quand ce fer brille;
Mon nom sert de rempart à toute la Castille;
Sans moi, vous passeriez bientôt sous d'autres lois,
Et vous auriez bientôt vos ennemis pour rois.
Chaque jour, chaque instant, pour rehausser ma gloire,
Met lauriers sur lauriers, victoire sur victoire.
Le prince, à mes côtés, feroit dans les combats
L'essai de son courage à l'ombre de mon bras;
Il apprendroit à vaincre en me regardant faire;
Et, pour répondre en hâte à son grand caractère,
Il verroit....
D. DIÈGUE.
Je le sais, vous servez bien le roi;

ACTE I, SCENE VI.

Je vous ai vu combattre et commander sous moi :
Quand l'âge dans mes nerfs a fait couler sa glace,
Votre rare valeur a bien rempli ma place;
Enfin, pour épargner des discours superflus,
Vous êtes aujourd'hui ce qu'autrefois je fus.
Vous voyez toutefois qu'en cette concurrence
Un monarque entre nous met quelque différence.

LE COMTE.

Ce que je méritois, vous l'avez emporté.

D. DIÈGUE.

Qui l'a gagné sur vous l'avoit mieux mérité.

LE COMTE.

Qui peut mieux l'exercer en est bien le plus digne.

D. DIÈGUE.

En être refusé n'en est pas un bon signe.

LE COMTE.

Vous l'avez eu par brigue, étant vieux courtisan.

D. DIÈGUE.

L'éclat de mes hauts faits fut mon seul partisan.

LE COMTE.

Parlons-en mieux, le roi fait honneur à votre âge.

D. DIÈGUE.

Le roi, quand il en fait, le mesure au courage.

LE COMTE.

Et par là cet honneur n'étoit dû qu'à mon bras.

D. DIÈGUE.

Qui n'a pu l'obtenir ne le méritoit pas.

LE COMTE.

Ne le méritoit pas! moi ?

D. DIÈGUE.
Vous.

LE COMTE.
Ton impudence,
Téméraire vieillard, aura sa récompense.

(Il lui donne un soufflet.)

D. DIÈGUE, l'épée à la main.
Achève, et prends ma vie après un tel affront,
Le premier dont ma race ait vu rougir son front.

LE COMTE.
Et que penses-tu faire avec tant de foiblesse?

D. DIÈGUE.
Oh, Dieu! ma force usée en ce besoin me laisse!

LE COMTE.
Ton épée est à moi : mais tu serois trop vain,
Si ce honteux trophée avoit chargé ma main.
  Adieu. Fais lire au prince, en dépit de l'envie,
Pour son instruction, l'histoire de ta vie;
D'un insolent discours ce juste châtiment
Ne lui servira pas d'un petit ornement.

SCÈNE VII.

D. DIÈGUE.

O rage! ô désespoir! ô vieillesse ennemie!
N'ai-je donc tant vécu que pour cette infamie?
Et ne suis-je blanchi dans les travaux guerriers
Que pour voir en un jour flétrir tant de lauriers?

Mon bras, qu'avec respect toute l'Espagne admire,
Mon bras, qui tant de fois a sauvé cet empire,
Tant de fois affermi le trône de son roi,
Trahit donc ma querelle, et ne fait rien pour moi!
O cruel souvenir de ma gloire passée!
OEuvre de tant de jours en un jour effacée!
Nouvelle dignité fatale à mon bonheur!
Précipice élevé d'où tombe mon honneur!
Faut-il de votre éclat voir triompher le comte,
Et mourir sans vengeance, ou vivre dans la honte?
 Comte, sois de mon prince à présent gouverneur,
Ce haut rang n'admet point un homme sans honneur;
Et ton jaloux orgueil, par cet affront insigne,
Malgré le choix du roi, m'en a su rendre indigne.
Et toi, de mes exploits glorieux instrument,
Mais d'un corps tout de glace inutile ornement,
Fer jadis tant à craindre, et qui, dans cette offense,
M'a servi de parade, et non pas de défense,
Va, quitte désormais le dernier des humains,
Passe, pour me venger, en de meilleures mains.

SCÈNE VIII.

D. DIÈGUE, D. RODRIGUE.

D. DIÈGUE.

Rodrigue, as-tu du cœur?

D. RODRIGUE.

     Tout autre que mon père

L'éprouveroit sur l'heure.
D. DIÈGUE.
Agréable colère !
Digne ressentiment à ma douleur bien doux !
Je reconnois mon sang à ce noble courroux :
Ma jeunesse revit en cette ardeur si prompte.
Viens, mon fils, viens, mon sang, viens réparer ma honte,
Viens me venger.
D. RODRIGUE.
De quoi ?
D. DIÈGUE.
D'un affront si cruel,
Qu'à l'honneur de tous deux il porte un coup mortel ;
D'un soufflet. L'insolent en eût perdu la vie ;
Mais mon âge a trompé ma généreuse envie ;
Et ce fer, que mon bras ne peut plus soutenir,
Je le remets au tien pour venger et punir.
Va contre un arrogant éprouver ton courage :
Ce n'est que dans le sang qu'on lave un tel outrage ;
Meurs ou tue. Au surplus, pour ne te point flatter,
Je te donne à combattre un homme à redouter :
Je l'ai vu tout sanglant, au milieu des batailles,
Se faire un beau rempart de mille funérailles.
D. RODRIGUE.
Son nom ? c'est perdre temps en propos superflus.
D. DIÈGUE.
Donc, pour te dire encor quelque chose de plus,
Plus que brave soldat, plus que grand capitaine,
C'est...

D. RODRIGUE.

De grace, achevez.

D. DIÈGUE.

Le père de Chimène.

D. RODRIGUE.

Le...

D. DIÈGUE.

Ne réplique point : je connois ton amour;
Mais qui peut vivre infâme est indigne du jour;
Plus l'offenseur est cher, et plus grande est l'offense.
Enfin, tu sais l'affront et tu tiens la vengeance;
Je ne te dis plus rien; venge-moi, venge-toi;
Montre-toi digne fils d'un père tel que moi.
Accablé des malheurs où le destin me range,
Je m'en vais les pleurer. Va, cours, vole, et nous venge.

SCÈNE IX.

D. RODRIGUE.

Percé jusques au fond du cœur
D'une atteinte imprévue aussi bien que mortelle,
Misérable vengeur d'une juste querelle,
Et malheureux objet d'une injuste rigueur,
Je demeure immobile, et mon ame abattue
  Cède au coup qui me tue.
Si près de voir mon feu récompensé,

Oh, dieu! l'étrange peine!
En cet affront mon père est l'offensé,
Et l'offenseur, le père de Chimène!

Que je sens de rudes combats!
Contre mon propre honneur mon amour s'intéresse;
Il faut venger un père, et perdre une maîtresse :
L'une m'anime le cœur, l'autre retient mon bras.
Réduit au triste choix, ou de trahir ma flamme,
Ou de vivre en infâme,
Des deux côtés mon mal est infini.
Oh, Dieu! l'étrange peine!
Faut-il laisser un affront impuni?
Faut-il punir le père de Chimène?

Père, maîtresse, honneur, amour,
Noble et dure contrainte, aimable tyrannie,
Tous mes plaisirs sont morts, ou ma gloire ternie;
L'un me rend malheureux, l'autre indigne du jour.
Cher et cruel espoir d'une ame généreuse,
Mais ensemble amoureuse,
Digne ennemi de mon plus grand bonheur,
Fer, qui causes ma peine,
M'es-tu donné pour venger mon honneur?
M'es-tu donné pour perdre ma Chimène?

Il vaut mieux courir au trépas;

ACTE I, SCENE IX.

Je dois à ma maîtresse aussi bien qu'à mon père :
J'attire, en me vengeant, sa haine et sa colère ;
J'attire ses mépris en ne me vengeant pas.
A mon plus doux espoir l'un me rend infidèle,
  Et l'autre indigne d'elle.
 Mon mal augmente à le vouloir guérir ;
  Tout redouble ma peine :
 Allons, mon ame, et, puisqu'il faut mourir,
Mourons du moins sans offenser Chimène.

  Mourir sans tirer ma raison !
Rechercher un trépas si mortel à ma gloire !
Endurer que l'Espagne impute à ma mémoire
D'avoir mal soutenu l'honneur de ma maison ;
Respecter un amour dont mon ame égarée
  Voit la perte assurée !
 N'écoutons plus ce penser suborneur
  Qui ne sert qu'à ma peine :
 Allons, mon bras, sauvons du moins l'honneur,
Puisqu'après tout il faut perdre Chimène.

  Oui, mon esprit s'étoit déçu ;
Je dois tout à mon père avant qu'à ma maîtresse :
Que je meure au combat, ou meure de tristesse,
Je rendrai mon sang pur comme je l'ai reçu.
Je m'accuse déja de trop de négligence :
  Courons à la vengeance ;

Et, tout honteux d'avoir tant balancé,
 Ne soyons plus en peine,
Puisque aujourd'hui mon père est l'offensé,
Si l'offenseur est père de Chimène.

FIN DU PREMIER ACTE.

ACTE SECOND.

SCÈNE I.

D. ARIAS, LE COMTE.

LE COMTE.

Je l'avoue entre nous, quand je lui fis l'affront,
J'eus le sang un peu chaud, et le bras un peu prompt.
Mais, puisque c'en est fait, le coup est sans remède.

D. ARIAS.

Qu'aux volontés du roi ce grand courage cède :
Il y prend grande part; et son cœur irrité
Agira contre vous de pleine autorité.
Aussi vous n'avez point de valable défense :
Le rang de l'offensé, la grandeur de l'offense,
Demandent des devoirs et des soumissions
Qui passent le commun des satisfactions.

LE COMTE.

Le roi peut, à son gré, disposer de ma vie.

D. ARIAS.

De trop d'emportement votre faute est suivie.
Le roi vous aime encore, apaisez son courroux;

Il a dit, JE LE VEUX : désobéirez-vous?
LE COMTE.
Monsieur, pour conserver ma gloire et mon estime,
Désobéir un peu n'est pas un si grand crime;
Et, quelque grand qu'il fût, mes services présents
Pour le faire abolir sont plus que suffisants.
D. ARIAS.
Quoi qu'on fasse d'illustre et de considérable,
Jamais à son sujet un roi n'est redevable :
Vous vous flattez beaucoup; et vous devez savoir
Que qui sert bien son roi ne fait que son devoir.
Vous vous perdrez, monsieur, sur cette confiance.
LE COMTE.
Je ne vous en croirai qu'après l'expérience.
D. ARIAS.
Vous devez redouter la puissance d'un roi.
LE COMTE.
Un jour seul ne perd pas un homme tel que moi.
Que toute sa grandeur s'arme pour mon supplice,
Tout l'état périra, s'il faut que je périsse.
D. ARIAS.
Quoi! vous craignez si peu le pouvoir souverain...
LE COMTE.
D'un sceptre qui, sans moi, tomberoit de sa main.
Il a trop d'intérêt lui-même à ma personne;
Et ma tête, en tombant, feroit choir sa couronne.
D. ARIAS.
Souffrez que la raison remette vos esprits;

Prenez un bon conseil.
LE COMTE.
Le conseil en est pris.
D. ARIAS.
Que lui dirai-je enfin? Je lui dois rendre compte.
LE COMTE.
Que je ne puis du tout consentir à ma honte.
D. ARIAS.
Mais songez que les rois veulent être absolus.
LE COMTE.
Le sort en est jeté, monsieur, n'en parlons plus.
D. ARIAS.
Adieu donc, puisqu'en vain je tâche à vous résoudre.
Tout couvert de lauriers, craignez encor la foudre.
LE COMTE.
Je l'attendrai sans peur.
D. ARIAS.
Mais non pas sans effet.
(Il rentre.)
LE COMTE.
Nous verrons donc par là don Diègue satisfait.
Qui ne craint point la mort ne craint point les menaces :
J'ai le cœur au-dessus des plus fières disgraces;
Et l'on peut me réduire à vivre sans bonheur,
Mais non pas me résoudre à vivre sans honneur.

SCÈNE II.

LE COMTE, D. RODRIGUE.

D. RODRIGUE.
A moi, comte, deux mots.
LE COMTE.
Parle.
D. RODRIGUE.
Ote-moi d'un doute.
Connois-tu bien don Diègue?
LE COMTE.
Oui.
D. RODRIGUE.
Parlons bas, écoute.
Sais-tu que ce vieillard fut la même vertu,
La vaillance et l'honneur de son temps? Le sais-tu?
LE COMTE.
Peut-être.
D. RODRIGUE.
Cette ardeur que dans les yeux je porte,
Sais-tu que c'est son sang? Le sais-tu?
LE COMTE.
Que m'importe?
D. RODRIGUE.
A quatre pas d'ici je te le fais savoir.
LE COMTE.
Jeune présomptueux.

D. RODRIGUE.

Parle sans t'émouvoir.
Je suis jeune, il est vrai; mais aux ames bien nées
La valeur n'attend pas le nombre des années.

LE COMTE.

Te mesurer à moi! Qui t'a rendu si vain,
Toi qu'on n'a jamais vu les armes à la main?

D. RODRIGUE.

Mes pareils à deux fois ne se font pas connoître,
Et, pour leur coup d'essai, veulent des coups de maître.

LE COMTE.

Sais-tu bien qui je suis?

D. RODRIGUE.

Oui : tout autre que moi
Au seul bruit de ton nom pourroit trembler d'effroi.
Mille et mille lauriers dont ta tête est couverte
Semblent porter écrit le destin de ma perte :
J'attaque en téméraire un bras toujours vainqueur;
Mais j'aurai trop de force ayant assez de cœur.
A qui venge son père il n'est rien d'impossible;
Ton bras est invaincu, mais non pas invincible.

LE COMTE.

Ce grand cœur qui paroît aux discours que tu tiens,
Par tes yeux, chaque jour, se découvroit aux miens;
Et, croyant voir en toi l'honneur de la Castille,
Mon ame avec plaisir te destinoit ma fille.
Je sais ta passion, et suis ravi de voir
Que tous ses mouvements cèdent à ton devoir;

Qu'ils n'ont point affoibli cette ardeur magnanime;
Que ta haute vertu répond à mon estime;
Et que, voulant pour gendre un chevalier parfait,
Je ne me trompois point au choix que j'avois fait.
Mais je sens que pour toi ma pitié s'intéresse;
J'admire ton courage, et je plains ta jeunesse.
Ne cherche point à faire un coup d'essai fatal;
Dispense ma valeur d'un combat inégal;
Trop peu d'honneur pour moi suivroit cette victoire:
A vaincre sans péril on triomphe sans gloire;
On te croiroit toujours abattu sans effort,
Et j'aurois seulement le regret de ta mort.

D. RODRIGUE.

D'une indigne pitié ton audace est suivie:
Qui m'ose ôter l'honneur craint de m'ôter la vie!

LE COMTE.

Retire-toi d'ici.

D. RODRIGUE.

Marchons sans discourir.

LE COMTE.

Es-tu si las de vivre?

D. RODRIGUE.

As-tu peur de mourir?

LE COMTE.

Viens: tu fais ton devoir; et le fils dégénère
Qui survit un moment à l'honneur de son père.

SCÈNE III.

L'INFANTE, CHIMÈNE, LÉONOR.

L'INFANTE.

Apaise, ma Chimène, apaise ta douleur;
Fais agir ta constance en ce coup de malheur;
Tu reverras le calme après ce foible orage :
Ton bonheur n'est couvert que d'un peu de nuage,
Et tu n'as rien perdu pour le voir différer.

CHIMÈNE.

Mon cœur, outré d'ennui, n'ose rien espérer.
Un orage si prompt qui trouble une bonace
D'un naufrage certain nous porte la menace;
Je n'en saurois douter, je péris dans le port.
J'aimois, j'étois aimée, et nos pères d'accord;
Et je vous en comptois la première nouvelle
Au malheureux moment que naissoit leur querelle,
Dont le récit fatal, sitôt qu'on vous l'a fait,
D'une si douce attente a ruiné l'effet.
    Maudite ambition, détestable manie,
Dont les plus généreux souffrent la tyrannie;
Impitoyable honneur, mortel à mes plaisirs,
Que tu me vas coûter de pleurs et de soupirs!

L'INFANTE.

Tu n'as dans leur querelle aucun sujet de craindre;
Un moment l'a fait naître, un moment va l'éteindre :
Elle a fait trop de bruit pour ne pas s'accorder,

Puisque déja le roi les veut accommoder;
Et tu sais que mon ame, à tes ennuis sensible,
Pour en tarir la source y fera l'impossible.

CHIMÈNE.

Les accommodements ne font rien en ce point;
Les affronts à l'honneur ne se réparent point.
En vain on fait agir la force et la prudence;
Si l'on guérit le mal, ce n'est qu'en apparence;
La haine que les cœurs conservent au-dedans
Nourrit des feux cachés, mais d'autant plus ardents.

L'INFANTE.

Le saint nœud qui joindra don Rodrigue et Chimène
Des pères ennemis dissipera la haine;
Et nous verrons bientôt votre amour le plus fort
Par un heureux hymen étouffer ce discord.

CHIMÈNE.

Je le souhaite ainsi, plus que je ne l'espère;
Don Diègue est trop altier, et je connois mon père.
Je sens couler des pleurs que je veux retenir :
Le passé me tourmente, et je crains l'avenir.

L'INFANTE.

Que crains-tu? d'un vieillard l'impuissante foiblesse?

CHIMÈNE.

Rodrigue a du courage.

L'INFANTE.

        Il a trop de jeunesse.

CHIMÈNE.

Les hommes valeureux le sont du premier coup.

L'INFANTE.
Tu ne dois pas pourtant le redouter beaucoup :
Il est trop amoureux pour te vouloir déplaire,
Et deux mots de ta bouche arrêtent sa colère.
CHIMÈNE.
S'il ne m'obéit point, quel comble à mon ennui !
Et, s'il peut m'obéir, que dira-t-on de lui ?
Étant né ce qu'il est, souffrir un tel outrage !
Soit qu'il cède ou résiste au feu qui me l'engage,
Mon esprit ne peut qu'être ou honteux ou confus
De son trop de respect, ou d'un juste refus.
L'INFANTE.
Chimène est généreuse, et, quoique intéressée,
Elle ne peut souffrir une lâche pensée :
Mais si, jusques au jour de l'accommodement,
Je fais mon prisonnier de ce parfait amant,
Et que j'empêche ainsi l'effet de son courage,
Ton esprit amoureux n'aura-t-il point d'ombrage ?
CHIMÈNE.
Ah, madame ! en ce cas je n'ai plus de souci.

SCÈNE IV.

L'INFANTE, CHIMÈNE, LÉONOR, UN PAGE.

L'INFANTE.
Page, cherchez Rodrigue, et l'amenez ici.
LE PAGE.
Le comte de Gormas et lui...

LE CID.

CHIMÈNE.
Bon Dieu! je tremble.
L'INFANTE.
Parlez.
LE PAGE.
De ce palais ils sont sortis ensemble.
CHIMÈNE.
Seuls?
LE PAGE.
Seuls, et qui sembloient tout bas se quereller.
CHIMÈNE.
Sans doute ils sont aux mains, il n'en faut plus parler.
Madame, pardonnez à cette promptitude.

SCÈNE V.

L'INFANTE, LÉONOR.

L'INFANTE.
Hélas! que dans l'esprit je sens d'inquiétude!
Je pleure ses malheurs; son amant me ravit;
Mon repos m'abandonne, et ma flamme revit.
Ce qui va séparer Rodrigue de Chimène
Fait renaître à-la-fois mon espoir et ma peine;
Et leur division, que je vois à regret,
Dans mon esprit charmé jette un plaisir secret.
LÉONOR.
Cette haute vertu qui règne dans votre ame

Se rend-elle si tôt à cette lâche flamme?
L'INFANTE.
Ne la nomme point lâche, à présent que chez moi,
Pompeuse et triomphante, elle me fait la loi;
Porte lui du respect, puisqu'elle m'est si chère;
Ma vertu la combat, mais malgré moi j'espère;
Et d'un si fol espoir mon cœur mal défendu
Vole après un amant que Chimène a perdu.
LÉONOR.
Vous laissez choir ainsi ce glorieux courage;
Et la raison chez vous perd ainsi son usage.
L'INFANTE.
Ah! qu'avec peu d'effet on entend la raison,
Quand le cœur est atteint d'un si charmant poison!
Et lorsque le malade aime sa maladie,
Qu'il a peine à souffrir que l'on y remédie!
LÉONOR.
Votre espoir vous séduit, votre mal vous est doux;
Mais enfin ce Rodrigue est indigne de vous.
L'INFANTE.
Je ne le sais que trop; mais si ma vertu cède,
Apprends comme l'amour flatte un cœur qu'il possède.
Si Rodrigue une fois sort vainqueur du combat,
Si dessous sa valeur ce grand guerrier s'abat,
Je puis en faire cas, je puis l'aimer sans honte.
Que ne fera-t-il point, s'il peut vaincre le comte?
J'ose m'imaginer qu'à ses moindres exploits
Les royaumes entiers tomberont sous ses lois;

Et mon amour flatteur déja me persuade
Que je le vois assis au trône de Grenade;
Les Maures subjugués trembler en l'adorant,
L'Aragon recevoir ce nouveau conquérant,
Le Portugal se rendre, et ses nobles journées
Porter delà les mers ses hautes destinées,
Du sang des Africains arroser ses lauriers :
Enfin, tout ce qu'on dit des plus fameux guerriers,
Je l'attends de Rodrigue après cette victoire,
Et fais de son amour un sujet de ma gloire.

LÉONOR.

Mais, madame, voyez où vous portez son bras
En suite d'un combat qui peut-être n'est pas.

L'INFANTE.

Rodrigue est offensé, le comte a fait l'outrage;
Ils sont sortis ensemble : en faut-il davantage?

LÉONOR.

Je veux que ce combat demeure pour certain;
Votre esprit va-t-il pas bien vite pour sa main?

L'INFANTE.

Que veux-tu? je suis folle, et mon esprit s'égare :
Mais c'est le moindre mal que l'amour me prépare.
Viens dans mon cabinet consoler mes ennuis,
Et ne me quitte point dans le trouble où je suis.

SCÈNE VI.

D. FERNAND, D. ARIAS, D. SANCHE, D. ALONSE.

D. FERNAND.
Le comte est donc si vain et si peu raisonnable?
Ose-t-il croire encor son crime pardonnable?
D. ARIAS.
Je l'ai de votre part long-temps entretenu;
J'ai fait mon pouvoir, Sire, et n'ai rien obtenu.
D. FERNAND.
Justes cieux! Ainsi donc un sujet téméraire
A si peu de respect et de soin de me plaire!
Il offense don Diègue, et méprise son roi!
Au milieu de ma cour il me donne la loi!
Qu'il soit brave guerrier, qu'il soit grand capitaine,
Je saurai bien rabattre une humeur si hautaine :
Fût-il la valeur même et le dieu des combats,
Il verra ce que c'est que de n'obéir pas.
Quoi qu'ait pu mériter une telle insolence,
Je l'ai voulu d'abord traiter sans violence :
Mais, puisqu'il en abuse, allez dès aujourd'hui,
Soit qu'il résiste ou non, vous assurer de lui.

SCÈNE VII.

D. FERNAND, D. SANCHE, D. ARIAS.

D. SANCHE.

Peut-être un peu de temps le rendroit moins rebelle;
On l'a pris tout bouillant encor de sa querelle.
Sire, dans la chaleur d'un premier mouvement,
Un cœur si généreux se rend mal-aisément :
Il voit bien qu'il a tort; mais une ame si haute
N'est pas sitôt réduite à confesser sa faute.

D. FERNAND.

Don Sanche, taisez-vous, et soyez averti
Qu'on se rend criminel à prendre son parti.

D. SANCHE.

J'obéis, et me tais; mais, de grace encor, Sire,
Deux mots en sa défense.

D. FERNAND.

      Et que pourrez-vous dire?

D. SANCHE.

Qu'une ame accoutumée aux grandes actions
Ne se peut abaisser à des soumissions.
Elle n'en conçoit point qui s'explique sans honte;
Et c'est à ce mot seul qu'a résisté le comte.
Il trouve en son devoir un peu trop de rigueur,
Et vous obéiroit, s'il avoit moins de cœur.
Commandez que son bras, nourri dans les alarmes,

Répare cette injure à la pointe des armes;
Il satisfera, Sire; et, vienne qui voudra,
Attendant qu'il l'ait su, voici qui répondra.

D. FERNAND.

Vous perdez le respect; mais je pardonne à l'âge,
Et j'excuse l'ardeur en un jeune courage.
Un roi dont la prudence a de meilleurs objets
Est meilleur ménager du sang de ses sujets :
Je veille pour les miens, mes soucis les conservent,
Comme le chef a soin des membres qui le servent.
Ainsi votre raison n'est pas raison pour moi :
Vous parlez en soldat, je dois agir en roi;
Et quoi qu'on veuille dire, et quoi qu'il ose croire,
Le comte à m'obéir ne peut perdre sa gloire.
D'ailleurs, l'affront me touche; il a perdu d'honneur
Celui que de mon fils j'ai fait le gouverneur.
S'attaquer à mon choix, c'est se prendre à moi-même,
Et faire un attentat sur le pouvoir suprême.
N'en parlons plus. Au reste, on a vu dix vaisseaux
De nos vieux ennemis arborer les drapeaux;
Vers la bouche du fleuve ils ont osé paroître.

D. ARIAS.

Les Maures ont appris par force à vous connoître;
Et, tant de fois vaincus, ils ont perdu le cœur
De se plus hasarder contre un si grand vainqueur.

D. FERNAND.

Ils ne verront jamais, sans quelque jalousie,
Mon sceptre, en dépit d'eux, régir l'Andalousie;

Et ce pays si beau, qu'ils ont trop possédé,
Avec un œil d'envie est toujours regardé.
C'est l'unique raison qui m'a fait dans Séville
Placer depuis dix ans le trône de Castille,
Pour les voir de plus près, et d'un ordre plus prompt,
Renverser aussitôt ce qu'ils entreprendront.

D. ARIAS.

Sire, ils ont trop appris, aux dépens de leurs têtes,
Combien votre présence assure vos conquêtes :
Vous n'avez rien à craindre.

D. FERNAND.

     Et rien à négliger :
Le trop de confiance attire le danger ;
Et le même ennemi que l'on vient de détruire,
S'il sait prendre son temps, est capable de nuire.
Toutefois, j'aurois tort de jeter dans les cœurs,
L'avis étant mal sûr, de paniques terreurs :
L'effroi que produiroit cette alarme inutile,
Dans la nuit qui survient, troubleroit trop la ville.
Faites doubler la garde aux murs et sur le port ;
C'est assez pour ce soir.

SCÈNE VIII.

D. FERNAND, D. SANCHE, D. ARIAS, D. ALONSE.

D. ALONSE.

  Sire, le comte est mort.

Don Diègue par son fils a vengé son offense.
D. FERNAND.
Dès que j'ai su l'affront, j'ai prévu la vengeance,
Et j'ai voulu dès-lors prévenir ce malheur.
D. ALONSE.
Chimène à vos genoux apporte sa douleur;
Elle vient tout en pleurs vous demander justice.
D. FERNAND.
Bien qu'à ses déplaisirs mon ame compatisse,
Ce que le comte a fait semble avoir mérité
Ce juste châtiment de sa témérité.
Quelque juste pourtant que puisse être sa peine,
Je ne puis sans regret perdre un tel capitaine.
Après un long service à mon état rendu,
Après son sang pour moi mille fois répandu,
A quelque sentiment que son orgueil m'oblige,
Sa perte m'affoiblit, et son trépas m'afflige.

SCÈNE IX.
D. FERNAND, D. DIÈGUE, CHIMÈNE, D. SANCHE, D. ARIAS, D. ALONSE.

CHIMÈNE.
Sire, Sire, justice!
D. DIÈGUE.
Ah, Sire! écoutez-nous.
CHIMÈNE.
Je me jette à vos pieds.

LE CID.

D. DIÈGUE.
   J'embrasse vos genoux.
CHIMÈNE.
Je demande justice.
D. DIÈGUE.
   Entendez ma défense.
CHIMÈNE.
D'un jeune audacieux punissez l'insolence;
Il a de votre sceptre abattu le soutien;
Il a tué mon père.
D. DIÈGUE.
   Il a vengé le sien.
CHIMÈNE.
Au sang de ses sujets un roi doit la justice.
D. DIÈGUE.
Pour la juste vengeance il n'est point de supplice.
D. FERNAND.
Levez-vous l'un et l'autre, et parlez à loisir.
Chimène, je prends part à votre déplaisir,
D'une égale douleur je sens mon ame atteinte.
   (à D. Diègue.)
Vous parlerez après, ne troublez pas sa plainte.
CHIMÈNE.
Sire, mon père est mort; mes yeux ont vu son sang
Couler à gros bouillons de son généreux flanc:
Ce sang qui tant de fois garantit vos murailles,
Ce sang qui tant de fois vous gagna des batailles,
Ce sang, qui tout sorti fume encor de courroux

ACTE II, SCENE IX.

De se voir répandu pour d'autres que pour vous,
Qu'au milieu des hasards n'osoit verser la guerre,
Rodrigue en votre cour vient d'en couvrir la terre.
Et, pour son coup d'essai, son indigne attentat
D'un si ferme soutien a privé votre état,
De vos meilleurs soldats abattu l'assurance,
Et de vos ennemis relevé l'espérance.
J'ai couru sur le lieu sans force et sans couleur,
Je l'ai trouvé sans vie. Excusez ma douleur,
Sire, la voix me manque à ce récit funeste;
Mes pleurs et mes soupirs vous diront mieux le reste.

D. FERNAND.

Prends courage, ma fille, et sache qu'aujourd'hui
Ton roi te veut servir de père au lieu de lui.

CHIMÈNE.

Sire, de trop d'honneur ma misère est suivie.
Je vous l'ai déja dit, je l'ai trouvé sans vie :
Son flanc était ouvert; et, pour mieux m'émouvoir,
Son sang sur la poussière écrivoit mon devoir;
Ou plutôt sa valeur en cet état réduite
Me parloit par sa plaie, et hâtoit ma poursuite;
Et, pour se faire entendre au plus juste des rois,
Par cette triste bouche elle empruntoit ma voix.
   Sire, ne souffrez pas que sous votre puissance
Règne devant vos yeux une telle licence,
Que les plus valeureux avec impunité
Soient exposés aux coups de la témérité;
Qu'un jeune audacieux triomphe de leur gloire,

Se baigne dans leur sang, et brave leur mémoire.
Un si vaillant guerrier qu'on vient de vous ravir
Éteint, s'il n'est vengé, l'ardeur de vous servir.
Enfin mon père est mort, j'en demande vengeance,
Plus pour votre intérêt que pour mon allégeance :
Vous perdez en la mort d'un homme de son rang;
Vengez-la par une autre, et le sang par le sang;
Immolez, non à moi, mais à votre couronne,
Mais à votre grandeur, mais à votre personne,
Immolez, dis-je, Sire, au bien de tout l'état,
Tout ce qu'enorgueillit un si grand attentat.

D. FERNAND.

Don Diègue, répondez.

D. DIÈGUE.

Qu'on est digne d'envie!
Lorsqu'en perdant la force on perd aussi la vie;
Et qu'un long âge apprête aux hommes généreux,
Au bout de leur carrière, un destin malheureux!
Moi, dont les longs travaux ont acquis tant de gloire,
Moi, que jadis partout a suivi la victoire,
Je me vois aujourd'hui, pour avoir trop vécu,
Recevoir un affront, et demeurer vaincu.
Ce que n'a pu jamais combat, siége, embuscade,
Ce que n'a pu jamais Aragon, ni Grenade,
Ni tous vos ennemis, ni tous mes envieux,
Le comte en votre cour l'a fait presque à vos yeux,
Jaloux de votre choix, et fier de l'avantage
Que lui donnait sur moi l'impuissance de l'âge.

Sire, ainsi, ces cheveux blanchis sous le harnois,
Ce sang pour vous servir prodigué tant de fois,
Ce bras, jadis l'effroi d'une armée ennemie,
Descendoient au tombeau tout chargés d'infamie,
Si je n'eusse produit un fils digne de moi,
Digne de son pays, et digne de son roi.
Il m'a prêté sa main, il a tué le comte,
Il m'a rendu l'honneur, il a lavé ma honte.
Si montrer du courage et du ressentiment,
Si venger un soufflet mérite un châtiment,
Sur moi seul doit tomber l'éclat de la tempête :
Quand le bras a failli, l'on en punit la tête.
Qu'on nomme crime ou non ce qui fait nos débats,
Sire, j'en suis la tête, il n'en est que le bras.
Si Chimène se plaint qu'il a tué son père,
Il ne l'eût jamais fait, si je l'eusse pu faire.
Immolez donc ce chef que les ans vont ravir,
Et conservez pour vous le bras qui peut servir ;
Aux dépens de mon sang satisfaites Chimène ;
Je n'y résiste point, je consens à ma peine ;
Et, loin de murmurer d'un rigoureux décret,
Mourant sans déshonneur, je mourrai sans regret.

D. FERNAND.

L'affaire est d'importance, et, bien considérée,
Mérite en plein conseil d'être délibérée.
   Don Sanche, remettez Chimène en sa maison ;
Don Diègue aura ma cour et sa foi pour prison.
Qu'on me cherche son fils. Je vous ferai justice.

CHIMÈNE.
Il est juste, grand roi, qu'un meurtrier périsse.
D. FERNAND.
Prends du repos, ma fille, et calme tes douleurs.
CHIMÈNE.
M'ordonner du repos, c'est croître mes malheurs.

FIN DU SECOND ACTE.

ACTE TROISIÈME.

SCÈNE I.

D. RODRIGUE, ELVIRE.

ELVIRE.

Rodrigue, qu'as-tu fait? où viens-tu, misérable?
D. RODRIGUE.
Suivre le triste cours de mon sort déplorable.
ELVIRE.
Où prends-tu cette audace et ce nouvel orgueil,
De paroître en des lieux que tu remplis de deuil?
Quoi! viens-tu jusqu'ici braver l'ombre du comte?
Ne l'as-tu pas tué?
D. RODRIGUE.
        Sa vie étoit ma honte;
Mon honneur de ma main a voulu cet effort.
ELVIRE.
Mais chercher ton asile en la maison du mort!
Jamais un meurtrier en fit-il son refuge?
D. RODRIGUE.
Et je n'y viens aussi que m'offrir à mon juge.
Ne me regarde plus d'un visage étonné;

Je cherche le trépas après l'avoir donné.
Mon juge est mon amour, mon juge est ma Chimène :
Je mérite la mort, de mériter sa haine;
Et j'en viens recevoir, comme un bien souverain,
Et l'arrêt de sa bouche, et le coup de sa main.

ELVIRE.

Fuis plutôt de ses yeux, fuis de sa violence;
A ses premiers transports dérobe ta présence;
Va, ne t'expose point aux premiers mouvements
Que poussera l'ardeur de ses ressentiments.

D. RODRIGUE.

Non, non; ce cher objet, à qui j'ai pu déplaire,
Ne peut pour mon supplice avoir trop de colère;
Et d'un heur sans pareil je me verrai combler,
Si, pour mourir plus tôt, je puis la redoubler.

ELVIRE.

Chimène est au palais, de pleurs toute baignée,
Et n'en reviendra point que bien accompagnée.
Rodrigue, fuis, de grace, ôte-moi de souci :
Que ne dira-t-on point si l'on te voit ici?
Veux-tu qu'un médisant, pour comble à sa misère,
L'accuse d'y souffrir l'assassin de son père?
Elle va revenir... Elle vient, je la voi;
Du moins pour son honneur, Rodrigue, cache-toi.

(Il se cache.)

SCÈNE II.

D. SANCHE, CHIMÈNE, ELVIRE.

######## D. SANCHE.
Oui, madame, il vous faut de sanglantes victimes :
Votre colère est juste, et vos pleurs légitimes ;
Et je n'entreprends pas, à force de parler,
Ni de vous adoucir, ni de vous consoler.
Mais, si de vous servir je puis être capable,
Employez mon épée à punir le coupable ;
Employez mon amour à venger cette mort :
Sous vos commandements mon bras sera trop fort.
######## CHIMÈNE.
Malheureuse !
######## D. SANCHE.
De grace, acceptez mon service.
######## CHIMÈNE.
J'offenserois le roi, qui m'a promis justice.
######## D. SANCHE.
Vous savez qu'elle marche avec tant de langueur,
Qu'assez souvent le crime échappe à sa longueur ;
Son cours long et douteux fait trop perdre de larmes :
Souffrez qu'un chevalier vous venge par les armes ;
La voie en est plus sûre et plus prompte à punir.
######## CHIMÈNE.
C'est le dernier remède ; et, s'il y faut venir,

Et que de mes malheurs cette pitié vous dure,
Vous serez libre alors de venger mon injure.
D. SANCHE.
C'est l'unique bonheur où mon ame prétend,
Et, pouvant l'espérer, je m'en vais trop content.

SCÈNE III.
CHIMÈNE, ELVIRE.

CHIMÈNE.
Enfin je me vois libre, et je puis sans contrainte
De mes vives douleurs te faire voir l'atteinte;
Je puis donner passage à mes tristes soupirs,
Je puis t'ouvrir mon ame et tous mes déplaisirs.
    Mon père est mort, Elvire, et la première épée
Dont s'est armé Rodrigue a sa trame coupée.
Pleurez, pleurez, mes yeux, et fondez-vous en eau;
La moitié de ma vie a mis l'autre au tombeau,
Et m'oblige à venger, après ce coup funeste,
Celle que je n'ai plus sur celle qui me reste.
ELVIRE.
Reposez-vous, madame.
CHIMÈNE.
                    Ah! que mal-à-propos,
Dans un malheur si grand, tu parles de repos!
Par où sera jamais ma douleur apaisée,
Si je ne puis haïr la main qui l'a causée?
Et que puis-je espérer qu'un tourment éternel,

ACTE III, SCÈNE III.

Si je poursuis un crime, aimant le criminel?
ELVIRE.
Il vous prive d'un père, et vous l'aimez encore?
CHIMÈNE.
C'est peu de dire aimer, Elvire, je l'adore :
Ma passion s'oppose à mon ressentiment;
Dedans mon ennemi je trouve mon amant,
Et je sens qu'en dépit de toute ma colère
Rodrigue dans mon cœur combat encor mon père;
Il l'attaque, il le presse, il cède, il se défend,
Tantôt fort, tantôt foible, et tantôt triomphant :
Mais en ce dur combat de colère et de flamme,
Il déchire mon cœur sans partager mon ame;
Et, quoi que mon amour ait sur moi de pouvoir,
Je ne consulte point pour suivre mon devoir;
Je cours sans balancer où mon honneur m'oblige.
Rodrigue m'est bien cher, son intérêt m'afflige;
Mon cœur prend son parti; mais, malgré son effort,
Je sais ce que je suis, et que mon père est mort.
ELVIRE.
Pensez-vous le poursuivre?
CHIMÈNE.
              Ah! cruelle pensée,
Et cruelle poursuite où je me vois forcée!
Je demande sa tête, et crains de l'obtenir;
Ma mort suivra la sienne, et je le veux punir.
ELVIRE.
Quittez, quittez, madame, un dessein si tragique;

Ne vous imposez point de loi si tyrannique.
CHIMÈNE.
Quoi! j'aurai vu mourir mon père entre mes bras,
Son sang criera vengeance, et je ne l'aurai pas!
Mon cœur, honteusement surpris par d'autres charmes,
Croira ne lui devoir que d'impuissantes larmes!
Et je pourrai souffrir qu'un amour suborneur
Sous un lâche silence étouffe mon honneur!
ELVIRE.
Madame, croyez-moi, vous serez excusable
De conserver pour vous un homme incomparable,
Un amant si chéri : vous avez assez fait;
Vous avez vu le roi; n'en pressez point l'effet,
Ne vous obstinez point en cette humeur étrange.
CHIMÈNE.
Il y va de ma gloire, il faut que je me venge;
Et, de quoi que nous flatte un désir amoureux,
Toute excuse est honteuse aux esprits généreux.
ELVIRE.
Mais vous aimez Rodrigue, il ne peut vous déplaire.
CHIMÈNE.
Je l'avoue.
ELVIRE.
    Après tout, que pensez-vous donc faire?
CHIMÈNE.
Pour conserver ma gloire et finir mon ennui,
Le poursuivre, le perdre, et mourir après lui.

SCÈNE IV.

D. RODRIGUE, CHIMÈNE, ELVIRE.

D. RODRIGUE.
Hé bien! sans vous donner la peine de poursuivre,
Assurez-vous l'honneur de m'empêcher de vivre.
CHIMÈNE.
Elvire, où sommes-nous? et qu'est-ce que je vois?
Rodrigue en ma maison! Rodrigue devant moi!
D. RODRIGUE.
N'épargnez point mon sang; goûtez sans résistance
La douceur de ma perte et de votre vengeance.
CHIMÈNE.
Hélas!
D. RODRIGUE.
Écoute-moi.
CHIMÈNE.
Je me meurs.
D. RODRIGUE.
Un moment.
CHIMÈNE.
Va, laisse-moi mourir.
D. RODRIGUE.
Quatre mots seulement;
Après, ne me réponds qu'avecque cette épée.
CHIMÈNE.
Quoi! du sang de mon père encor toute trempée?

LE CID.

D. RODRIGUE.

Ma Chimène.

CHIMÈNE.

Ote-moi cet objet odieux,
Qui reproche ton crime et ta vie à mes yeux.

D. RODRIGUE.

Regarde-le plutôt pour exciter ta haine,
Pour croître ta colère, et pour hâter ma peine.

CHIMÈNE.

Il est teint de mon sang.

D. RODRIGUE.

Plonge-le dans le mien,
Et fais-lui perdre ainsi la teinture du tien.

CHIMÈNE.

Ah! quelle cruauté, qui tout en un jour tue
Le père par le fer, la fille par la vue!
Ote-moi cet objet, je ne le puis souffrir :
Tu veux que je t'écoute, et tu me fais mourir.

D. RODRIGUE.

Je fais ce que tu veux, mais sans quitter l'envie
De finir par tes mains ma déplorable vie;
Car enfin n'attends pas de mon affection
Un lâche repentir d'une bonne action.
De la main de ton père un coup irréparable
Déshonoroit du mien la vieillesse honorable.
Tu sais comme un soufflet touche un homme de cœur:
J'avois part à l'affront, j'en ai cherché l'auteur,
Je l'ai vu, j'ai vengé mon honneur et mon père;

ACTE III, SCENE IV.

Je le ferois encor, si j'avois à le faire.
Ce n'est pas qu'en effet contre mon père et moi
Ma flamme assez long-temps n'ait combattu pour toi;
Juge de son pouvoir : dans une telle offense
J'ai pu douter encor si j'en prendrois vengeance.
Réduit à te déplaire, ou souffrir un affront,
J'ai retenu ma main, j'ai cru mon bras trop prompt;
Je me suis accusé de trop de violence;
Et ta beauté sans doute emportoit la balance,
Si je n'eusse opposé contre tous tes appas
Qu'un homme sans honneur ne te méritoit pas;
Qu'après m'avoir chéri quand je vivois sans blâme,
Qui m'aima généreux me haïroit infâme;
Qu'écouter ton amour, obéir à sa voix,
C'étoit m'en rendre indigne, et diffamer ton choix.
Je te le dis encore, et veux, tant que j'expire,
Sans cesse le penser, et sans cesse le dire.
Je t'ai fait une offense, et j'ai dû m'y porter
Pour effacer ma honte, et pour te mériter :
Mais, quitte envers l'honneur, et quitte envers mon père,
C'est maintenant à toi que je viens satisfaire;
C'est pour t'offrir mon sang qu'en ce lieu tu me vois.
J'ai fait ce que j'ai dû, je fais ce que je dois;
Je sais qu'un père mort t'arme contre mon crime,
Je ne t'ai pas voulu dérober ta victime :
Immole avec courage au sang qu'il a perdu
Celui qui met sa gloire à l'avoir répandu.

CHIMÈNE.

Ah, Rodrigue! il est vrai, quoique ton ennemie,
Je ne te puis blâmer d'avoir fui l'infamie;
Et, de quelque façon qu'éclatent mes douleurs,
Je ne t'accuse point, je pleure mes malheurs.
Je sais ce que l'honneur, après un tel outrage,
Demandoit à l'ardeur d'un généreux courage :
Tu n'as fait le devoir que d'un homme de bien;
Mais aussi, le faisant, tu m'as appris le mien.
Ta funeste valeur m'instruit par ta victoire :
Elle a vengé ton père, et soutenu ta gloire;
Même soin me regarde; et j'ai, pour m'affliger,
Ma gloire à soutenir, et mon père à venger.
Hélas! ton intérêt ici me désespère :
Si quelque autre malheur m'avoit ravi mon père,
Mon ame auroit trouvé dans le bien de te voir
Tout le soulagement qu'elle eût pu recevoir;
Et contre ma douleur j'aurois senti des charmes,
Quand une main si chère eût essuyé mes larmes.
Mais il me faut te perdre après l'avoir perdu;
Cet effort sur ma flamme à mon honneur est dû;
Et cet affreux devoir, dont l'ordre m'assassine,
Me force à travailler moi-même à ta ruine.
Car enfin, n'attends pas de mon affection
De lâches sentiments pour ta punition.
De quoi qu'en ta faveur notre amour m'entretienne,
Ma générosité doit répondre à la tienne.
Tu t'es, en m'offençant, montré digne de moi;

ACTE III, SCENE IV.

Je me dois, par ta mort, montrer digne de toi.

D. RODRIGUE.

Ne diffère donc plus ce que l'honneur t'ordonne;
Il demande ma tête, et je te l'abandonne :
Fais-en un sacrifice à ce noble intérêt;
Le coup m'en sera doux aussi bien que l'arrêt.
Attendre après mon crime une lente justice,
C'est reculer ta gloire autant que mon supplice :
Je mourrai trop heureux mourant d'un coup si beau.

CHIMÈNE.

Va, je suis ta partie, et non pas ton bourreau.
Si tu m'offres ta tête, est-ce à moi de la prendre?
Je la dois attaquer; mais tu dois la défendre;
C'est d'un autre que toi qu'il me faut l'obtenir;
Et je dois te poursuivre, et non pas te punir.

D. RODRIGUE.

De quoi qu'en ma faveur notre amour t'entretienne,
Ta générosité doit répondre à la mienne;
Et pour venger un père emprunter d'autres bras,
Ma Chimène, crois-moi, c'est n'y répondre pas.
Ma main seule du mien a su venger l'offense,
Ta main seule du tien doit prendre la vengeance.

CHIMÈNE.

Cruel, à quel propos sur ce point t'obstiner?
Tu t'es vengé sans aide, et tu m'en veux donner!
Je suivrai ton exemple; et j'ai trop de courage
Pour souffrir qu'avec toi ma gloire se partage.
Mon père et mon honneur ne veulent rien devoir

Aux traits de ton amour, ni de ton désespoir.

D. RODRIGUE.

Rigoureux point d'honneur! Hélas! quoi que je fasse,
Ne pourrai-je à la fin obtenir cette grace?
Au nom d'un père mort ou de notre amitié,
Punis-moi par vengeance, ou du moins par pitié :
Ton malheureux amant aura bien moins de peine
A mourir par ta main, qu'à vivre avec ta haine.

CHIMÈNE.

Va, je ne te hais point.

D. RODRIGUE.

Tu le dois.

CHIMÈNE.

Je ne puis.

D. RODRIGUE.

Crains-tu si peu le blâme et si peu les faux bruits?
Quand on saura mon crime, et que ta flamme dure,
Que ne publieront point l'envie et l'imposture?
Force-les au silence, et, sans plus discourir,
Sauve ta renommée en me faisant mourir.

CHIMÈNE.

Elle éclate bien mieux en te laissant la vie,
Et je veux que la voix de la plus noire envie
Élève au ciel ma gloire, et plaigne mes ennuis,
Sachant que je t'adore, et que je te poursuis.
Va-t'en, ne montre plus à ma douleur extrême
Ce qu'il faut que je perde, encore que je l'aime.

Dans l'ombre de la nuit cache bien ton départ ;
Si l'on te voit sortir, mon honneur court hasard :
La seule occasion qu'aura la médisance,
C'est de savoir qu'ici j'ai souffert ta présence :
Ne lui donne point lieu d'attaquer ma vertu.

D. RODRIGUE.

Que je meure.

CHIMÈNE.

Va-t'en.

D. RODRIGUE.

A quoi te résous-tu ?

CHIMÈNE.

Malgré des feux si beaux qui troublent ma colère,
Je ferai mon possible à bien venger mon père ;
Mais, malgré la rigueur d'un si cruel devoir,
Mon unique souhait est de ne rien pouvoir.

D. RODRIGUE.

O miracle d'amour !

CHIMÈNE.

O comble de misères !

D. RODRIGUE.

Que de maux et de pleurs nous coûteront nos pères !

CHIMÈNE.

Rodrigue, qui l'eût cru !

D. RODRIGUE.

Chimène, qui l'eût dit !...

CHIMÈNE.

Que notre heur fût si proche, et sitôt se perdît !...

LE CID.

D. RODRIGUE.

Et que, si près du port, contre toute apparence,
Un orage si prompt brisât notre espérance!

CHIMÈNE.

Ah! mortelles douleurs!

D. RODRIGUE.

Ah! regrets superflus!

CHIMÈNE.

Va-t'en, encore un coup, je ne t'écoute plus.

D. RODRIGUE.

Adieu. Je vais traîner une mourante vie,
Tant que par ta poursuite elle me soit ravie.

CHIMÈNE.

Si j'en obtiens l'effet, je t'engage ma foi
De ne respirer pas un moment après toi.
Adieu. Sors; et surtout garde bien qu'on te voie.

ELVIRE.

Madame, quelques maux que le ciel nous envoie...

CHIMÈNE.

Ne m'importune plus, laisse-moi soupirer;
Je cherche le silence et la nuit pour pleurer.

SCÈNE V.

D. DIÈGUE.

Jamais nous ne goûtons de parfaite alégresse;
Nos plus heureux succès sont mêlés de tristesse;

ACTE III, SCENE VI.

Toujours quelques soucis en ces évènements
Troublent la pureté de nos contentements.
Au milieu du bonheur mon ame en sent l'atteinte;
Je nage dans la joie, et je tremble de crainte;
J'ai vu mort l'ennemi qui m'avoit outragé,
Et je ne saurois voir la main qui m'a vengé.
En vain je m'y travaille, et d'un soin inutile,
Tout cassé que je suis, je cours toute la ville;
Ce peu que mes vieux ans m'ont laissé de vigueur
Se consume sans fruit à chercher ce vainqueur.
A toute heure, en tous lieux, dans une nuit si sombre,
Je pense l'embrasser, et n'embrasse qu'une ombre;
Et mon amour déçu par cet objet trompeur,
Se forme des soupçons qui redoublent ma peur.
Je ne découvre point de marques de sa fuite;
Je crains du comte mort les amis et la suite;
Leur nombre m'épouvante et confond ma raison :
Rodrigue ne vit plus, ou respire en prison.
Juste cieux! me trompé-je encore à l'apparence,
Ou si je vois enfin mon unique espérance?
C'est lui, n'en doutons plus; mes vœux sont exaucés;
Ma crainte est dissipée, et mes ennuis cessés.

SCÈNE VI.

D. DIÈGUE, D. RODRIGUE.

D. DIÈGUE.
Rodrigue, enfin le ciel permet que je te voie!

D. RODRIGUE.

Hélas!

D. DIÈGUE.

Ne mêle point de soupirs à ma joie;
Laisse-moi prendre haleine, afin de te louer.
Ma valeur n'a point lieu de te désavouer;
Tu l'as bien imitée, et ton illustre audace
Fait bien revivre en toi les héros de ma race :
C'est d'eux que tu descends, c'est de moi que tu viens;
Ton premier coup d'épée égale tous les miens;
Et d'une belle ardeur ta jeunesse animée
Par cette grande épreuve atteint ma renommée.
Appui de ma vieillesse, et comble de mon heur,
Touche ces cheveux blancs à qui tu rends l'honneur;
Viens baiser cette joue, et reconnois la place
Où fut empreint l'affront que ton courage efface.

D. RODRIGUE.

L'honneur vous en est dû; je ne pouvois pas moins,
Étant sorti de vous, et nourri par vos soins :
Je me tiens trop heureux, et mon ame est ravie
Que mon coup d'essai plaise à qui je dois la vie.
Mais parmi vos plaisirs ne soyez point jaloux,
Si j'ose satisfaire à moi-même après vous.
Souffrez qu'en liberté mon désespoir éclate;
Assez et trop long-temps votre discours le flatte.
Je ne me repens point de vous avoir servi;
Mais rendez-moi le bien que ce coup m'a ravi.

ACTE III, SCENE VI.

Mon bras, pour vous venger, armé contre ma flamme,
Par ce coup glorieux m'a privé de mon ame:
Ne me dites plus rien; pour vous j'ai tout perdu;
Ce que je vous devois, je vous l'ai bien rendu.

D. DIÈGUE.

Porte encore plus haut le fruit de ta victoire.
Je t'ai donné la vie, et tu me rends ma gloire;
Et d'autant que l'honneur m'est plus cher que le jour,
D'autant plus maintenant je te dois de retour.
Mais d'un cœur magnanime éloigne ces foiblesses:
Nous n'avons qu'un honneur, il est tant de maîtresses !
L'amour n'est qu'un plaisir, l'honneur est un devoir.

D. RODRIGUE.

Ah! que me dites-vous?

D. DIÈGUE.

              Ce que tu dois savoir.

D. RODRIGUE.

Mon honneur offensé sur moi-même se venge,
Et vous m'osez pousser à la honte du change!
L'infamie est pareille, et suit également
Le guerrier sans courage, et le perfide amant.
A ma fidélité ne faites point d'injure,
Souffrez-moi généreux sans me rendre parjure:
Mes liens sont trop forts pour être ainsi rompus;
Ma foi m'engage encor, si je n'espère plus;
Et, ne pouvant quitter ni posséder Chimène,
Le trépas que je cherche est ma plus douce peine.

D. DIÈGUE.

Il n'est pas temps encor de chercher le trépas;
Ton prince et ton pays ont besoin de ton bras.
La flotte qu'on craignoit, dans le grand fleuve entrée,
Vient surprendre la ville, et piller la contrée;
Les Maures vont descendre; et le flot et la nuit,
Dans une heure, à nos murs les amènent sans bruit.
La cour est en désordre, et le peuple en alarmes;
On n'entend que des cris, on ne voit que des larmes.
Dans ce malheur public mon bonheur a permis
Que j'ai trouvé chez moi cinq cents de mes amis,
Qui, sachant mon affront, poussés d'un même zèle,
Se venaient tous offrir à venger ma querelle :
Tu les as prévenus; mais leurs vaillantes mains
Se tremperont bien mieux au sang des Africains.
Va marcher à leur tête, où l'honneur te demande;
C'est toi que veut pour chef leur généreuse bande.
De ces vieux ennemis va soutenir l'abord :
Là, si tu veux mourir, trouve une belle mort;
Prends-en l'occasion, puisqu'elle t'est offerte;
Fais devoir à ton roi son salut à ta perte.
Mais reviens-en plutôt les palmes sur le front :
Ne borne pas ta gloire à venger un affront;
Porte la plus avant; force par ta vaillance
La justice au pardon, et Chimène au silence.
Si tu l'aimes, apprends que revenir vainqueur
C'est l'unique moyen de regagner son cœur.

Mais le temps est trop cher pour le perdre en paroles;
Je t'arrête en discours, et je veux que tu voles :
Viens, suis-moi; va combattre, et montrer à ton roi
Que ce qu'il perd au comte il le recouvre en toi.

FIN DU TROISIÈME ACTE.

ACTE QUATRIÈME.

SCÈNE I.

CHIMÈNE, ELVIRE.

CHIMÈNE.

N'est-ce point un faux bruit ? Le sais-tu bien, Elvire ?
ELVIRE.
Vous ne croiriez jamais comme chacun l'admire,
Et porte jusqu'au ciel, d'une commune voix,
De ce jeune héros les glorieux exploits.
Les Maures devant lui n'ont paru qu'à leur honte;
Leur abord fut bien prompt, leur fuite encor plus prompte :
Trois heures de combat laissent à nos guerriers
Une victoire entière, et deux rois prisonniers :
La valeur de leur chef ne trouvoit point d'obstacles.
CHIMÈNE.
Et la main de Rodrigue a fait tous ces miracles !
ELVIRE.
De ses nobles efforts ces deux rois sont le prix ;
Sa main les a vaincus, et sa main les a pris.
CHIMÈNE.
De qui peux-tu savoir ces nouvelles étranges ?

ELVIRE.
Du peuple, qui partout fait sonner ses louanges,
Le nomme de sa joie et l'objet et l'auteur,
Son ange tutélaire, et son libérateur.

CHIMÈNE.
Et le roi, de quel œil voit-il tant de vaillance?

ELVIRE.
Rodrigue n'ose encor paroître en sa présence;
Mais don Diègue ravi lui présente enchaînés,
Au nom de ce vainqueur, ces captifs couronnés,
Et demande pour grace à ce généreux prince
Qu'il daigne voir la main qui sauve la province.

CHIMÈNE.
Mais n'est-il point blessé?

ELVIRE.
          Je n'en ai rien appris.
Vous changez de couleur! reprenez vos esprits.

CHIMÈNE.
Reprenons donc aussi ma colère affoiblie:
Pour avoir soin de lui, faut-il que je m'oublie?
On le vante, on le loue, et mon cœur y consent!
Mon honneur est muet, mon devoir impuissant!
Silence, mon amour! laisse agir ma colère:
S'il a vaincu deux rois, il a tué mon père;
Ces tristes vêtements où je lis mon malheur
Sont les premiers effets qu'ait produits sa valeur;
Et, quoi qu'on dise ailleurs d'un cœur si magnanime,
Ici tous les objets me parlent de son crime.

Vous, qui rendez la force à mes ressentiments,
Voiles, crêpes, habits, lugubres ornements,
Pompe que me prescrit sa première victoire,
Contre ma passion soutenez bien ma gloire;
Et, lorsque mon amour prendra trop de pouvoir,
Parlez à mon esprit de mon triste devoir;
Attaquez, sans rien craindre, une main triomphante.
ELVIRE.
Modérez ces transports, voici venir l'Infante.

SCÈNE II.

L'INFANTE, CHIMÈNE, LÉONOR, ELVIRE.

L'INFANTE.
Je ne viens pas ici consoler tes douleurs;
Je viens plutôt mêler mes soupirs à tes pleurs.
CHIMÈNE.
Prenez bien plutôt part à la commune joie,
Et goûtez le bonheur que le ciel vous envoie.
Madame, autre que moi n'a droit de soupirer :
Le péril dont Rodrigue a su nous retirer,
Et le salut public que vous rendent ses armes,
A moi seule aujourd'hui permet encor les larmes.
Il a sauvé la ville, il a servi son roi,
Et son bras valeureux n'est funeste qu'à moi.
L'INFANTE.
Ma Chimène, il est vrai qu'il a fait des merveilles.

ACTE IV, SCENE II.

CHIMÈNE.

Déja ce bruit fâcheux a frappé mes oreilles;
Et je l'entends partout publier hautement
Aussi brave guerrier que malheureux amant.

L'INFANTE.

Qu'a de fâcheux pour toi ce discours populaire?
Ce jeune Mars qu'on loue a su jadis te plaire :
Il possédoit ton ame, il vivoit sous tes lois;
Et vanter sa valeur, c'est honorer ton choix.

CHIMÈNE.

Chacun peut la vanter avec quelque justice;
Mais pour moi sa louange est un nouveau supplice :
On aigrit ma douleur en l'élevant si haut;
Je sens ce que je perds, quand je vois ce qu'il vaut.
Ah! cruels déplaisirs à l'esprit d'une amante!
Plus j'apprends son mérite, et plus mon feu s'augmente.
Cependant mon devoir est toujours le plus fort,
Et, malgré mon amour, va poursuivre sa mort.

L'INFANTE.

Hier ce devoir te mit en une haute estime;
L'effort que tu te fis parut si magnanime,
Si digne d'un grand cœur, que chacun à la cour
Admiroit ton courage, et plaignoit ton amour.
Mais croirois-tu l'avis d'une amitié fidèle?

CHIMÈNE.

Ne vous obéir pas me rendroit criminelle.

L'INFANTE.

Ce qui fut juste alors ne l'est plus aujourd'hui.

Rodrigue maintenant est notre unique appui,
L'espérance et l'amour d'un peuple qui l'adore,
Le soutien de Castille, et la terreur du Maure.
Ses faits nous ont rendu ce qu'ils nous ont ôté ;
Et ton père en lui seul se voit ressuscité ;
Et, si tu veux enfin qu'en deux mots je m'explique,
Tu poursuis en sa mort la ruine publique.
Quoi ! pour venger un père est-il jamais permis
De livrer sa patrie aux mains des ennemis?
Contre nous ta poursuite est-elle légitime?
Et, pour être punis, avons-nous part au crime?
Ce n'est pas qu'après tout tu doives épouser
Celui qu'un père mort t'obligeoit d'accuser ;
Je te voudrois moi-même en arracher l'envie :
Ote-lui ton amour, mais laisse-nous sa vie.

CHIMÈNE.

Ah! ce n'est pas à moi d'avoir tant de bonté ;
Le devoir qui m'aigrit n'a rien de limité.
Quoique pour ce vainqueur mon ame s'intéresse,
Quoiqu'un peuple l'adore, et qu'un roi le caresse,
Qu'il soit environné des plus vaillants guerriers,
J'irai sous mes cyprès accabler ses lauriers.

L'INFANTE.

C'est générosité, quand, pour venger un père,
Notre devoir attaque une tête si chère ;
Mais c'en est une encor d'un plus illustre rang,
Quand on donne au public les intérêts du sang.
Non, crois-moi, c'est assez que d'éteindre ta flamme ;

Il sera trop puni s'il n'est plus dans ton ame.
Que le bien du pays t'impose cette loi :
Aussi bien, que crois-tu que t'accorde le roi?
CHIMÈNE.
Il peut me refuser, mais je ne puis me taire.
L'INFANTE.
Pense bien, ma Chimène, à ce que tu veux faire.
Adieu. Tu pourras seule y songer à loisir.
CHIMÈNE.
Après mon père mort, je n'ai point à choisir.

SCÈNE III.
D. FERNAND, D. DIÈGUE, D. ARIAS, D. RODRIGUE, D. SANCHE.

D. FERNAND.
Généreux héritier d'une illustre famille
Qui fut toujours la gloire et l'appui de Castille,
Race de tant d'aïeux en valeur signalés,
Que l'essai de la tienne a sitôt égalés,
Pour te récompenser ma force est trop petite;
Et j'ai moins de pouvoir que tu n'as de mérite.
Le pays délivré d'un si rude ennemi,
Mon sceptre dans ma main par la tienne affermi,
Et les Maures défaits, avant qu'en ces alarmes
J'eusse pu donner ordre de repousser leurs armes,
Ne sont point des exploits qui laissent à ton roi

Le moyen ni l'espoir de s'acquitter vers toi.
Mais les deux rois captifs seront ta récompense;
Ils t'ont nommé tous deux leur Cid en ma présence:
Puisque Cid, en leur langue, est autant que seigneur,
Je ne t'envierai pas ce beau titre d'honneur.

    Sois désormais le Cid: qu'à ce grand nom tout cède;
Qu'il comble d'épouvante et Grenade et Tolède;
Et qu'il marque à tous ceux qui vivent sous mes lois,
Et ce que tu me vaux, et ce que je te dois.

D. RODRIGUE.

Que votre majesté, Sire, épargne ma honte :
D'un si foible service elle fait trop de compte,
Et me force à rougir devant un si grand roi
De mériter si peu l'honneur que j'en reçoi.
Je sais trop que je dois au bien de votre empire
Et le sang qui m'anime, et l'air que je respire;
Et, quand je les perdrai pour un si digne objet,
Je ferai seulement le devoir d'un sujet.

D. FERNAND.

Tous ceux que ce devoir à mon service engage
Ne s'en acquittent pas avec même courage;
Et, lorsque la valeur ne va point dans l'excès,
Elle ne produit pas de si rares succès.
Souffre donc qu'on te loue; et de cette victoire
Apprends-moi plus au long la véritable histoire.

D. RODRIGUE.

Sire, vous avez su qu'en ce danger pressant
Qui jeta dans la ville un effroi si puissant,

Une troupe d'amis chez mon père assemblée
Sollicita mon ame encor toute troublée.....
Mais, Sire, pardonnez à ma témérité,
Si j'osai l'employer sans votre autorité ;
Le péril approchoit ; leur brigade étoit prête ;
Me montrer à la cour, je hasardois ma tête ;
Et, s'il falloit la perdre, il m'étoit bien plus doux
De sortir de la vie en combattant pour vous.

D. FERNAND.

J'excuse ta chaleur à venger ton offense,
Et l'état défendu me parle en ta défense.
Crois que dorénavant Chimène a beau parler,
Je ne l'écoute plus que pour la consoler.
Mais poursuis.

D. RODRIGUE.

        Sous moi donc cette troupe s'avance,
Et porte sur le front une mâle assurance.
Nous partîmes cinq cents ; mais, par un prompt renfort,
Nous nous vîmes trois mille en arrivant au port :
Tant à nous voir marcher en si bon équipage
Les plus épouvantés reprenoient du courage !
J'en cache les deux tiers, aussitôt qu'arrivés,
Dans le fond des vaisseaux qui lors furent trouvés ;
Le reste, dont le nombre augmentoit à toute heure,
Brûlant d'impatience, autour de moi demeure ;
Se couche contre terre, et, sans faire aucun bruit,
Passe une bonne part d'une si belle nuit.
Par mon commandement la garde en fait de même,

Et, se tenant cachée, aide à mon stratagême;
Et je feins hardiment d'avoir reçu de vous
L'ordre qu'on me voit suivre et que je donne à tous.

   Cette obscure clarté qui tombe des étoiles
Enfin avec le flux nous fait voir trente voiles :
L'onde s'enfle dessous; et, d'un commun effort,
Les Maures et la mer montent jusques au port.
On les laisse passer : tout leur paroît tranquille;
Point de soldats au port, point aux murs de la ville.
Notre profond silence abusant les esprits,
Ils n'osent plus douter de nous avoir surpris;
Ils abordent sans peur, ils ancrent, ils descendent,
Et courent se livrer aux mains qui les attendent.
Nous nous levons alors, et tous en même temps
Poussons jusques au ciel mille cris éclatants.
Les nôtres à ces cris de nos vaisseaux répondent;
Ils paroissent, armés. Les Maures se confondent;
L'épouvante les prend à demi descendus;
Avant que de combattre ils s'estiment perdus.
Ils couroient au pillage, et rencontrent la guerre;
Nous les pressons sur l'eau, nous les pressons sur terre,
Et nous faisons courir des ruisseaux de leur sang,
Avant qu'aucun résiste, ou reprenne son rang.
Mais bientôt, malgré nous, leurs princes les rallient,
Leur courage renaît, et leurs terreurs s'oublient :
La honte de mourir sans avoir combattu
Arrête leur désordre, et leur rend la vertu.
Contre nous de pied ferme ils tirent leurs épées :

Des plus braves soldats les trames sont coupées ;
Et la terre, et le fleuve, et leur flotte, et le port,
Sont des champs de carnage où triomphe la mort.
 O combien d'actions, combien d'exploits célèbres
Sont demeurés sans gloire au milieu des ténèbres,
Où chacun, seul témoin des grands coups qu'il donnoit,
Ne pouvoit discerner où le sort inclinoit !
J'allois de tous côtés encourager les nôtres,
Faire avancer les uns, et soutenir les autres,
Ranger ceux qui venoient, les pousser à leur tour ;
Et ne l'ai pu savoir jusques au point du jour.
Mais enfin sa clarté montre notre avantage :
Le Maure voit sa perte, et perd soudain courage ;
En voyant un renfort qui nous vient secourir,
L'ardeur de vaincre cède à la peur de mourir.
Ils gagnent leurs vaisseaux, ils en coupent les câbles,
Poussent jusques aux cieux des cris épouvantables,
Font retraite en tumulte, et sans considérer
Si leurs rois avec eux peuvent se retirer.
Ainsi leur devoir cède à la frayeur plus forte ;
Le flux les apporta, le reflux les remporte,
Cependant que leurs rois engagés parmi nous,
Et quelque peu des leurs tout percés de nos coups,
Disputent vaillamment et vendent bien leur vie.
A se rendre moi-même en vain je les convie ;
Le cimeterre au poing ils ne m'écoutent pas :
Mais, voyant à leurs pieds tomber tous leurs soldats,
Et que seuls désormais en vain ils se défendent,

Ils demandent le chef : je me nomme, ils se rendent.
Je vous les envoyai tous deux en même temps;
Et le combat cessa, faute de combattants.
C'est de cette façon que, pour votre service...

SCÈNE IV.

D. FERNAND, D. DIÈGUE, D. RODRIGUE, D. ARIAS, D. SANCHE, D. ALONSE.

D. ALONSE.
Sire, Chimène vient vous demander justice.
D. FERNAND.
La fâcheuse nouvelle, et l'importun devoir !
Va, je ne la veux pas obliger à te voir :
Pour tous remerciements il faut que je te chasse;
Mais avant que sortir, viens, que ton roi t'embrasse.

(D. Rodrigue rentre.)

D. DIÈGUE.
Chimène le poursuit, et voudroit le sauver.
D. FERNAND.
On m'a dit qu'elle l'aime, et je vais l'éprouver.
Montrez un œil plus triste.

SCÈNE V.

D. FERNAND, D. DIÈGUE, D. ARIAS,
D. SANCHE, D. ALONSE, CHIMÈNE,
ELVIRE.

D. FERNAND.

Enfin, soyez contente,
Chimène; le succès répond à votre attente.
Si de nos ennemis Rodrigue a le dessus,
Il est mort à nos yeux des coups qu'il a reçus;
Rendez graces au ciel qui vous en a vengée.
(à Don Diègue.)
Voyez comme déja sa couleur est changée.

D. DIÈGUE.

Mais voyez qu'elle pâme, et d'un amour parfait,
Dans cette pâmoison, Sire, admirez l'effet.
Sa douleur a trahi les secrets de son ame,
Et ne vous permet plus de douter de sa flamme.

CHIMÈNE.

Quoi! Rodrigue est donc mort?

D. FERNAND.

Non, non, il voit le jour,
Et te conserve encore un immuable amour.
Calme cette douleur qui pour lui s'intéresse.

CHIMÈNE.

Sire, on pâme de joie ainsi que de tristesse;

Un excès de plaisir nous rend tout languissants,
Et quand il surprend l'ame, il accable les sens.

D. FERNAND.

Tu veux qu'en ta faveur nous croyions l'impossible;
Chimène, ta douleur a paru trop visible.

CHIMÈNE.

Hé bien! Sire, ajoutez ce comble à mon malheur,
Nommez ma pâmoison l'effet de ma douleur :
Un juste déplaisir à ce point m'a réduite;
Son trépas déroboit sa tête à ma poursuite.
S'il meurt des coups reçus pour le bien du pays,
Ma vengeance est perdue, et mes desseins trahis.
Une si belle fin m'est trop injurieuse :
Je demande sa mort, mais non pas glorieuse,
Non pas dans un éclat qui l'élève si haut,
Non pas au lit d'honneur, mais sur un échafaud.
Qu'il meure pour mon père, et non pour la patrie;
Que son nom soit taché, sa mémoire flétrie :
Mourir pour le pays n'est pas un triste sort;
C'est s'immortaliser par une belle mort.
J'aime donc sa victoire, et je le puis sans crime;
Elle assure l'état, et me rend ma victime,
Mais noble, mais fameuse entre tous les guerriers,
Le chef, au lieu de fleurs, couronné de lauriers,
Et, pour dire en un mot ce que j'en considère,
Digne d'être immolée aux mânes de mon père.
  Hélas! à quel espoir me laissé-je emporter?
Rodrigue de ma part n'a rien à redouter.

ACTE IV, SCENE V.

Que pourroient contre lui des larmes qu'on méprise?
Pour lui tout votre empire est un lieu de franchise;
Là, sous votre pouvoir, tout lui devient permis;
Il triomphe de moi comme des ennemis;
Dans leur sang répandu la justice étouffée
Au crime du vainqueur sert d'un nouveau trophée;
Nous en croissons la pompe; et le mépris des lois
Nous fait suivre son char au milieu de deux rois.

D. FERNAND.

Ma fille, ces transports ont trop de violence:
Quand on rend la justice, on met tout en balance.
On a tué ton père; il étoit l'agresseur;
Et la même équité m'ordonne la douceur.
Avant que d'accuser ce que j'en fais paroître,
Consulte bien ton cœur; Rodrigue en est le maître;
Et ta flamme, en secret, rend graces à ton roi,
Dont la faveur conserve un tel amant pour toi.

CHIMÈNE.

Pour moi, mon ennemi! l'objet de ma colère!
L'auteur de mes malheurs! l'assassin de mon père!
De ma juste poursuite on fait si peu de cas,
Qu'on me croit obliger en ne m'écoutant pas!
  Puisque vous refusez la justice à mes larmes,
Sire, permettez-moi de recourir aux armes;
C'est par là seulement qu'il a su m'outrager,
Et c'est aussi par là que je me dois venger.
A tous vos chevaliers je demande sa tête;
Oui, qu'un d'eux me l'apporte, et je suis sa conquête;

Qu'ils le combattent, Sire; et, le combat fini,
J'épouse le vainqueur, si Rodrigue est puni.
Sous votre autorité souffrez qu'on le publie.

D. FERNAND.

Cette vieille coutume en ces lieux établie,
Sous couleur de punir un injuste attentat,
Des meilleurs combattants affoiblit un état.
Souvent de cet abus le succès déplorable
Opprime l'innocent, et soutient le coupable :
J'en dispense Rodrigue; il m'est trop précieux
Pour l'exposer aux coups d'un sort capricieux;
Et, quoi qu'ait pu commettre un cœur si magnanime,
Les Maures en fuyant ont emporté son crime.

D. DIÈGUE.

Quoi, Sire! pour lui seul, vous renversez des lois
Qu'a vu toute la cour observer tant de fois?
Que croira votre peuple, et que dira l'envie,
Si, sous votre défense, il ménage sa vie,
Et s'en fait un prétexte à ne paroître pas
Où tous les gens d'honneur cherchent un beau trépas?
De pareilles faveurs terniroient trop sa gloire :
Qu'il goûte sans rougir les fruits de sa victoire.
Le comte eut de l'audace, il l'en a su punir;
Il l'a fait en brave homme, et le doit soutenir.

D. FERNAND.

Puisque vous le voulez, j'accorde qu'il le fasse.
Mais d'un guerrier vaincu mille prendroient la place;
Et le prix que Chimène au vainqueur a promis

De tous mes chevaliers feroit ses ennemis.
L'opposer seul à tous seroit trop d'injustice;
Il suffit qu'une fois il entre dans la lice.
 Choisis qui tu voudras, Chimène, et choisis bien:
Mais après ce combat ne demande plus rien.

D. DIÈGUE.

N'excusez point par là ceux que son bras étonne;
Laissez un champ ouvert où n'entrera personne.
Après ce que Rodrigue a fait voir aujourd'hui,
Quel courage assez vain s'oseroit prendre à lui?
Qui se hasarderoit contre un tel adversaire?
Qui seroit ce vaillant, ou bien ce téméraire?

D. SANCHE.

Faites ouvrir le champ, vous voyez l'assaillant;
Je suis ce téméraire, ou plutôt ce vaillant.

(à Chimène.)

Accordez cette grace à l'ardeur qui me presse,
Madame; vous savez quelle est votre promesse.

D. FERNAND.

Chimène, remets-tu ta querelle en sa main?

CHIMÈNE.

Sire, je l'ai promis.

D. FERNAND.

 Soyez prêt à demain.

D. DIÈGUE.

Non, Sire, il ne faut pas différer davantage;
On est toujours tout prêt quand on a du courage.

D. FERNAND.
Sortir d'une bataille, et combattre à l'instant !
D. DIÈGUE.
Rodrigue a pris haleine en vous la racontant.
D. FERNAND.
Du moins une heure ou deux je veux qu'il se délasse.
Mais, de peur qu'en exemple un tel combat ne passe,
Pour témoigner à tous qu'à regret je permets
Un sanglant procédé qui ne me plut jamais,
De moi ni de ma cour il n'aura la présence.

(à D. Arias.)

Vous seul des combattants jugerez la vaillance :
Ayez soin que tous deux fassent en gens de cœur ;
Et, le combat fini, m'amenez le vainqueur.
Quel qu'il soit, même prix est acquis à sa peine ;
Je le veux de ma main présenter à Chimène,
Et que, pour récompense, il reçoive sa foi.
CHIMÈNE.
Quoi, Sire ! m'imposer une si dure loi !
D. FERNAND.
Tu t'en plains ; mais ton feu, loin d'avouer ta plainte,
Si Rodrigue est vainqueur, l'accepte sans contrainte.
Cesse de murmurer contre un arrêt si doux :
Qui que ce soit des deux, j'en ferai ton époux.

FIN DU QUATRIÈME ACTE.

ACTE CINQUIÈME.

SCÈNE I.

D. RODRIGUE, CHIMÈNE.

CHIMÈNE.

Quoi! Rodrigue, en plein jour! D'où te viens cette audace?
Va, tu me perds d'honneur; retire-toi, de grace.

D. RODRIGUE.

Je vais mourir, madame, et vous viens en ce lieu,
Avant le coup mortel, dire un dernier adieu.
Cet immuable amour qui sous vos lois m'engage
N'ose accepter ma mort sans vous en faire hommage.

CHIMÈNE.

Tu vas mourir!

D. RODRIGUE.

Je cours à ces heureux moments
Qui vont livrer ma vie à vos ressentiments.

CHIMÈNE.

Tu vas mourir! Don Sanche est-il si redoutable
Qu'il donne l'épouvante à ce cœur indomptable?
Qui t'a rendu si foible? ou qui le rend si fort?

Rodrigue va combattre, et se croit déja mort!
Celui qui n'a pas craint les Maures ni mon père
Va combattre don Sanche, et déja désespère!
Ainsi donc au besoin ton courage s'abat!

D. RODRIGUE.

Je cours à mon supplice, et non pas au combat;
Et ma fidèle ardeur sait bien m'ôter l'envie,
Quand vous cherchez ma mort, de défendre ma vie.
　J'ai toujours même cœur; mais je n'ai point de bras
Quand il faut conserver ce qui ne vous plaît pas;
Et déja cette nuit m'auroit été mortelle,
Si j'eusse combattu pour ma seule querelle.
Mais, défendant mon roi, son peuple, et mon pays,
A me défendre mal je les aurois trahis.
Mon esprit généreux ne hait pas tant la vie
Qu'il en veuille sortir par une perfidie.
Maintenant qu'il s'agit de mon seul intérêt,
Vous demandez ma mort, j'en accepte l'arrêt.
Votre ressentiment choisit la main d'un autre,
Je ne méritois pas de mourir de la vôtre :
On ne me verra point en repousser les coups;
Je dois plus de respect à qui combat pour vous;
Et, ravi de penser que c'est de vous qu'ils viennent,
Puisque c'est votre honneur que ses armes soutiennent,
Je vais lui présenter mon estomac ouvert,
Adorant en sa main la vôtre qui me perd.

CHIMÈNE.

Si d'un triste devoir la juste violence,

Qui me fait, malgré moi, poursuivre ta vaillance,
Prescrit à ton amour une si forte loi
Qui te rend sans défense à qui combat pour moi,
En cet aveuglement ne perds pas la mémoire
Qu'ainsi que de ta vie il y va de ta gloire,
Et que, dans quelque éclat que Rodrigue ait vécu,
Quand on le saura mort on le croira vaincu.

L'honneur te fut plus cher que je ne te suis chère,
Puisqu'il trempa tes mains dans le sang de mon père,
Et te fit renoncer, malgré ta passion,
A l'espoir le plus doux de ma possession.
Je t'en vois cependant faire si peu de compte,
Que, sans rendre combat, tu veux qu'on te surmonte!
Quelle inégalité ravale ta vertu?
Pourquoi ne l'as-tu plus? ou pourquoi l'avois-tu?
Quoi! n'es-tu généreux que pour me faire outrage?
S'il ne faut m'offenser, n'as-tu point de courage?
Et traites-tu mon père avec tant de rigueur,
Qu'après l'avoir vaincu tu souffres un vainqueur?
Va, sans vouloir mourir, laisse-moi te poursuivre,
Et défends ton honneur, si tu ne veux plus vivre.

D. RODRIGUE.

Après la mort du comte et les Maures défaits,
Faudroit-il à ma gloire encor d'autres effets?
Elle peut dédaigner le soin de me défendre;
On sait que mon courage ose tout entreprendre,
Que ma valeur peut tout, et que dessous les cieux
Auprès de mon honneur rien ne m'est précieux.

Non, non, en ce combat, quoi que vous vouliez croire,
Rodrigue peut mourir sans hasarder sa gloire,
Sans qu'on l'ose accuser d'avoir manqué de cœur,
Sans passer pour vaincu, sans souffrir un vainqueur.
On dira seulement : « Il adoroit Chimène ;
Il n'a pas voulu vivre et mériter sa haine ;
Il a cédé lui-même à la rigueur du sort
Qui forçoit sa maîtresse à poursuivre sa mort :
Elle vouloit sa tête ; et son cœur magnanime,
S'il l'en eût refusée, eût pensé faire un crime.
Pour venger son honneur il perdit son amour,
Pour venger sa maîtresse il a quitté le jour,
Préférant, quelque espoir qu'eût son ame asservie,
Son honneur à Chimène, et Chimène à sa vie. »
Ainsi donc vous verrez ma mort, en ce combat,
Loin d'obscurcir ma gloire, en rehausser l'éclat ;
Et cet honneur suivra mon trépas volontaire,
Que tout autre que moi n'eût pu vous satisfaire.

CHIMÈNE.

Puisque, pour t'empêcher de courir au trépas,
Ta vie et ton honneur sont de foibles appas,
Si jamais je t'aimai, cher Rodrigue, en revanche,
Défends-toi maintenant, pour m'ôter à don Sanche ;
Combats pour m'affranchir d'une condition
Qui me livre à l'objet de mon aversion.
Te dirai-je encor plus ? va, songe à ta défense,
Pour forcer mon devoir, pour m'imposer silence ;
Et, si tu sens pour moi ton cœur encor épris,

Sors vainqueur d'un combat dont Chimène est le prix.
Adieu. Ce mot lâché me fait rougir de honte.

SCÈNE II.

D. RODRIGUE.

Est-il quelque ennemi qu'à présent je ne dompte?
Paroissez, Navarrois, Maures, et Castillans,
Et tout ce que l'Espagne a nourri de vaillants;
Unissez-vous ensemble, et faites une armée
Pour combattre une main de la sorte animée :
Joignez tous vos efforts contre un espoir si doux;
Pour en venir à bout c'est trop peu que de vous.

SCÈNE III.

L'INFANTE.

T'écouterai-je encor, respect de ma naissance,
    Qui fais un crime de mes feux?
T'écouterai-je, amour, dont la douce puissance
Contre ce fier tyran fait révolter mes vœux?
    Pauvre princesse, auquel des deux
    Dois-tu prêter obéissance?
Rodrigue, ta valeur te rend digne de moi;
Mais pour être vaillant, tu n'es pas fils de roi.

Impitoyable sort, dont la rigueur sépare
 Ma gloire d'avec mes desirs!
Est-il dit que le choix d'une vertu si rare
Coûte à ma passion de si grands déplaisirs!
  Oh, ciel! à combien de soupirs
  Faut-il que mon cœur se prépare,
Si jamais il n'obtient, sur un si long tourment,
Ni d'éteindre l'amour, ni d'accepter l'amant?

Mais c'est trop de scrupule; et ma raison s'étonne
  Du mépris d'un si digne choix :
Bien qu'aux monarques seuls ma naissance me donne,
Rodrigue, avec honneur, je vivrai sous tes lois.
  Après avoir vaincu deux rois,
  Pourrois-tu manquer de couronne?
Et ce grand nom de Cid, que tu viens de gagner,
Ne fait-il pas trop voir sur qui tu dois régner?

Il est digne de moi, mais il est à Chimène;
 Le don que j'en ai fait me nuit.
Entre eux la mort d'un père a si peu mis de haine,
Que le devoir du sang à regret le poursuit :
  Ainsi n'espérons aucun fruit
  De son crime ni de ma peine,
Puisque, pour me punir, le destin a permis
Que l'amour dure même entre deux ennemis.

SCÈNE IV.
L'INFANTE, LÉONOR.

L'INFANTE.

Où viens-tu, Léonor?

LÉONOR.

          Vous applaudir, madame,
Sur le repos qu'enfin a retrouvé votre ame.

L'INFANTE.

D'où viendroit ce repos dans un comble d'ennui?

LÉONOR.

Si l'amour vit d'espoir, et s'il meurt avec lui,
Rodrigue ne peut plus charmer votre courage :
Vous savez le combat où Chimène l'engage;
Puisqu'il faut qu'il y meure, ou qu'il soit son mari,
Votre espérance est morte, et votre esprit guéri.

L'INFANTE.

Ah! qu'il s'en faut encor!

LÉONOR.

          Que pouvez-vous prétendre?

L'INFANTE.

Mais plutôt quel espoir me pourrois-tu défendre?
Si Rodrigue combat sous ces conditions,
Pour en rompre l'effet j'ai trop d'inventions;
L'amour, ce doux auteur de mes cruels supplices,
Aux esprits des amants apprend trop d'artifices.

LÉONOR.

Pourrez-vous quelque chose après qu'un père mort
N'a pu dans leurs esprits allumer de discord?
Car Chimène aisément montre par sa conduite
Que la haine aujourd'hui ne fait pas sa poursuite.
Elle obtient un combat, et pour son combattant
C'est le premier offert qu'elle accepte à l'instant.
Elle n'a point recours à ces mains généreuses
Que tant d'exploits fameux rendent si glorieuses;
Don Sanche lui suffit, et mérite son choix
Parce qu'il va s'armer pour la première fois.
Elle aime en ce duel son peu d'expérience;
Comme il est sans renom, elle est sans défiance :
Un tel choix, et si prompt, vous doit bien faire voir
Qu'elle cherche un combat qui force son devoir,
Qui livre à son Rodrigue une victoire aisée,
Et l'autorise enfin à paroître apaisée.

L'INFANTE.

Je le remarque assez; et toutefois mon cœur,
A l'envi de Chimène, adore ce vainqueur.
A quoi me résoudrai-je, amante infortunée?

LÉONOR.

A vous mieux souvenir de qui vous êtes née;
Le ciel vous doit un roi, vous aimez un sujet.

L'INFANTE.

Mon inclination a bien changé d'objet.
Je n'aime plus Rodrigue un simple gentilhomme;
Non, ce n'est plus ainsi que mon amour le nomme :

Si j'aime, c'est l'auteur de tant de beaux exploits,
C'est le valeureux Cid, le maître de deux rois.

    Je me vaincrai pourtant, non de peur d'aucun blâme,
Mais pour ne troubler pas une si belle flamme;
Et quand, pour m'obliger, on l'auroit couronné,
Je ne veux point reprendre un bien que j'ai donné.
Puisqu'en un tel combat sa victoire est certaine,
Allons encore un coup le donner à Chimène.
Et toi, qui vois les traits dont mon cœur est percé,
Viens me voir achever comme j'ai commencé.

SCÈNE V.

CHIMÈNE, ELVIRE.

CHIMÈNE.

Elvire, que je souffre! et que je suis à plaindre!
Je ne sais qu'espérer; et je vois tout à craindre.
Aucun vœu ne m'échappe où j'ose consentir;
Je ne souhaite rien sans un prompt repentir :
A deux rivaux pour moi je fais prendre les armes;
Le plus heureux succès me coûtera des larmes;
Et, quoi qu'en ma faveur en ordonne le sort,
Mon père est sans vengeance, ou mon amant est mort.

ELVIRE.

D'un et d'autre côté je vous vois soulagée :
Ou vous avez Rodrigue, ou vous êtes vengée;
Et quoi que le destin puisse ordonner de vous,

Il soutient votre gloire, et vous donne un époux.
CHIMÈNE.
Quoi! l'objet de ma haine, ou bien de ma colère!
L'assassin de Rodrigue, ou celui de mon père!
De tous les deux côtés on me donne un mari
Encor tout teint du sang que j'ai le plus chéri.
De tous les deux côtés mon ame se rebelle;
Je crains plus que la mort la fin de ma querelle:
Allez, vengeance, amour, qui troublez mes esprits,
Vous n'avez point pour moi de douceurs à ce prix.
Et toi, puissant moteur du destin qui m'outrage,
Termine ce combat sans aucun avantage,
Sans faire aucun des deux ni vaincu, ni vainqueur.
ELVIRE.
Ce seroit vous traiter avec trop de rigueur.
Ce combat pour votre ame est un nouveau supplice,
S'il vous laisse obligée à demander justice,
A témoigner toujours ce haut ressentiment,
Et poursuivre toujours la mort de votre amant.
Madame, il vaut bien mieux que sa rare vaillance,
Lui couronnant le front, vous impose silence,
Que la loi du combat étouffe vos soupirs,
Et que le roi vous force à suivre vos desirs.
CHIMÈNE.
Quand il sera vainqueur, crois-tu que je me rende?
Mon devoir est trop fort, et ma perte trop grande;
Et ce n'est pas assez, pour leur faire la loi,
Que celle du combat, et le vouloir du roi.

ACTE V, SCENE V.

Il peut vaincre don Sanche avec fort peu de peine,
Mais non pas avec lui la gloire de Chimène;
Et, quoi qu'à sa victoire un monarque ait promis,
Mon honneur lui fera mille autres ennemis.

ELVIRE.

Gardez, pour vous punir de cet orgueil étrange,
Que le ciel à la fin ne souffre qu'on vous venge.
Quoi! vous voulez encor refuser le bonheur
De pouvoir maintenant vous taire avec honneur!
Que prétend ce devoir? et qu'est-ce qu'il espère?
La mort de votre amant vous rendra-t-elle un père?
Est-ce trop peu pour vous que d'un coup de malheur?
Faut-il perte sur perte, et douleur sur douleur?
Allez, dans le caprice où votre humeur s'obstine,
Vous ne méritez pas l'amant qu'on vous destine;
Et nous verrons du ciel l'équitable courroux
Vous laisser par sa mort don Sanche pour époux.

CHIMÈNE.

Elvire, c'est assez des peines que j'endure;
Ne les redouble point par ce funeste augure.
Je veux, si je le puis, les éviter tous deux,
Sinon en ce combat Rodrigue a tous mes vœux.
Non qu'une folle ardeur de son côté me penche;
Mais, s'il étoit vaincu, je serois à don Sanche:
Cette appréhension fait naître mon souhait...
Que vois-je? malheureuse! Elvire, c'en est fait.

SCÈNE VI.

D. SANCHE, CHIMÈNE, ELVIRE.

D. SANCHE.
Madame, à vos genoux j'apporte cette épée...
CHIMÈNE.
Quoi! du sang de Rodrigue encor toute trempée!
Perfide, oses-tu bien te montrer à mes yeux,
Après m'avoir ôté ce que j'aimois le mieux?
Éclate, mon amour, tu n'as plus rien à craindre;
Mon père est satisfait, cesse de te contraindre.
Un même coup a mis ma gloire en sûreté,
Mon ame au désespoir, ma flamme en liberté.
D. SANCHE.
D'un esprit plus rassis...
CHIMÈNE.
                    Tu me parles encore,
Exécrable assassin du héros que j'adore!
Va, tu l'as pris en traître, un guerrier si vaillant
N'eût jamais succombé sous un tel assaillant.
N'espère rien de moi, tu ne m'as point servie;
En croyant me venger, tu m'as ôté la vie.
D. SANCHE.
Étrange impression, qui, loin de m'écouter...
CHIMÈNE.
Veux-tu que de sa mort je t'écoute vanter,

Que j'entende à loisir avec quelle insolence
Tu peindras son malheur, mon crime, et ta vaillance?

SCÈNE VII.

D. FERNAND, D. DIÈGUE, D. ARIAS, D. SANCHE, D. ALONSE, CHIMÈNE, ELVIRE.

CHIMÈNE.

Sire, il n'est plus besoin de vous dissimuler
Ce que tous mes efforts ne vous ont pu celer.
J'aimois, vous l'avez su; mais, pour venger mon père,
J'ai bien voulu proscrire une tête si chère :
Votre majesté, Sire, elle-même a pu voir
Comme j'ai fait céder mon amour au devoir.
Enfin Rodrigue est mort, et sa mort m'a changée,
D'implacable ennemie en amante affligée :
J'ai dû cette vengeance à qui m'a mise au jour,
Et je dois maintenant ces pleurs à mon amour.
Don Sanche m'a perdue en prenant ma défense,
Et du bras qui me perd je suis la récompense !
Sire, si la pitié peut émouvoir un roi,
De grace révoquez une si dure loi.
Pour prix d'une victoire où je perds ce que j'aime,
Je lui laisse mon bien; qu'il me laisse à moi-même;
Qu'en un cloître sacré je pleure incessamment
Jusqu'au dernier soupir mon père et mon amant.

D. DIÈGUE.

Enfin elle aime, Sire, et ne croit plus un crime
D'avouer par sa bouche un amour légitime.

D. FERNAND.

Chimène, sors d'erreur, ton amant n'est pas mort,
Et don Sanche vaincu t'a fait un faux rapport.

D. SANCHE.

Sire, un peu trop d'ardeur, malgré moi, l'a déçue;
Je venois du combat lui raconter l'issue.
Ce généreux guerrier dont son cœur est charmé,
« Ne crains rien, m'a-t-il dit, quand il m'a désarmé;
« Je laisserois plutôt la victoire incertaine
« Que de répandre un sang hasardé pour Chimène :
« Mais, puisque mon devoir m'appelle auprès du roi,
« Va de notre combat l'entretenir pour moi,
« De la part du vainqueur lui porter ton épée. »
 Sire, j'y suis venu : cet objet l'a trompée;
Elle m'a cru vainqueur me voyant de retour,
Et soudain sa colère a trahi son amour
Avec tant de transport et tant d'impatience,
Que je n'ai pu gagner un moment d'audience.
Pour moi, bien que vaincu, je me répute heureux;
Et, malgré l'intérêt de mon cœur amoureux,
Perdant infiniment, j'aime encor ma défaite,
Qui fait le beau succès d'une amour si parfaite.

D. FERNAND.

Ma fille, il ne faut pas rougir d'un si beau feu,
Ni chercher les moyens d'en faire un désaveu;

Une louable honte en vain te sollicite;
Ta gloire est dégagée, et ton devoir est quitte;
Ton père est satisfait; et c'étoit le venger,
Que mettre tant de fois ton Rodrigue en danger.
Tu vois comme le ciel autrement en dispose;
Ayant tant fait pour lui, fais pour toi quelque chose;
Et ne sois point rebelle à mon commandement,
Qui te donne un époux aimé si chèrement.

SCÈNE VIII.

D. FERNAND, D. DIÈGUE, D. ARIAS, D. RODRIGUE, D. ALONSE, D. SANCHE, L'INFANTE, CHIMÈNE, LÉONOR, ELVIRE.

L'INFANTE.

Sèche tes pleurs, Chimène, et reçois sans tristesse
Ce généreux vainqueur des mains de ta princesse.

D. RODRIGUE.

Ne vous offensez point, Sire, si devant vous
Un respect amoureux me jette à ses genoux.
Je ne viens point ici demander ma conquête,
Je viens tout de nouveau vous apporter ma tête,
Madame; mon amour n'emploiera point pour moi
Ni la loi du combat, ni le vouloir du roi.
Si tout ce qui s'est fait est trop peu pour un père,
Dites par quel moyen il vous faut satisfaire.
Faut-il combattre encor mille et mille rivaux,

Aux deux bouts de la terre étendre mes travaux,
Forcer moi seul un camp, mettre en fuite une armée,
Des héros fabuleux passer la renommée?
Si mon crime par là se peut enfin laver,
J'ose tout entreprendre, et puis tout achever.
Mais si ce fier honneur, toujours inexorable,
Ne se peut apaiser sans la mort du coupable,
N'armez plus contre moi le pouvoir des humains;
Ma tête est à vos pieds, vengez-vous par vos mains.
Vos mains seules ont droit de vaincre un invincible;
Prenez une vengeance à tout autre impossible.
Mais, du moins, que ma mort suffise à me punir :
Ne me bannissez point de votre souvenir;
Et, puisque mon trépas conserve votre gloire,
Pour vous en revancher conservez ma mémoire,
Et dites quelquefois, en déplorant mon sort :
« S'il ne m'avoit aimée, il ne seroit pas mort.

CHIMÈNE.

Relève-toi, Rodrigue. Il faut l'avouer, Sire,
Je vous en ai trop dit pour m'en pouvoir dédire :
Rodrigue a des vertus que je ne puis haïr;
Et quand un roi commande on lui doit obéir.
Mais, à quoi que déja vous m'ayez condamnée,
Pourrez-vous à vos yeux souffrir cet hyménée?
Et, quand de mon devoir vous voulez cet effort,
Toute votre justice en est-elle d'accord?
Si Rodrigue à l'état devient si nécessaire,
De ce qu'il fait pour vous dois-je être le salaire,

Et me livrer moi-même au reproche éternel
D'avoir trempé mes mains dans le sang paternel!

D. FERNAND.

Le temps assez souvent a rendu légitime
Ce qui sembloit d'abord ne se pouvoir sans crime.
Rodrigue t'a gagnée, et tu dois être à lui;
Mais, quoique sa valeur t'ait conquise aujourd'hui,
Il faudroit que je fusse ennemi de ta gloire,
Pour lui donner sitôt le prix de sa victoire.
Cet hymen différé ne rompt point une loi
Qui, sans marquer de temps, lui destine ta foi.
Prends un an, si tu veux, pour essuyer tes larmes.
    Rodrigue, cependant il faut prendre les armes.
Après avoir vaincu les Maures sur nos bords,
Renversé leurs desseins, repoussé leurs efforts,
Va jusqu'en leur pays leur reporter la guerre,
Commander mon armée et ravager leur terre.
A ce seul nom de Cid ils trembleront d'effroi;
Ils t'ont nommé seigneur, et te voudront pour roi.
Mais, parmi tes hauts faits, sois-lui toujours fidèle;
Reviens-en, s'il se peut, encor plus digne d'elle,
Et par tes grands exploits fais-toi si bien priser,
Qu'il lui soit glorieux alors de t'épouser.

D. RODRIGUE.

Pour posséder Chimène, et pour votre service,
Que peut-on m'ordonner que mon bras n'accomplisse?
Quoi qu'absent de ses yeux il me faille endurer,
Sire, ce m'est trop d'heur de pouvoir espérer.

LE CID.

D. FERNAND.

Espère en ton courage, espère en ma promesse;
Et, possédant déja le cœur de ta maîtresse,
Pour vaincre un point d'honneur qui combat contre toi,
Laisse faire le temps, ta vaillance, et ton roi.

FIN DU CID.

EXAMEN DU CID.

Ce poëme a tant d'avantages du côté du sujet et des pensées brillantes dont il est semé, que la plupart de ses auditeurs n'ont pas voulu voir les défauts de sa conduite, et ont laissé enlever leurs suffrages au plaisir que leur a donné sa représentation. Bien que ce soit celui de tous mes ouvrages réguliers où je me suis permis le plus de licence, il passe encore pour le plus beau auprès de ceux qui ne s'attachent pas à la dernière sévérité des règles; et, depuis 1636 qu'il tient sa place sur nos théâtres, l'histoire ni l'effort de l'imagination n'y ont rien fait voir qui en ait effacé l'éclat. Aussi a-t-il les deux grandes conditions que demande Aristote aux tragédies parfaites, et dont l'assemblage se rencontre si rarement chez les anciens et les modernes. Il les assemble même plus fortement et plus noblement que les espèces que pose ce philosophe.

Une maîtresse que son devoir force à poursuivre la mort de son amant, qu'elle tremble d'obtenir, a les passions plus vives et plus allumées que tout ce qui peut se passer entre un mari et sa femme, une mère et son fils, un frère et sa sœur; et la haute vertu, dans un naturel sensible à ces passions qu'elle dompte sans les affoiblir, et à qui elle laisse toute leur force pour en triompher plus glorieusement, a quelque chose de plus touchant, de plus élevé et de plus aimable, que cette médiocre bonté, capable d'une foiblesse, et même d'un crime, où nos anciens étoient contraints d'arrêter le caractère le plus parfait des rois et des princes dont ils faisoient leurs héros, afin que ces taches et ces forfaits, défigurant ce qu'ils leur laissoient de vertu, s'accommodassent au goût et aux souhaits de leurs spectateurs, et fortifiassent l'horreur qu'ils avoient conçue de leur domination et de la monarchie.

Rodrigue suit ici son devoir sans rien relâcher de sa passion : Chimène fait la même chose à son tour, sans laisser ébranler son dessein par la douleur où elle se voit abymée; et, si la présence de son amant lui fait faire quelque faux pas, c'est une glissade dont elle se relève à l'heure même; et non seulement elle connoît si bien sa faute qu'elle nous en avertit, mais elle fait un prompt désaveu de tout ce qu'une vue si chère lui a pu arracher. Il n'est point besoin qu'on lui reproche qu'il lui est honteux de souffrir l'entretien de son amant après qu'il a tué son père; elle avoue que c'est la seule prise que la médisance aura sur elle. Si elle s'emporte jusqu'à lui dire qu'elle veut bien qu'on sache qu'elle l'adore et le poursuit, ce n'est point une résolution si ferme qu'elle l'empêche de cacher son amour de tout son pouvoir lorsqu'elle est en la présence du roi. S'il lui échappe de l'encourager au combat contre don Sanche par ces paroles,

> Sors vainqueur d'un combat dont Chimène est le prix,

elle ne se contente pas de s'enfuir de honte au même moment; mais sitôt qu'elle est avec Elvire, à qui elle ne déguise rien de ce qui se passe dans son ame, et que la vue de ce cher objet ne lui fait plus de violence, elle forme un souhait plus raisonnable, qui satisfait sa vertu et son amour tout ensemble, et demande au ciel que le combat se termine

> Sans faire aucun des deux ni vaincu ni vainqueur.

Si elle ne dissimule point qu'elle penche du côté de Rodrigue, de peur d'être à don Sanche pour qui elle a de l'aversion, cela ne détruit point la protestation qu'elle a faite un peu auparavant, que, malgré la loi de ce combat et les promesses que le roi a faites à Rodrigue, elle lui fera mille autres ennemis s'il en sort victorieux. Ce grand éclat même qu'elle laisse faire à son amour après qu'elle le croit mort est suivi d'une opposition vigoureuse à l'exécution de cette loi qui la donne à son amant; et elle ne se tait qu'après que le roi l'a différée, et lui a laissé lieu d'espérer qu'avec le temps il y pourra survenir quelque obstacle. Je sais bien que le silence passe d'ordinaire pour une marque de consentement; mais, quand les rois parlent, c'en est une de contradiction. On ne manque jamais de leur applaudir quand on entre dans leurs sentiments; et le seul moyen de leur contredire avec le respect qui leur est dû, c'est de se taire quand leurs ordres ne sont pas si pressants qu'on ne puisse remettre à s'excuser de leur obéir lorsque le temps en sera venu, et conserver cependant une espérance légitime d'un empêchement qu'on ne peut encore déterminément prévoir.

Il est vrai que, dans ce sujet, il faut se contenter de tirer Rodrigue de péril, sans le pousser jusqu'à son mariage avec Chimène. Il est historique, et a plu en son temps; mais bien sûrement il déplairoit au nôtre; et j'ai peine à voir que Chimène y consente chez l'auteur espagnol, bien qu'il donne plus de trois ans de durée à la comédie qu'il en a faite. Pour ne pas contredire l'histoire, j'ai cru ne me pouvoir dispenser d'en jeter quelque idée, mais avec incertitude de l'effet; et ce n'étoit que par là que je pouvois accorder la bienséance du théâtre avec la vérité de l'évènement.

Les deux visites que Rodrigue fait à sa maîtresse ont quelque chose qui choque la bienséance de la part de celle qui les souffre. La rigueur du devoir vouloit qu'elle refusât de lui parler, et s'enfermât dans son cabinet, au lieu de l'écouter; mais, permettez-moi de dire avec un des premiers esprits de notre siècle « que leur conversation est remplie de si beaux

« sentiments que plusieurs n'ont pas connu ce dé-
« faut, et que ceux qui l'ont connu l'ont toléré. »
J'irai plus outre, et dirai que presque tous ont souhaité que ces entretiens se fissent ; et j'ai remarqué, aux premières représentations, que, lorsque ce malheureux amant se présentoit devant elle, il s'élevoit un certain frémissement dans l'assemblée, qui marquoit une curiosité merveilleuse et un redoublement d'attention pour ce qu'ils avoient à se dire dans un état si pitoyable. Aristote dit « qu'il y a des absurdités
« qu'il faut laisser dans un poëme, quand on peut
« espérer qu'elles seront bien reçues ; et il est du
« devoir du poète, en ce cas, de les couvrir de tant
« de brillants qu'elles puissent éblouir. » Je laisse au jugement de mes auditeurs si je me suis assez bien acquitté de ce devoir pour justifier par là ces deux scènes. Les pensées de la première des deux sont quelquefois trop spirituelles pour partir de personnes fort affligées : mais, outre que je n'ai fait que la paraphraser de l'espagnol, si nous ne nous permettions quelque chose de plus ingénieux que le cours ordinaire de la passion, nos poëmes ramperoient souvent, et les grandes douleurs ne mettroient dans la bouche de nos acteurs que des exclamations et des *hélas!* Pour ne déguiser rien, cette offre que fait Rodrigue de son épée à Chimène, et cette protestation de se laisser tuer par don Sanche, ne me plairoient pas maintenant. Ces beautés étoient de mise en ce temps-là, et ne le

seroient plus en celui-ci. La première est dans l'original espagnol, et l'autre est tirée sur ce modèle. Toutes les deux ont fait effet en ma faveur; mais je me ferois scrupule d'en étaler de pareilles à l'avenir sur notre théâtre.

J'ai dit ailleurs ma pensée touchant l'infante et le roi; il reste néanmoins quelque chose à examiner sur la manière dont ce dernier agit, qui ne paroît pas assez vigoureuse, en ce qu'il ne fait pas arrêter le comte après le soufflet donné, et n'envoie pas des gardes à don Diègue et à son fils. Sur quoi on peut considérer que don Fernand étant le premier roi de Castille, et ceux qui en avoient été les maîtres avant lui n'ayant eu titre que de comtes, il n'étoit peut-être pas assez absolu sur les grands seigneurs de son royaume pour le pouvoir faire. Chez don Guillem de Castro, qui a traité ce sujet avant moi, et qui devoit mieux connoître que moi quelle étoit l'autorité de ce premier monarque de son pays, le soufflet se donne en sa présence, et en celle de deux ministres d'état, qui lui conseillent, après que le comte s'est retiré fièrement et avec bravade, et que don Diègue a fait la même chose en soupirant, de ne le pousser point à bout, parce qu'il a quantité d'amis dans les Asturies qui se pourroient révolter, et prendre parti avec les Maures dont son état est environné. Ainsi il se résout d'accommoder l'affaire sans bruit, et recommande le secret à ces deux ministres, qui ont été seuls témoins de l'action. C'est sur cet exemple que je me suis cru bien fondé à le faire agir plus mollement qu'on ne feroit en ce temps-ci, où l'autorité royale est plus absolue. Je ne pense pas non plus qu'il fasse une faute bien grande de ne jeter point l'alarme de nuit dans sa ville, sur l'avis incertain qu'il a du dessein des Maures, puisqu'on faisoit bonne garde sur les murs et sur le port : mais il est inexcusable de n'y donner aucun ordre après leur arrivée, et de laisser tout faire à Rodrigue. La loi du combat qu'il propose à Chimène avant que de le permettre à don Sanche contre Rodrigue n'est pas si injuste que quelques-uns ont voulu le dire, parce qu'elle est plutôt une menace pour la faire dédire de la demande de ce combat, qu'un arrêt qu'il lui veuille faire exécuter. Cela paroît en ce qu'après la victoire de Rodrigue il n'en exige pas précisément l'effet de sa parole, et la laisse en état d'espérer que cette condition n'aura point de lieu.

Je ne puis dénier que la règle des vingt-quatre heures presse trop les incidents de cette pièce. La mort du comte et l'arrivée des Maures s'y pouvoient entre-suivre d'aussi près qu'elles le font, parce que cette arrivée est une surprise, qui n'a point de communication ni de mesure à prendre avec le reste, mais il n'en va pas ainsi du combat de don Sanche, dont le roi étoit le maître, et pouvoit lui choisir un autre temps que deux heures après la fuite des Maures. Leur défaite avoit assez fatigué Rodrigue toute la nuit pour mériter deux ou trois jours de repos; et même il y avoit quelque apparence qu'il n'en étoit pas échappé sans blessures, quoique je n'en aie rien dit, parce qu'elles n'auroient fait que nuire à la conclusion de l'action.

Cette même règle presse aussi trop Chimène de demander justice au roi la seconde fois. Elle l'avoit fait le soir d'auparavant, et n'avoit aucun sujet d'y retourner le lendemain matin pour importuner le roi, dont elle n'avoit encore aucun lieu de se plaindre, puisqu'elle ne pouvoit encore dire qu'il lui eût manqué de promesse. Le roman lui auroit donné sept ou huit jours de patience avant que de l'en presser de nouveau; mais les vingt-quatre heures ne l'ont pas permis. C'est l'incommodité de la règle. Passons à celle de l'unité de lieu, qui ne m'a pas moins donné de gêne en cette pièce.

Je l'ai placé dans Séville, bien que Fernand n'en ait jamais été le maître; et j'ai été obligé à cette falsification, pour former quelque vraisemblance à la descente des Maures, dont l'armée ne pouvoit venir si vite par terre que par eau. Je ne voudrois pas assurer toutefois que le flux de la mer monte effectivement jusque-là; mais, comme dans notre Seine il fait encore plus de chemin qu'il ne lui en faut faire sur le Guadalquivir pour battre les murailles de cette ville, cela peut suffire à fonder quelque probabilité parmi nous pour ceux qui n'ont point été sur le lieu même.

Cette arrivée des Maures ne laisse pas d'avoir le défaut que j'ai marqué ailleurs, qu'ils se présentent d'eux-mêmes, sans être appelés dans la pièce directement ni indirectement par aucun acteur du premier acte. Ils ont plus de justesse dans l'irrégularité de l'auteur espagnol. Rodrigue, n'osant plus se montrer à la cour, les va combattre sur la frontière : ainsi le premier acteur les va chercher, et leur donne place dans le poëme ; au contraire de ce qui arrive ici, où ils semblent se venir faire de fête exprès pour en être battus, et lui donner moyen de rendre à son roi un service d'importance qui lui fasse obtenir sa grace. C'est une seconde incommodité de la règle dans cette tragédie.

Tout s'y passe donc dans Séville, et garde ainsi quelque espèce d'unité de lieu en général ; mais le lieu particulier change de scène en scène ; et tantôt c'est le palais du roi, tantôt l'appartement de l'infante, tantôt la maison de Chimène, et tantôt une rue ou place publique. On le détermine aisément pour les scènes détachées ; mais pour celles qui ont leur liaison ensemble, comme les quatre dernières du premier acte, il est malaisé d'en choisir un qui convienne à toutes. Le comte et don Diègue se querellent au sortir du palais ; cela se peut passer dans une rue : mais, après le soufflet reçu, don Diègue ne peut pas demeurer en cette rue à faire ses plaintes, en attendant que son fils survienne, qu'il ne soit tout aussitôt environné du peuple, et ne reçoive l'offre de quelques amis. Ainsi il seroit plus à propos qu'il se plaignît dans sa maison, où le met l'Espagnol, pour laisser aller ses sentiments en liberté; mais, en ce cas, il faudroit délier les scènes comme il a fait. En l'état où elles sont ici, on peut dire qu'il faut quelquefois aider au théâtre, et suppléer favorablement ce qui ne s'y peut représenter. Deux personnes s'y arrêtent pour parler, et quelquefois il faut présumer qu'ils marchent; ce qu'on ne peut exposer sensiblement à la vue, parce qu'ils échapperoient aux yeux avant que d'avoir pu dire ce qu'il est nécessaire qu'ils fassent savoir à l'auditeur. Ainsi, par une fiction de théâtre, on peut s'imaginer que don Diègue et le comte, sortant du palais du roi, avancent toujours en se querellant, et sont arrivés devant la maison de ce premier lorsqu'il reçoit le soufflet qui l'oblige à y entrer pour y chercher du secours. Si cette fiction poétique ne vous satisfait point, laissons-le dans la place publique, et disons que le concours du peuple autour de lui après cette offense, et les offres de service que lui font les premiers amis qui s'y rencontrent, sont des circonstances que le roman ne doit pas oublier, mais que ces menues actions ne servant de rien à la principale, il n'est pas besoin que le poète s'en embarrasse sur la scène. Horace l'en dispense par ce vers :

Hoc amet, hoc spernat, promissi carminis auctor...
Pleraque differat.

Et ailleurs :

Semper ad eventum festinat.

C'est ce qui m'a fait négliger, au troisième acte, de donner à don Diègue, pour aide à chercher son fils, aucun des cinq cents amis qu'il avoit chez lui. Il y a grande apparence que quelques-uns d'eux l'y accompagnoient, et même que quelques autres le cherchoient pour lui d'un autre côté ; mais ces accompagnements inutiles de personnes qui n'ont rien à dire, puisque celui qu'ils accompagnent a seul tout l'intérêt à l'action ; ces sortes d'accompagnements, dis-je, ont toujours mauvaise grace au théâtre, et d'autant plus, que les comédiens n'emploient à ces personnages muets que leurs moucheurs de chandelles et leurs valets, qui ne savent quelle posture tenir.

Les funérailles du comte étoient encore une chose fort embarassante, soit qu'elles se soient faites avant la fin de la pièce, soit que le corps ait demeuré en présence dans son hôtel, en attendant qu'on y donnât ordre. Le moindre mot que j'en eusse laissé dire, pour en prendre soin, eût rompu toute la chaleur de l'attention, et rempli l'auditeur d'une fâcheuse idée. J'ai cru plus à propos de les dérober à son imagination par mon silence, aussi bien que le lieu précis de ces quatre scènes du premier acte dont je viens de parler ; et je m'assure que cet artifice m'a si bien réussi, que peu de personnes ont pris garde à l'un ni à l'autre, et que la plupart des spectateurs, laissant emporter leurs esprits à ce qu'ils ont vu et entendu de pathétique en ce poëme, ne se sont point avisés de réfléchir sur ces deux considérations.

J'achève par une remarque sur ce que dit Horace, que ce qu'on expose à la vue touche bien plus que ce qu'on n'apprend que par un récit.

C'est sur quoi je me suis fondé pour faire voir le soufflet que reçoit don Diègue, et cacher aux yeux la mort du comte, afin d'acquérir et de conserver à mon premier acteur l'amitié des auditeurs, si nécessaire pour réussir au théâtre. L'indignité d'un affront fait à un vieillard chargé d'années et de victoires les jette aisément dans le parti de l'offensé; et cette mort qu'on vient dire au roi tout simplement, sans aucune narration touchante, n'excite point en eux la commisération qu'y eût fait naître le spectacle de son sang, et ne leur donne aucune aversion pour ce malheureux amant, qu'ils ont vu forcé, par ce qu'il devoit à son honneur, d'en venir à cette extrémité, malgré l'intérêt et la tendresse de son amour.

FIN DE L'EXAMEN DU CID.

HORACE,

TRAGÉDIE EN CINQ ACTES.

1641.

PRÉFACE DE VOLTAIRE.

Si on reprocha à Corneille d'avoir pris dans des Espagnols les beautés les plus touchantes du *Cid*, on dut le louer d'avoir transporté sur la scène française, dans *les Horaces*, les morceaux les plus éloquents de Tite-Live, et même de les avoir embellis. On sait que, quand on le menaça d'une seconde critique sur la tragédie des *Horaces*, semblable à celle du *Cid*, il répondit : « Horace fut condamné par les duumvirs, mais il « fut absous par le peuple. » *Horace* n'est point encore une tragédie entièrement régulière, mais on y verra des beautés d'un genre supérieur.

ÉPITRE DÉDICATOIRE

A MONSEIGNEUR LE CARDINAL

DUC DE RICHELIEU.

Monseigneur,

Je n'aurois jamais eu la témérité de présenter à votre Éminence ce mauvais portrait d'Horace, si je n'eusse considéré qu'après tant de bienfaits que j'ai reçus d'elle le silence où mon respect m'a retenu jusqu'à présent passeroit pour ingratitude, et que, quelque juste défiance que j'aie de mon travail, je dois avoir encore plus de confiance en votre bonté. C'est d'elle que je tiens tout ce que je suis, et ce n'est pas sans rougir que, pour toute reconnoissance, je vous fais un présent si peu digne de vous, et si peu proportionné à ce que je vous dois. Mais dans cette confusion, qui m'est commune avec tous ceux qui écrivent, j'ai cet avantage, qu'on ne peut, sans quelque injustice, condamner mon choix, et que ce généreux Romain, que je mets aux pieds de votre Éminence, eût pu paroître devant elle avec moins de honte, si les forces de l'artisan eussent répondu à la dignité de la matière : j'en ai pour garant l'auteur dont je l'ai tirée, qui commence à décrire cette fameuse histoire par ce glorieux éloge, « qu'il n'y a presque aucune chose plus « noble dans toute l'antiquité. » Je voudrois que ce qu'il a dit de l'action se pût dire de la peinture que j'en ai faite, non pour en tirer plus de vanité, mais seulement pour vous offrir quelque chose un peu moins indigne de vous être offert. Le sujet étoit capable de plus de graces, s'il eût été traité d'une main plus savante; mais du moins il a reçu de la mienne toutes celles qu'elle étoit capable de lui donner, et qu'on pouvoit raisonnablement attendre d'une muse de province qui, n'étant pas assez heureuse pour jouir souvent des regards de votre Éminence, n'a pas les mêmes lumières à se conduire qu'ont celles qui en sont continuellement éclairées. Et certes, Monseigneur, ce changement visible qu'on remarque en mes ouvrages depuis que j'ai l'honneur d'être à votre Éminence, qu'est-ce autre chose qu'un effet des grandes idées qu'elle m'inspire quand elle daigne souffrir que je lui rende mes devoirs? et à quoi peut-on attribuer ce qui s'y mêle de mauvais, qu'aux teintures grossières que je reprends quand je demeure abandonné à ma propre foiblesse? Il faut, Monseigneur, que tous ceux qui donnent leurs veilles au théâtre publient hautement avec moi que nous vous avons deux obligations très-signalées : l'une, d'avoir ennobli le but de l'art; l'autre, de nous en avoir facilité les connoissances. Vous avez ennobli le but de l'art, puisqu'au lieu de celui de plaire au peuple, que nous prescrivent nos maîtres, et dont les deux plus honnêtes gens de leur siècle, Scipion et Lélie, ont autrefois protesté de se contenter, vous nous avez donné celui de vous plaire et de vous divertir; et qu'ainsi nous ne rendons pas un petit service à l'état, puisque, contribuant à vos divertissements, nous contribuons à l'entretien d'une santé qui lui est si précieuse et si nécessaire. Vous nous en avez facilité les connoissances, puisque nous n'avons plus besoin d'autre étude pour les acquérir que d'attacher nos yeux sur votre Éminence quand elle honore de sa présence et de son attention le récit de nos poëmes : c'est là que, lisant sur son visage ce qui lui plaît et ce qui ne lui plaît pas, nous nous instruisons avec certitude de ce qui est bon et de ce qui est mauvais, et tirons des règles infaillibles de ce qu'il faut suivre et de ce qu'il faut éviter; c'est là que j'ai souvent appris en deux heures ce que mes livres n'eussent pu m'apprendre en dix ans; c'est là que j'ai puisé ce qui m'a valu l'applaudissement du public, et c'est là qu'avec votre faveur j'espère puiser assez pour être un jour une œuvre digne de vos mains. Ne trouvez donc pas mauvais, Monseigneur, que, pour vous remercier de ce que j'ai de réputation, dont je vous suis entièrement redevable, j'emprunte quatre vers d'un autre Horace que celui que je vous présente, et que je vous exprime par eux les plus véritables sentiments de mon ame :

>Totum muneris hoc tui est,
>Quod monstror digito prætereuntium
> *Scenæ non levis artifex :*
>Quod spiro et placeo, si placeo, tuum est.

ÉPITRE.

Je n'ajouterai qu'une vérité à celle-ci en vous suppliant de croire que je suis et serai toute ma vie très-passionnément,

Monseigneur,

DE VOTRE ÉMINENCE

Le très-humble, très-obéissant
et très-fidèle serviteur,

P. Corneille.

EXTRAIT
DE TITE-LIVE,

IMPRIMÉ PAR CORNEILLE.

Titus Livius, lib. *primo*, cap. 23 *et seqq.*

Bellum utrinque summa ope parabatur, civili simillimum bello, prope inter parentes natosque, trojanam utramque prolem, cum Lavinium ab Troja, ab Lavinio Alba, ab Albanorum stirpe regum oriundi Romani essent. Eventus tamen belli minus miserabilem dimicationem fecit, quod nec acie certatum est, et tectis modo dirutis alterius urbis, duo populi in unum confusi sunt. Albani priores ingenti exercitu in agrum romanum impetum fecere: castra ab urbe haud plus quinque millia passuum locant, fossa circumdant. Fossa Cluilia ab nomine ducis per aliquot secula appellata est, donec cum re nomen quoque vetustate abolevit. In his castris Cluilius Albanus rex moritur. Dictatorem Albani Metium Suffetium creant. Interim Tullus ferox præcipue morte regis magnumque deorum numen ab ipso capite orsum, in omne nomen Albanum expetiturum pœnas ob bellum impium dictitans, nocte præteritis hostium castris, infesto exercitu in agrum Albanum pergit. Ea res ab stativis excivit Metium; is ducit exercitum, quam proximè ad hostem potest, inde legatum præmissum nunciare Tullo jubet, priusquam dimicent, opus esse colloquio : si secum congressus sit, satis scire ea se allaturum, quæ nihilominus ad rem Romanam, quam ad Albanam pertineant. Haud aspernatus Tullus, tametsi vana afferrentur, suos in aciem educit; exeunt contra et Albani. Postquam instructi utrinque stabant, cum paucis procerum in medium duces procedunt. Ibi infit Albanus : « Injurias, et non redditas res ex fœdere quæ repetitæ sunt, « et ego regem nostrum Cluilium causam hujusce esse belli « audisse videor; nec te dubito, Tulle, eadem præ te ferre. « Sed si vera potius quam dictu speciosa dicenda sunt, cu- « pido imperii duos cognatos vicinosque populos ad arma « stimulat; neque rectè an perperam interpretor, fuerit ista « ejus deliberatio qui bellum suscepit; me Albani gerendo « bello ducem creavere. Illud te, Tulle, monitum velim : « Etrusca res quanta circa nos teque maxime sit, quo pro- « pior es Volscis, hoc magis scis : multum illi terra, plu- « rimum mari pollent. Memor esto, jam cum signum pugnæ « dabis, has duas acies spectaculo fore, ut fessos confec- « tosque, simul victorem ac victum, aggrediantur. Itaque, si « nos dii amant, quoniam non contenti libertate certa, in « dubiam imperii servitiique aleam imus, ineamus aliquam « viam, qua utri utris imperent, sine magna clade, sine « multo sanguine utriusque populi decerni possit. » Haud displicet res Tullo, quamquam, tum indole animi, tum spe victoriæ, ferocior erat. Quærentibus utrinque ratio initur, cui et fortuna ipsa præbuit materiam.

Forte in duobus tum exercitibus erant tergemini fratres, nec ætate, nec viribus dispares. Horatios Curiatiosque fuisse satis constat, NEC FERME RES ANTIQUA ALIA EST NOBILIOR; tamen in re tam clara nominum error manet : utrius populi

Horatii, utrius Curiatii fuerint. Auctores utroque trahunt: plures tamen invenio, qui Romanos Horatios vocent : hos ut sequar, inclinat animus. Cum tergeminis agunt reges, ut pro sua quisque patria dimicet ferro; ibi imperium fore, unde victoria fuerit. Nihil recusatur; tempus et locus convenit. Priusquam dimicarent, fœdus ictum inter Romanos et Albanos est his legibus : Ut cujus populi cives eo certamine vicissent, is alteri populo cum bonâ pace imperitaret....

Fœdere icto, tergemini (sicut convenerat) arma capiunt. Cum sui utrosque adhortarentur, deos patrios, patriam ac parentes, quicquid civium domi, quicquid in exercitu sit, illorum tunc arma, illorum intueri manus, feroces et suopte ingenio, et pleni adhortantium vocibus, in medium inter duas acies procedunt. Consederant utrinque pro castris duo exercitus, periculi magis præsentis, quam curæ expertes : quippe imperium agebatur, in tam paucorum virtute atque fortuna positum. Itaque erecti suspensique in minime gratum spectaculum animo intenduntur. Datur signum; infestisque armis, velut acies, terni juvenes magnorum exercituum animos gerentes concurrunt. Nec his nec illis periculum suum, sed publicum imperium servitiumque obversatur animo, futuraque ea deinde patriæ fortuna, quam ipsi fecissent. Ut primo statim concursu increpuere arma, micantesque fulsere gladii, horror ingens spectantes perstringit, et neutro inclinata spe, torpebat vox spiritusque. Consertis deinde manibus, cum jam non motus tantum corporum, agitatioque anceps telorum armorumque, sed vulnera quoque et sanguis spectaculo essent, duo Romani, super alium alius, vulneratis tribus Albanis, expirantes corruerunt. Ad quorum casum cum clamasset gaudio Albanus exercitus, Romanas legiones jam spes tota, nondum tamen cura deseruerat, exanimes vice unius, quem tres Curiatii circumsteterant. Forte is integer fuit, ut universis solus nequaquam par, sic adversus singulos ferox. Ergo ut segregaret pugnam eorum, capescit fugam, ita ratus secuturos, ut quemque vulnere affectum corpus sineret. Jam aliquantum spatii ex eo loco, ubi pugnatum est, aufugerat, cum respiciens videt magnis intervallis, sequentes, unum haud procul ab sese abesse, in eum magno impetu rediit. Et dum Albanus exercitus inclamat Curiatiis, uti opem ferant fratri, jam Horatius cæso hoste victor secundam pugnam petebat. Tunc clamore (qualis ex insperato faventium solet) Romani adjuvant militem suum : et ille defungi prælio festinat. Prius itaque quam alter, qui nec procul aberat, consequi posset, et alterum Curiatium conficit. Jamque æquato Marte singuli supererant, sed nec spe, nec viribus pares : alterum intactum ferro corpus, et geminata victoria ferocem in certamen tertium dabant; alter fessum vulnere, fessum cursu trahens corpus, victusque fratrum ante se strage, victori objicitur hosti. Nec illud prælium fuit. Romanus exsultans : « Duos, *inquit*, fratrum manibus dedi, ter- « tium causæ belli hujusce, ut Romanus Albano imperet, « dabo. » Male sustinenti arma gladium superne jugulo defigit, jacentem spoliat. Romani ovantes ac gratulantes, Horatium accipiunt; eo majore cum gaudio, quo propius metum res fuerat. Ad sepulturam inde suorum nequaquam paribus animis vertuntur : quippe imperio alteri aucti, alteri ditionis alienæ facti. Sepulcra exstant; quo quisque loco cecidit : duo Romana uno loco propius Albam, tria Albana Romam versus : sed distancia locis, et ut pugnatum est.

Priusquam inde digrederentur, roganti Metio ex fœdere icto, quid imperaret, imperat Tullus, uti juventutem in armis habeat, usurum se eorum opera, si bellum cum Veientibus foret. Ita exercitus inde domos abducti. Princeps Horatius ibat tergemina spolia præ se gerens, cui soror virgo, quæ desponsata uni ex Curiatiis fuerat, obviam ante portam Capenam fuit ; cognitoque super humeros fratris paludamento sponsi, quod ipsa confecerat, solvit crines, et flebiliter nomine sponsum mortuum appellat. Movet feroci juveni animum comploratio sororis in victoria sua, tantoque gaudio publico. Stricto itaque gladio, simul verbis increpans, transfigit puellam. « Abi hinc cum immaturo amore « ad sponsum, *inquit,* oblita fratrum mortuorum, viviquc, « oblita patriæ. Sic eat, quæcumque Romana lugebit hos- « tem. » Atrox visum id facinus patribus, plebique, sed recens meritum facto obstabat : tamen raptus in jus ad regem. Rex, ne ipse tam tristis ingratique ad vulgus judicii, aut secundum judicium supplicii auctor esset, concilio populi advocato, « Duumviros, *inquit*, qui Horatio perduellionem « judicent secundum legem, facio. *Lex horrendi carminis* « *erat*, duumviri perduellionem judicent. Si a duumviris pro- « vocarit, provocatione certato : si vincent, caput obnubito, « infelici arbori reste suspendito, verberato, vel intra po- « mœrium, vel extra pomœrium. » Hac lege duumviri creati, qui se absolvere non rebantur ea lege ne innoxium quidem posse. Cum condemnassent, tum alter ex his, « P. Horati, « tibi perduellionem judico, *inquit :* I, lictor, colliga ma- « nus. » Accesserat lictor, injiciebatque laqueum : tum Horatius, auctore Tullo, clemente legis interprete : *Provoco*, inquit. Ita de provocatione certatum ad populum est. Moti homines sunt in eo judicio; maxime P. Horatio patre proclamante se filiam jure cæsam judicare : ni ita esset, patrio jure in filium animadversurum fuisse. Orabat deinde, ne se, quem paulo ante cum egregia stirpe conspexissent, orbum liberis facerent. Inter hæc, senex juvenem amplexus, spolia Curiatiorum fixa eo loco, qui nunc Pila Horatia appellatur, ostentans : « Hunccine, aiebat, quem modo decoratum, « ovantemque victoria, incedentem vidistis, Quirites, eum « sub furca vinctum inter verbera et cruciatus videre potestis? « quod vix Albanarum oculi tam deforme spectaculum ferre « possent. I, lictor, colliga manus, quæ paulo ante armatæ, « imperium populo Romano pepererunt. I, caput obnube li- « beratoris urbis hujus : arbori infelici suspende : verbera, « vel intra pomœrium, modo inter illa pila et spolia hos- « tium : vel extra pomœrium, modo inter sepulcra Curia- « tiorum. Quo enim ducere hunc juvenem potestis, ubi non « sua decora eum a tanta fœditate supplicii vindicent? » Non tulit populus, nec patris lacrymas, nec ipsius parem in omni periculo animum : absolveruntque admiratione magis virtutis, quam jure causæ. Itaque ut cædes manifesta aliquo tamen piaculo lueretur, imperatum patri, ut filium expiaret pecunia publica. Is quibusdam piacularibus sacrificiis factis, quæ deinde genti Horatiæ tradita sunt transmisso per viam tigillo, capite adoperto, velut sub jugum misit juvenem. Id hodie publice quoque semper refectum manet : sororium tigillum vocant. Horatiæ sepulcrum, quo loco corruerat icta, constructum est saxo quadrato.

PERSONNAGES.

TULLE, roi de Rome.
LE VIEIL HORACE, chevalier romain.
HORACE, son fils.
CURIACE, gentilhomme d'Albe, amant de Camille.
VALÈRE, chevalier romain, amoureux de Camille.
SABINE, femme d'Horace et sœur de Curiace.
CAMILLE, amante de Curiace et sœur d'Horace.
JULIE, dame romaine, confidente de Sabine et de Camille.
FLAVIAN, soldat de l'armée d'Albe.
PROCULE, soldat de l'armée de Rome.

La scène est à Rome, dans une salle de la maison d'Horace.

HORACE.

ACTE PREMIER.

SCÈNE I.

SABINE, JULIE.

SABINE.

Approuvez ma foiblesse, et souffrez ma douleur;
Elle n'est que trop juste en un si grand malheur:
Si près de voir sur soi fondre de tels orages,
L'ébranlement sied bien aux plus fermes courages;
Et l'esprit le plus mâle et le moins abattu
Ne sauroit sans désordre exercer sa vertu.
Quoique le mien s'étonne à ces rudes alarmes,
Le trouble de mon cœur ne peut rien sur mes larmes:
Et, parmi les soupirs qu'il pousse vers les cieux,
Ma constance du moins règne encor sur mes yeux.
Quand on arrête là les déplaisirs d'une ame,
Si l'on fait moins qu'un homme, on fait plus qu'une femme:
Commander à ses pleurs en cette extrémité,
C'est montrer pour le sexe assez de fermeté.

JULIE.

C'en est peut-être assez pour une ame commune
Qui du moindre péril se fait une infortune;
Mais de cette foiblesse un grand cœur est honteux,
Il ose espérer tout dans un succès douteux.
Les deux camps sont rangés au pied de nos murailles;
Mais Rome ignore encor comme on perd des batailles.
Loin de trembler pour elle, il lui faut applaudir;
Puisqu'elle va combattre, elle va s'agrandir.
Bannissez, bannissez une frayeur si vaine,
Et concevez des vœux dignes d'une Romaine.

SABINE.

Je suis Romaine, hélas! puisque Horace est Romain;
J'en ai reçu le titre en recevant sa main :
Mais ce nœud me tiendroit en esclave enchaînée,
S'il m'empêchoit de voir en quels lieux je suis née.
Albe, où j'ai commencé de respirer le jour,
Albe, mon cher pays, et mon premier amour,
Lorsque entre nous et toi je vois la guerre ouverte,
Je crains notre victoire autant que notre perte.
Rome, si tu te plains que c'est là te trahir,
Fais-toi des ennemis que je puisse haïr.
Quand je vois de tes murs leur armée et la nôtre,
Mes trois frères dans l'une, et mon mari dans l'autre,
Puis-je former des vœux, et, sans impiété,
Importuner le ciel pour ta félicité?
Je sais que ton état, encore en sa naissance,
Ne sauroit sans la guerre affermir sa puissance;

Je sais qu'il doit s'accroître, et que tes grands destins
Ne le borneront pas chez les peuples latins;
Que les dieux t'ont promis l'empire de la terre,
Et que tu n'en peux voir l'effet que par la guerre.
Bien loin de m'opposer à cette noble ardeur,
Qui suit l'arrêt des dieux, et court à ta grandeur,
Je voudrois déja voir tes troupes couronnées
D'un pas victorieux franchir les Pyrénées.
Va jusqu'en l'Orient pousser tes bataillons,
Va sur les bords du Rhin planter tes pavillons,
Fais trembler sous tes pas les colonnes d'Hercule;
Mais respecte une ville à qui tu dois Romule :
Ingrate, souviens-toi que du sang de ses rois
Tu tiens ton nom, tes murs, et tes premières lois.
Albe est ton origine : arrête et considère
Que tu portes le fer dans le sein de ta mère.
Tourne ailleurs les efforts de tes bras triomphants;
Sa joie éclatera dans l'heur de ses enfants;
Et, se laissant ravir à l'amour maternelle,
Ses vœux seront pour toi, si tu n'es plus contre elle.

JULIE.

Ce discours me surprend, vu que, depuis le temps
Qu'on a contre son peuple armé nos combattants,
Je vous ai vu pour elle autant d'indifférence
Que si d'un sang romain vous aviez pris naissance.
J'admirois la vertu qui réduisoit en vous
Vos plus chers intérêts à ceux de votre époux;
Et je vous consolois au milieu de vos plaintes,

Comme si notre Rome eût fait toutes vos craintes.

SABINE.

Tant qu'on ne s'est choqué qu'en de légers combats,
Trop foibles pour jeter un des partis à bas,
Tant qu'un espoir de paix a pu flatter ma peine,
Oui, j'ai fait vanité d'être toute Romaine.
Si j'ai vu Rome heureuse avec quelque regret,
Soudain j'ai condamné ce mouvement secret;
Et si j'ai ressenti, dans ses destins contraires,
Quelque maligne joie en faveur de mes frères,
Soudain, pour l'étouffer rappelant ma raison,
J'ai pleuré quand la gloire entroit dans leur maison.
Mais aujourd'hui qu'il faut que l'une ou l'autre tombe,
Qu'Albe devienne esclave, ou que Rome succombe,
Et qu'après la bataille il ne demeure plus
Ni d'obstacle aux vainqueurs, ni d'espoir aux vaincus,
J'aurois pour mon pays une cruelle haine,
Si je pouvois encore être toute Romaine,
Et si je demandois votre triomphe aux dieux,
Au prix de tant de sang qui m'est si précieux.
Je m'attache un peu moins aux intérêts d'un homme,
Je ne suis point pour Albe, et ne suis plus pour Rome;
Je crains pour l'une et l'autre en ce dernier effort,
Et serai du parti qu'affligera le sort.
Égale à tous les deux jusques à la victoire,
Je prendrai part aux maux, sans en prendre à la gloire;
Et je garde, au milieu de tant d'âpres rigueurs,
Mes larmes aux vaincus, et ma haine aux vainqueurs.

JULIE.

Qu'on voit naître souvent, de pareilles traverses,
En des esprits divers, des passions diverses !
Et qu'à nos yeux Camille agit bien autrement !
Son frère est votre époux, le vôtre est son amant ;
Mais elle voit d'un œil bien différent du vôtre
Son sang dans une armée, et son amour dans l'autre.
Lorsque vous conserviez un esprit tout romain,
Le sien irrésolu, le sien tout incertain,
De la moindre mêlée appréhendoit l'orage,
De tous les deux partis détestoit l'avantage,
Au malheur des vaincus donnoit toujours ses pleurs,
Et nourrissoit ainsi d'éternelles douleurs.
Mais hier, quand elle sut qu'on avoit pris journée,
Et qu'enfin la bataille alloit être donnée,
Une soudaine joie, éclatant sur son front...

SABINE.

Ah ! que je crains, Julie, un changement si prompt !
Hier, dans sa belle humeur, elle entretint Valère :
Pour ce rival, sans doute, elle quitte mon frère ;
Son esprit, ébranlé par des objets présents,
Ne trouve point d'absent aimable après deux ans.
Mais, excusez l'ardeur d'une amour fraternelle,
Le soin que j'ai de lui me fait craindre tout d'elle :
Je forme des soupçons d'un trop léger sujet ;
Près d'un jour si funeste on change peu d'objet ;
Les ames rarement sont de nouveau blessées ;
Et dans un si grand trouble on a d'autres pensées :

Mais on n'a pas aussi de si doux entretiens,
Ni de contentements qui soient pareils aux siens.
JULIE.
Les causes, comme à vous, m'en semblent fort obscures;
Je ne me satisfais d'aucunes conjectures.
C'est assez de constance, en un si grand danger,
Que de le voir, l'attendre, et ne point s'affliger;
Mais, certes, c'en est trop d'aller jusqu'à la joie.
SABINE.
Voyez qu'un bon génie à propos nous l'envoie.
Essayez sur ce point à la faire parler;
Elle vous aime assez pour ne vous rien celer :
Je vous laisse.

SCÈNE II.

CAMILLE, SABINE, JULIE.

SABINE.
Ma sœur, entretenez Julie :
J'ai honte de montrer tant de mélancolie;
Et mon cœur accablé de mille déplaisirs,
Cherche la solitude à cacher ses soupirs.

SCÈNE III.

CAMILLE, JULIE.

CAMILLE.

Qu'elle a tort de vouloir que je vous entretienne!
Croit-elle ma douleur moins vive que la sienne;
Et que, plus insensible à de si grands malheurs,
A mes tristes discours je mêle moins de pleurs?
De pareilles frayeurs mon ame est alarmée :
Comme elle, je perdrai dans l'une et l'autre armée;
Je verrai mon amant, mon plus unique bien,
Mourir pour son pays, ou détruire le mien;
Et cet objet d'amour devenir, pour ma peine,
Digne de mes soupirs, ou digne de ma haine.
Hélas!

JULIE.

Elle est pourtant plus à plaindre que vous :
On peut changer d'amant, mais non changer d'époux.
Oubliez Curiace, et recevez Valère,
Vous ne tremblerez plus pour le parti contraire;
Vous serez toute nôtre, et votre esprit remis
N'aura plus rien à perdre au camp des ennemis.

CAMILLE.

Donnez-moi des conseils qui soient plus légitimes,
Et plaignez mes malheurs sans m'ordonner des crimes.
Quoiqu'à peine à mes maux je puisse résister,

J'aime mieux les souffrir que de les mériter.
JULIE.
Quoi! vous appelez crime un change raisonnable?
CAMILLE.
Quoi! le manque de foi vous semble pardonnable?
JULIE.
Envers un ennemi qui peut nous obliger?
CAMILLE.
D'un serment solennel qui peut nous dégager?
JULIE.
Vous déguisez en vain une chose trop claire;
Je vous vis encore hier entretenir Valère;
Et l'accueil gracieux qu'il recevoit de vous
Lui permet de nourrir un espoir assez doux.
CAMILLE.
Si je l'entretins hier et lui fis bon visage,
N'en imaginez rien qu'à son désavantage;
De mon contentement un autre étoit l'objet :
Mais, pour sortir d'erreur, sachez-en le sujet;
Je garde à Curiace une amitié trop pure
Pour souffrir plus long-temps qu'on m'estime parjure.
　　Il vous souvient qu'à peine on voyoit de sa sœur
Par un heureux hymen mon frère possesseur,
Quand, pour comble de joie, il obtint de mon père
Que de ses chastes feux je serois le salaire.
Ce jour nous fut propice et funeste à la fois;
Unissant nos maisons, il désunit nos rois;
Un même instant conclut notre hymen et la guerre,

Fit naître notre espoir, et le jeta par terre,
Nous ôta tout sitôt qu'il nous eut tout promis,
Et, nous faisant amants, il nous fit ennemis.
Combien nos déplaisirs parurent lors extrêmes!
Combien contre le ciel il vomit de blasphêmes!
Et combien de ruisseaux coulèrent de mes yeux!
Je vous ne le dis point, vous vîtes nos adieux.
Vous avez vu depuis les troubles de mon ame;
Vous savez pour la paix quels vœux a faits ma flamme,
Et quel pleurs j'ai versés à chaque évènement,
Tantôt pour mon pays, tantôt pour mon amant.
Enfin, mon désespoir, parmi ces longs obstacles,
M'a fait avoir recours à la voix des oracles:
Écoutez si celui qui me fut hier rendu
Eut droit de rassurer mon esprit éperdu.
Ce Grec si renommé, qui, depuis tant d'années,
Au pied de l'Aventin prédit nos destinées,
Lui qu'Apollon jamais n'a fait parler à faux,
Me promit par ces vers la fin de mes travaux :
« Albe et Rome demain prendront une autre face :
« Tes vœux sont exaucés; elles auront la paix;
« Et tu seras unie avec ton Curiace,
« Sans qu'aucun mauvais sort t'en sépare jamais. »
Je pris sur cet oracle une entière assurance;
Et, comme le succès passoit mon espérance,
J'abandonnai mon ame à des ravissements
Qui passoient les transports des plus heureux amants.
Jugez de leur excès : je rencontrai Valère.

Et, contre sa coutume, il ne put me déplaire.
Il me parla d'amour sans me donner d'ennui :
Je ne m'aperçus pas que je parlois à lui;
Je ne lui pus montrer de mépris ni de glace;
Tout ce que je voyois me sembloit Curiace,
Tout ce qu'on me disoit me parloit de ses feux,
Tout ce que je disois l'assuroit de mes vœux.
Le combat général aujourd'hui se hasarde;
J'en sus hier la nouvelle, et je n'y pris pas garde :
Mon esprit rejetoit ces funestes objets,
Charmé des doux pensers d'hymen et de la paix.
La nuit a dissipé des erreurs si charmantes;
Mille songes affreux, mille images sanglantes,
Ou plutôt mille amas de carnage et d'horreur,
M'ont arraché ma joie et rendu ma terreur :
J'ai vu du sang, des morts, et n'ai rien vu de suite;
Un spectre, en paroissant, prenoit soudain la fuite;
Ils s'effaçoient l'un l'autre; et chaque illusion
Redoubloit mon effroi par sa confusion.

JULIE.

C'est en contraire sens qu'un songe s'interprête.

CAMILLE.

Je le dois croire ainsi, puisque je le souhaite :
Mais je me trouve enfin, malgré tous mes souhaits,
Au jour d'une bataille, et non pas d'une paix.

JULIE.

Par là finit la guerre, et la paix lui succède.

CAMILLE.

Dure à jamais le mal, s'il y faut ce remède!
Soit que Rome y succombe, ou qu'Albe ait le dessous,
Cher amant, n'attends plus d'être un jour mon époux;
Jamais, jamais ce nom ne sera pour un homme
Qui soit ou le vainqueur ou l'esclave de Rome.
 Mais quel objet nouveau se présente en ces lieux?
Est-ce toi, Curiace? en croirai-je mes yeux?

SCÈNE IV.

CURIACE, CAMILLE, JULIE.

CURIACE.

N'en doutez point, Camille; et revoyez un homme
Qui n'est ni le vainqueur ni l'esclave de Rome.
Cessez d'appréhender de voir rougir mes mains
Du poids honteux des fers ou du sang des Romains.
J'ai cru que vous aimiez assez Rome et la gloire
Pour mépriser ma chaîne et haïr ma victoire;
Et comme également, en cette extrémité,
Je craignois la victoire et la captivité...

CAMILLE.

Curiace, il suffit; je devine le reste :
Tu fuis une bataille à tes vœux si funeste;
Et ton cœur tout à moi, pour ne me perdre pas,
Dérobe à ton pays le secours de ton bras.

Qu'un autre considère ici ta renommée,
Et te blâme, s'il veut, de m'avoir trop aimée;
Ce n'est point à Camille à t'en mésestimer :
Plus ton amour paroît, plus elle doit t'aimer;
Et si tu dois beaucoup aux lieux qui t'ont vu naître,
Plus tu quittes pour moi, plus tu le fais paroître.
Mais as-tu vu mon père? et peut-il endurer
Qu'ainsi dans sa maison tu t'oses retirer?
Ne préfère-t-il point l'état à sa famille?
Ne regarde-t-il point Rome plus que sa fille?
Enfin, notre bonheur est-il bien affermi?
T'a-t-il vu comme gendre, ou bien comme ennemi?

CURIACE.

Il m'a vu comme gendre, avec une tendresse
Qui témoignoit assez une entière allégresse;
Mais il ne m'a point vu, par une trahison,
Indigne de l'honneur d'entrer dans sa maison.
Je n'abandonne point l'intérêt de ma ville;
J'aime encor mon honneur en adorant Camille.
Tant qu'a duré la guerre, on m'a vu constamment
Aussi bon citoyen que véritable amant;
D'Albe avec mon amour j'accordois la querelle;
Je soupirois pour vous, en combattant pour elle;
Et, s'il falloit encor que l'on en vînt aux coups,
Je combattrois pour elle, en soupirant pour vous :
Oui, malgré les desirs de mon ame charmée,
Si la guerre duroit, je serois dans l'armée.
C'est la paix qui chez vous me donne un libre accès,

ACTE I, SCENE IV.

La paix à qui nos feux doivent ce beau succès.
CAMILLE.
La paix! et le moyen de croire un tel miracle!
JULIE.
Camille, pour le moins, croyez-en votre oracle,
Et sachons pleinement par quels heureux effets
L'heure d'une bataille a produit cette paix.
CURIACE.
L'auroit-on jamais cru? Déja les deux armées,
D'une égale chaleur au combat animées,
Se menaçoient des yeux, et, marchant fièrement,
N'attendoient, pour donner, que le commandement,
Quand notre dictateur devant les rangs s'avance,
Demande à votre prince un moment de silence;
Et, l'ayant obtenu : « Que faisons-nous, Romains?
Dit-il, et quel démon nous fait venir aux mains?
Souffrons que la raison éclaire enfin nos ames.
Nous sommes vos voisins, nos filles sont vos femmes;
Et l'hymen nous a joints par tant et tant de nœuds,
Qu'il est peu de nos fils qui ne soient vos neveux.
Nous ne sommes qu'un sang et qu'un peuple en deux villes:
Pourquoi nous déchirer par des guerres civiles,
Où la mort des vaincus affoiblit les vainqueurs,
Et le plus beau triomphe est arrosé de pleurs?
Nos ennemis communs attendent avec joie
Qu'un des partis défait leur donne l'autre en proie,
Lassé, demi-rompu, vainqueur, mais, pour tout fruit,
Dénué d'un secours par lui-même détruit.

Ils ont assez long-temps joui de nos divorces ;
Contre eux dorénavant joignons toutes nos forces,
Et noyons dans l'oubli ces petits différents
Qui de si bons guerriers font de mauvais parents.
Que si l'ambition de commander aux autres
Fait marcher aujourd'hui vos troupes et les nôtres,
Pourvu qu'à moins de sang nous voulions l'apaiser,
Elle nous unira, loin de nous diviser.
Nommons des combattants pour la cause commune ;
Que chaque peuple aux siens attache sa fortune ;
Et, suivant ce que d'eux ordonnera le sort,
Que le parti plus foible obéisse au plus fort,
Mais sans indignité pour des guerriers si braves ;
Qu'ils deviennent sujets sans devenir esclaves,
Sans honte, sans tribut, et sans autre rigueur
Que de suivre en tous lieux les drapeaux du vainqueur :
Ainsi nos deux états ne feront qu'un empire. »
Il semble qu'à ces mots notre discorde expire :
Chacun, jetant les yeux dans un rang ennemi,
Reconnoît un beau-frère, un cousin, un ami.
Ils s'étonnent comment leurs mains de sang avides
Voloient, sans y penser, à tant de parricides,
Et font paroître un front couvert tout à la fois
D'horreur pour la bataille, et d'ardeur pour ce choix.
Enfin l'offre s'accepte, et la paix desirée
Sous ces conditions est aussitôt jurée ;
Trois combattront pour tous : mais, pour les mieux choisir,
Nos chefs ont voulu prendre un peu plus de loisir ;

Le vôtre est au sénat, le nôtre dans sa tente.
CAMILLE.
Oh dieux! que ce discours rend mon ame contente!
CURIACE.
Dans deux heures au plus, par un commun accord,
Le sort de nos guerriers règlera notre sort.
Cependant tout est libre attendant qu'on les nomme;
Rome est dans notre camp, et notre camp dans Rome;
D'un et d'autre côté l'accès étant permis,
Chacun va renouer avec ses vieux amis.
Pour moi, ma passion m'a fait suivre vos frères;
Et mes desirs ont eu des succès si prospères,
Que l'auteur de vos jours m'a promis à demain
Le bonheur sans pareil de vous donner la main.
Vous ne deviendrez pas rebelle à sa puissance?
CAMILLE.
Le devoir d'une fille est dans l'obéissance.
CURIACE.
Venez donc recevoir ce doux commandement
Qui doit mettre le comble à mon contentement.
CAMILLE.
Je vais suivre vos pas, mais pour revoir mes frères,
Et savoir d'eux encor la fin de nos misères.
JULIE.
Allez, et cependant au pied de nos autels
J'irai rendre pour vous graces aux immortels.

FIN DU PREMIER ACTE.

ACTE SECOND.

SCÈNE I.

HORACE, CURIACE.

CURIACE.

Ainsi Rome n'a point séparé son estime;
Elle eût cru faire ailleurs un choix illégitime.
Cette superbe ville en vos frères et vous
Trouve les trois guerriers qu'elle préfère à tous;
Et, ne nous opposant d'autres bras que les vôtres,
D'une seule maison brave toutes les nôtres.
Nous croirons, à la voir tout entière en vos mains,
Que, hors les fils d'Horace, il n'est point de Romains.
Ce choix pouvoit combler trois familles de gloire,
Consacrer hautement leurs noms à la mémoire :
Oui, l'honneur que reçoit la vôtre par ce choix
En pouvoit à bon titre immortaliser trois;
Et, puisque c'est chez vous que mon heur et ma flamme
M'ont fait placer ma sœur et choisir une femme,
Ce que je vais vous être et ce que je vous suis
Me font y prendre part autant que je le puis.
Mais un autre intérêt tient ma joie en contrainte,

Et parmi ses douceurs mêle beaucoup de crainte :
La guerre en tel éclat a mis votre valeur,
Que je tremble pour Albe et prévois son malheur.
Puisque vous combattez, sa perte est assurée ;
En vous faisant nommer, le destin l'a jurée :
Je vois trop dans ce choix ses funestes projets,
Et me compte déja pour un de vos sujets.

HORACE.

Loin de trembler pour Albe, il vous faut plaindre Rome,
Voyant ceux qu'elle oublie, et les trois qu'elle nomme.
C'est un aveuglement pour elle bien fatal,
D'avoir tant à choisir, et de choisir si mal.
Mille de ses enfants, beaucoup plus dignes d'elle,
Pouvoient bien mieux que nous soutenir sa querelle.
Mais, quoique ce combat me promette un cerceuil,
La gloire de ce choix m'enfle d'un juste orgueil :
Mon esprit en conçoit une mâle assurance ;
J'ose espérer beaucoup de mon peu de vaillance ;
Et, du sort envieux quels que soient les projets,
Je ne me compte point pour un de vos sujets.
Rome a trop cru de moi ; mais mon ame ravie
Remplira son attente, ou quittera la vie.
Qui veut mourir ou vaincre est vaincu rarement :
Ce noble désespoir périt malaisément.
Rome, quoi qu'il en soit, ne sera point sujette,
Que mes derniers soupirs n'assurent ma défaite.

CURIACE.

Hélas ! c'est bien ici que je dois être plaint !

Ce que veut mon pays, mon amitié le craint.
Dures extrémités, de voir Albe asservie,
Ou sa victoire au prix d'une si chère vie;
Et que l'unique bien où tendent ses desirs
S'achète seulement par vos derniers soupirs!
Quels vœux puis-je former, et quel bonheur attendre?
De tous les deux côtés j'ai des pleurs à répandre;
De tous les deux côtés mes désirs sont trahis.

HORACE.

Quoi! vous me pleureriez mourant pour mon pays!
Pour un cœur généreux ce trépas a des charmes;
La gloire qui le suit ne souffre point de larmes;
Et je le recevrois en bénissant mon sort,
Si Rome et tout l'état perdoient moins à ma mort.

CURIACE.

A vos amis pourtant permettez de le craindre;
Dans un si beau trépas ils sont les seuls à plaindre:
La gloire en est pour vous, et la perte pour eux;
Il vous fait immortel, et les rend malheureux :
On perd tout quand on perd un ami si fidèle.
Mais Flavian m'apporte ici quelque nouvelle.

SCÈNE II.

HORACE, CURIACE, FLAVIAN.

CURIACE.

Albe de trois guerriers a-t-elle fait le choix?

FLAVIAN.
Je viens pour vous l'apprendre.
CURIACE.
Eh bien! qui sont les trois?
FLAVIAN.
Vos deux frères et vous.
CURIACE.
Qui?
FLAVIAN.
Vous et vos deux frères.
Mais pourquoi ce front triste et ces regards sévères?
Ce choix vous déplaît-il?
CURIACE.
Non, mais il me surprend :
Je m'estimois trop peu pour un honneur si grand.
FLAVIAN.
Dirai-je au dictateur, dont l'ordre ici m'envoie,
Que vous le recevez avec si peu de joie?
Ce morne et froid accueil me surprend à mon tour.
CURIACE.
Dis-lui que l'amitié, l'alliance, et l'amour,
Ne pourront empêcher que les trois Curiaces
Ne servent leur pays contre les trois Horaces.
FLAVIAN.
Contre eux! Ah! c'est beaucoup me dire en peu de mots.
CURIACE.
Porte-lui ma réponse, et nous laisse en repos.

SCÈNE III.

HORACE, CURIACE.

CURIACE.

Que désormais le ciel, les enfers, et la terre,
Unissent leurs fureurs à nous faire la guerre;
Que les hommes, les dieux, les démons, et le sort,
Préparent contre nous un général effort;
Je mets à faire pis, en l'état où nous sommes,
Le sort et les démons, et les dieux et les hommes :
Ce qu'ils ont de cruel, et d'horrible, et d'affreux,
L'est bien moins que l'honneur qu'on nous fait à tous deux.

HORACE.

Le sort, qui de l'honneur nous ouvre la barrière,
Offre à notre constance une illustre matière :
Il épuise sa force à former un malheur,
Pour mieux se mesurer avec notre valeur;
Et, comme il voit en nous des ames peu communes,
Hors de l'ordre commun il nous fait des fortunes.
Combattre un ennemi pour le salut de tous,
Et contre un inconnu s'exposer seul aux coups,
D'une simple vertu c'est l'effet ordinaire ;
Mille déja l'ont fait, mille pourroient le faire :
Mourir pour le pays est un si digne sort,
Qu'on brigueroit en foule une si belle mort.
Mais vouloir au public immoler ce qu'on aime,

S'attacher au combat contre un autre soi-même,
Attaquer un parti qui prend pour défenseur
Le frère d'une femme et l'amant d'une sœur;
Et, rompant tous ces nœuds, s'armer pour la patrie
Contre un sang qu'on voudroit racheter de sa vie,
Une telle vertu n'appartenoit qu'à nous.
L'éclat de son grand nom lui fait peu de jaloux,
Et peu d'hommes au cœur l'ont assez imprimée
Pour oser aspirer à tant de renommée.

CURIACE.

Il est vrai que nos noms ne sauroient plus périr;
L'occasion est belle, il nous la faut chérir:
Nous serons les miroirs d'une vertu bien rare.
Mais votre fermeté tient un peu du barbare;
Peu, même des grands cœurs, tireroient vanité
D'aller par ce chemin à l'immortalité.
A quelque prix qu'on mette une telle fumée,
L'obscurité vaut mieux que tant de renommée.
 Pour moi, je l'ose dire, et vous l'avez pu voir,
Je n'ai point consulté pour suivre mon devoir;
Notre longue amitié, l'amour, ni l'alliance,
N'ont pu mettre un moment mon esprit en balance;
Et puisque, par ce choix, Albe montre en effet
Qu'elle m'estime autant que Rome vous a fait,
Je crois faire pour elle autant que vous pour Rome :
J'ai le cœur aussi bon; mais enfin je suis homme.
Je vois que votre honneur demande tout mon sang,
Que tout le mien consiste à vous percer le flanc.

Près d'épouser la sœur, qu'il faut tuer le frère,
Et que pour mon pays j'ai le sort si contraire :
Encor qu'à mon devoir je coure sans terreur,
Mon cœur s'en effarouche, et j'en frémis d'horreur ;
J'ai pitié de moi-même, et jette un œil d'envie
Sur ceux dont notre guerre a consumé la vie,
Sans souhait toutefois de pouvoir reculer.
Ce triste et fier honneur m'émeut sans m'ébranler :
J'aime ce qu'il me donne, et je plains ce qu'il m'ôte ;
Et, si Rome demande une vertu plus haute,
Je rends graces aux dieux de n'être pas Romain,
Pour conserver encor quelque chose d'humain.

HORACE.

Si vous n'êtes Romain, soyez digne de l'être ;
Et si vous m'égalez, faites-le mieux paroître.
La solide vertu dont je fais vanité
N'admet point de foiblesse avec sa fermeté ;
Et c'est mal de l'honneur entrer dans la carrière,
Que dès le premier pas regarder en arrière.
Notre malheur est grand, il est au plus haut point ;
Je l'envisage entier, mais je n'en frémis point.
Contre qui que ce soit que mon pays m'emploie,
J'accepte aveuglément cette gloire avec joie :
Celle de recevoir de tels commandements
Doit étouffer en nous tous autres sentiments.
Qui, près de le servir, considère autre chose,
A faire ce qu'il doit lâchement se dispose ;
Ce droit saint et sacré rompt tout autre lien.

Rome a choisi mon bras, je n'examine rien :
Avec une allégresse aussi pleine et sincère
Que j'épousai la sœur, je combattrai le frère;
Et, pour trancher enfin ces discours superflus,
Albe vous a nommé, je ne vous connois plus.

CURIACE.

Je vous connois encore, et c'est ce qui me tue;
Mais cette âpre vertu ne m'étoit pas connue;
Comme notre malheur, elle est au plus haut point :
Souffrez que je l'admire, et ne l'imite point.

HORACE.

Non, non, n'embrassez point de vertu par contrainte;
Et, puisque vous trouvez plus de charme à la plainte,
En toute liberté goûtez un bien si doux :
Voici venir ma sœur pour se plaindre avec vous.
Je vais revoir la vôtre, et résoudre son ame
A se bien souvenir qu'elle est toujours ma femme,
A vous aimer encor, si je meurs par vos mains,
Et prendre en son malheur des sentiments romains.

SCÈNE IV.

HORACE, CURIACE, CAMILLE.

HORACE.

Avez-vous su l'état qu'on fait de Curiace,
Ma sœur?

CAMILLE.

Hélas! mon sort a bien changé de face.

HORACE.

Armez-vous de constance et montrez-vous ma sœur;
Et, si par mon trépas il retourne vainqueur,
Ne le recevez point en meurtrier d'un frère,
Mais en homme d'honneur qui fait ce qu'il doit faire,
Qui sert bien son pays, et sait montrer à tous
Par sa haute vertu qu'il est digne de vous :
Comme si je vivois, achevez l'hyménée.
Mais, si ce fer aussi tranche sa destinée,
Faites à ma victoire un pareil traitement,
Ne me reprochez point la mort de votre amant.
Vos larmes vont couler, et votre cœur se presse :
Consumez avec lui toute cette foiblesse,
Querellez ciel et terre, et maudissez le sort;
Mais, après le combat, ne pensez plus au mort.

(à Curiace.)

Je ne vous laisserai qu'un moment avec elle,
Puis nous irons ensemble où l'honneur nous appelle.

SCÈNE V.
CURIACE, CAMILLE.

CAMILLE.

Iras-tu, Curiace? et ce funeste honneur
Te plaît-il aux dépens de tout notre bonheur?

CURIACE.

Hélas! je vois trop bien qu'il faut, quoi que je fasse,
Mourir, ou de douleur, ou de la main d'Horace.

ACTE II, SCENE V.

Je vais, comme au supplice, à cet illuste emploi;
Je maudis mille fois l'état qu'on fait de moi;
Je hais cette valeur qui fait qu'Albe m'estime :
Ma flamme au désespoir passe jusques au crime;
Elle se prend au ciel, et l'ose quereller :
Je vous plains, je me plains; mais il y faut aller.

CAMILLE.

Non, je te connois mieux; tu veux que je te prie,
Et qu'ainsi mon pouvoir t'excuse à ta patrie.
Tu n'es que trop fameux par tes autres exploits,
Albe a reçu par eux tout ce que tu lui dois.
Autre n'a mieux que toi soutenu cette guerre;
Autre de plus de morts n'a couvert notre terre :
Ton nom ne peut plus croître, il ne lui manque rien;
Souffre qu'un autre ici puisse ennoblir le sien.

CURIACE.

Que je souffre à mes yeux qu'on ceigne une autre tête
Des lauriers immortels que la gloire m'apprête;
Ou que tout mon pays reproche à ma vertu
Qu'il auroit triomphé si j'avois combattu,
Et que sous mon amour ma valeur endormie
Couronne tant d'exploits d'une telle infamie!
Non, Albe, après l'honneur que j'ai reçu de toi,
Tu ne succomberas ni vaincras que par moi :
Tu m'as commis ton sort, je t'en rendrai bon compte;
Je vivrai sans reproche, ou périrai sans honte.

CAMILLE.

Quoi! tu ne veux pas voir qu'ainsi tu me trahis!

CURIACE.

Avant que d'être à vous, je suis à mon pays.

CAMILLE.

Mais te priver pour lui, toi-même d'un beau-frère,
Ta sœur de son mari!

CURIACE.

Telle est notre misère.
Le choix d'Albe et de Rome ôte toute douceur
Aux noms jadis si doux de beau-frère et de sœur.

CAMILLE.

Tu pourras donc, cruel, me présenter sa tête,
Et demander ma main pour prix de ta conquête!

CURIACE.

Il n'y faut plus penser : en l'état où je suis,
Vous aimer sans espoir, c'est tout ce que je puis.
Vous en pleurez, Camille!

CAMILLE.

Il faut bien que je pleure,
Mon insensible amant ordonne que je meure;
Et, quand l'hymen pour nous allume son flambeau,
Il l'éteint de sa main pour m'ouvrir le tombeau.
Ce cœur impitoyable à ma perte s'obstine,
Et dit qu'il m'aime encore alors qu'il m'assassine.

CURIACE.

Que les pleurs d'une amante ont de puissants discours!
Et qu'un bel œil est fort avec un tel secours!
Que mon cœur s'attendrit à cette triste vue!

Ma constance contre elle à regret s'évertue.
N'attaquez plus ma gloire avec tant de douleurs,
Et laissez-moi sauver ma vertu de vos pleurs;
Je sens qu'elle chancelle et défend mal la place;
Plus je suis votre amant, moins je suis Curiace:
Foible d'avoir déja combattu l'amitié,
Vaincroit-elle à la fois l'amour et la pitié?
Allez, ne m'aimez plus, ne versez plus de larmes,
Ou j'oppose l'offense à de si fortes armes:
Je me défendrai mieux contre votre courroux;
Et, pour le mériter, je n'ai plus d'yeux pour vous.
Vengez-vous d'un ingrat, punissez un volage.
Vous ne vous montrez point sensible à cet outrage!
Je n'ai plus d'yeux pour vous, vous en avez pour moi!
En faut-il plus encor? je renonce à ma foi.
Rigoureuse vertu dont je suis la victime,
Ne peux-tu résister sans le secours d'un crime?

CAMILLE.

Ne fais point d'autre crime, et j'atteste les dieux
Qu'au lieu de t'en haïr je t'en aimerai mieux:
Oui, je te chérirai tout ingrat et perfide,
Et cesse d'aspirer au nom de fratricide.
Pourquoi suis-je Romaine, ou que n'es-tu Romain?
Je te préparerois des lauriers de ma main,
Je t'encouragerois, au lieu de te distraire,
Et je te traiterois comme j'ai fait mon frère.
Hélas! j'étois aveugle en mes vœux aujourd'hui;

J'en ai fait contre toi quand j'en ai fait pour lui.
Il revient: quel malheur, si l'amour de sa femme
Ne peut non plus sur lui que le mien sur ton ame!

SCÈNE VI.

HORACE, CURIACE, SABINE, CAMILLE.

CURIACE.

Dieux! Sabine le suit! Pour ébranler mon cœur,
Est-ce peu de Camille? y joignez-vous ma sœur?
Et, laissant à ses pleurs vaincre ce grand courage,
L'amenez-vous ici chercher même avantage?

SABINE.

Non, non, mon frère, non; je ne viens en ce lieu
Que pour vous embrasser et pour vous dire adieu.
Votre sang est trop bon; n'en craignez rien de lâche,
Rien dont la fermeté de ces grands cœurs se fâche:
Si ce malheur illustre ébranloit l'un de vous,
Je le désavouerois pour frère ou pour époux.
Pourrai-je toutefois vous faire une prière
Digne d'un tel époux, et digne d'un tel frère?
Je veux d'un coup si noble ôter l'impiété,
A l'honneur qui l'attend rendre sa pureté,
La mettre en son éclat sans mélange de crime;
Enfin, je veux vous faire ennemis légitimes.

Du saint nœud qui vous joint je suis le seul lien;
Quand je ne serai plus, vous ne vous serez rien.

ACTE II, SCENE VI.

Brisez votre alliance, et rompez-en la chaîne;
Et, puisque votre honneur veut des effets de haine,
Achetez par ma mort le droit de vous haïr :
Albe le veut, et Rome; il faut leur obéir.
Qu'un de vous deux me tue, et que l'autre me venge;
Alors votre combat n'aura plus rien d'étrange,
Et du moins l'un des deux sera juste agresseur,
Ou pour venger sa femme, ou pour venger sa sœur.
Mais quoi! vous souilleriez une gloire si belle,
Si vous vous animiez par quelque autre querelle :
Le zèle du pays vous défend de tels soins;
Vous feriez peu pour lui, si vous vous étiez moins;
Il lui faut, et sans haine, immoler un beau-frère.
Ne différez donc plus ce que vous devez faire;
Commencez par sa sœur à répandre son sang;
Commencez par sa femme à lui percer le flanc;
Commencez par Sabine à faire de vos vies
Un digne sacrifice à vos chères patries :
Vous êtes ennemis en ce combat fameux,
Vous d'Albe, vous de Rome, et moi de toutes deux.
Quoi! me réservez-vous à voir une victoire
Où, pour haut appareil d'une pompeuse gloire,
Je verrai les lauriers d'un frère ou d'un mari
Fumer encor du sang que j'aurai tant chéri?
Pourrai-je entre vous deux régler alors mon ame,
Satisfaire aux devoirs et de sœur et de femme,
Embrasser le vainqueur en pleurant le vaincu?
Non, non : avant ce coup Sabine aura vécu :

Ma mort le préviendra, de qui que je l'obtienne;
Le refus de vos mains y condamne la mienne.
Sus donc! qui vous retient? Allez, cœurs inhumains,
J'aurai trop de moyens pour y forcer vos mains;
Vous ne les aurez point au combat occupées,
Que ce corps au milieu n'arrête vos épées;
Et, malgré vos refus, il faudra que leurs coups
Se fassent jour ici pour aller jusqu'à vous.

HORACE.

O ma femme!

CURIACE.

O ma sœur!

CAMILLE.

Courage! ils s'amollissent.

SABINE.

Vous poussez des soupirs, vos visages pâlissent!
Quelle peur vous saisit? Sont-ce là ces grands cœurs,
Ces héros qu'Albe et Rome ont pris pour défenseurs?

HORACE.

Que t'ai-je fait, Sabine? et quelle est mon offense
Qui t'oblige à chercher une telle vengeance?
Que t'a fait mon honneur? et par quel droit viens-tu
Avec toute ta force attaquer ma vertu?
Du moins contente-toi de l'avoir étonnée,
Et me laisse achever cette grande journée.
Tu me viens de réduire en un étrange point;
Aime assez ton mari pour n'en triompher point:
Va-t'en, et ne rends plus la victoire douteuse;

La dispute déja m'en est assez honteuse;
Souffre qu'avec honneur je termine mes jours.
SABINE.
Va, cesse de me craindre, on vient à ton secours.

SCÈNE VII.

Le vieil HORACE, HORACE, CURIACE, SABINE, CAMILLE.

LE VIEIL HORACE.
Qu'est-ceci, mes enfants? Écoutez-vous vos flammes?
Et perdez-vous encor le temps avec des femmes?
Prêts à verser du sang, regardez-vous des pleurs?
Fuyez, et laissez-les déplorer leurs malheurs.
Leurs plaintes ont pour vous trop d'art et de tendresse;
Elles vous feroient part enfin de leur foiblesse;
Et ce n'est qu'en fuyant qu'on pare de tels coups.
SABINE.
N'appréhendez rien d'eux, ils sont dignes de vous:
Malgré tous nos efforts, vous en devez attendre
Ce que vous souhaitez et d'un fils et d'un gendre;
Et, si notre foiblesse avoit pu les changer,
Nous vous laissons ici pour les encourager.
    Allons, ma sœur, allons, ne perdons plus de larmes;
Contre tant de vertus ce sont de foibles armes;
Ce n'est qu'au désespoir qu'il nous faut recourir:
Tigres, allez combattre, et nous, allons mourir.

SCÈNE VIII.

Le vieil HORACE, HORACE, CURIACE.

HORACE.

Mon père, retenez des femmes qui s'emportent,
Et, de grace, empêchez surtout qu'elles ne sortent :
Leur amour importun viendroit avec éclat
Par des cris et des pleurs troubler notre combat;
Et ce qu'elles nous sont feroit qu'avec justice
On nous imputeroit ce mauvais artifice.
L'honneur d'un si beau choix seroit trop acheté,
Si l'on nous soupçonnoit de quelque lâcheté.

LE VIEIL HORACE.

J'en aurai soin. Allez, vos frères vous attendent;
Ne pensez qu'aux devoirs que vos pays demandent.

CURIACE.

Quel adieu vous dirai-je? et par quels compliments...

LE VIEIL HORACE.

Ah! n'attendrissez point ici mes sentiments.
Pour vous encourager, ma voix manque de termes,
Mon cœur ne forme point de pensers assez fermes;
Moi-même en cet adieu j'ai les larmes aux yeux.
Faites votre devoir, et laissez faire aux dieux.

FIN DU SECOND ACTE.

ACTE TROISIÈME.

SCÈNE I.

SABINE.

Prenons parti, mon ame, en de telles disgraces;
Soyons femme d'Horace, ou sœur des Curiaces :
Cessons de partager nos inutiles soins;
Souhaitons quelque chose, et craignons un peu moins.
Mais, las! quel parti prendre en un sort si contraire?
Quel ennemi choisir d'un époux ou d'un frère?
La nature ou l'amour parle pour chacun d'eux,
Et la loi du devoir m'attache à tous les deux.
Sur leurs hauts sentiments réglons plutôt les nôtres;
Soyons femme de l'un ensemble et sœur des autres;
Regardons leur honneur comme un souverain bien;
Imitons leur constance, et ne craignons plus rien.
La mort qui les menace est une mort si belle
Qu'il en faut sans frayeur attendre la nouvelle.
N'appelons point alors les destins inhumains;
Songeons pour quelle cause, et non par quelles mains;
Revoyons les vainqueurs sans penser qu'à la gloire
Que toute leur maison reçoit de leur victoire;

Et, sans considérer aux dépens de quel sang
Leur vertu les élève en cet illustre rang,
Faisons nos intérêts de ceux de leur famille :
En l'une je suis femme, en l'autre je suis fille,
Et tiens à toutes deux par de si forts liens,
Qu'on ne peut triompher que par les bras des miens.
Fortune, quelques maux que ta rigueur m'envoie,
J'ai trouvé les moyens d'en tirer de la joie,
Et puis voir aujourd'hui le combat sans terreur,
Les morts sans désespoir, les vainqueurs sans horreur.

    Flatteuse illusion, erreur douce et grossière,
Vain effort de mon ame, impuissante lumière,
De qui le faux brillant prend droit de m'éblouir,
Que tu sais peu durer, et tôt t'évanouir !
Pareille à ces éclairs qui, dans le fort des ombres,
Poussent un jour qui fuit et rend les nuits plus sombres,
Tu n'as frappé mes yeux d'un moment de clarté
Que pour les abymer dans plus d'obscurité.
Tu charmois trop ma peine, et le ciel, qui s'en fâche,
Me vend déja bien cher ce moment de relâche.
Je sens mon triste cœur percé de tous les coups
Qui m'ôtent maintenant un frère ou mon époux :
Quand je songe à leur mort, quoi que je me propose,
Je songe par quels bras, et non pour quelle cause,
Et ne vois les vainqueurs en leur illustre rang,
Que pour considérer aux dépens de quel sang.
La maison des vaincus touche seule mon ame :
En l'une je suis fille, en l'autre je suis femme,

Et tiens à toutes deux par de si forts liens,
Qu'on ne peut triompher que par la mort des miens.
C'est donc là cette paix que j'ai tant souhaitée!
Trop favorables dieux, vous m'avez écoutée!
Quels foudres lancez-vous quand vous vous irritez,
Si même vos faveurs ont tant de cruautés?
Et de quelle façon punissez-vous l'offense,
Si vous traitez ainsi les vœux de l'innocence?

SCÈNE II.

SABINE, JULIE.

SABINE.

En est-ce fait, Julie? et que m'apportez-vous?
Est-ce la mort d'un frère, ou celle d'un époux?
Le funeste succès de leurs armes impies
De tous les combattants a-t-il fait des hosties?
Et, m'enviant l'horreur que j'aurois des vainqueurs,
Pour tous tant qu'ils étoient demande-t-il des pleurs?

JULIE.

Quoi! ce qui s'est passé, vous l'ignorez encore?

SABINE.

Vous faut-il étonner de ce que je l'ignore?
Et ne savez-vous pas que de cette maison
Pour Camille et pour moi l'on fait une prison?
Julie, on nous renferme; on a peur de nos larmes:
Sans cela, nous serions au milieu de leurs armes;

Et, par les désespoirs d'une chaste amitié,
Nous aurions des deux camps tiré quelque pitié.

JULIE.

Il n'étoit pas besoin d'un si tendre spectacle;
Leur vue à leur combat apporte assez d'obstacle.
Sitôt qu'ils ont paru prêts à se mesurer,
On a, dans les deux camps, entendu murmurer :
A voir de tels amis, des personnes si proches,
Venir pour leur patrie aux mortelles approches,
L'un s'émeut de pitié, l'autre est saisi d'horreur,
L'autre d'un si grand zèle admire la fureur;
Tel porte jusqu'aux cieux leur vertu sans égale,
Et tel l'ose nommer sacrilége et brutale.
Ces divers sentiments n'ont pourtant qu'une voix;
Tous accusent leurs chefs, tous détestent leur choix;
Et, ne pouvant souffrir un combat si barbare,
On s'écrie, on s'avance; enfin, on les sépare.

SABINE.

Que je vous dois d'encens, grands dieux qui m'exaucez!

JULIE.

Vous n'êtes pas, Sabine, encore où vous pensez :
Vous pouvez espérer, vous avez moins à craindre;
Mais il vous reste encore assez de quoi vous plaindre.
En vain d'un sort si triste on les veut garantir,
Ces cruels généreux n'y peuvent consentir.
La gloire de ce choix leur est si précieuse,
Et charme tellement leur ame ambitieuse,
Qu'alors qu'on les déplore ils s'estiment heureux,

Et prennent pour affront la pitié qu'on a d'eux.
Le trouble des deux camps souille leur renommée;
Ils combattront plutôt et l'une et l'autre armée,
Et mourront par les mains qui leur font d'autres lois,
Que pas un d'eux renonce aux honneurs d'un tel choix.
SABINE.
Quoi! dans leur dureté ces cœurs d'acier s'obstinent!
JULIE.
Oui : mais, d'autre côté, les deux camps se mutinent;
Et leurs cris, des deux parts poussés en même temps,
Demandent la bataille ou d'autres combattants.
La présence des chefs à peine est respectée;
Leur pouvoir est douteux, leur voix mal écoutée;
Le roi même s'étonne; et, pour dernier effort,
« Puisque chacun, dit-il, s'échauffe en ce discord,
« Consultons des grands dieux la majesté sacrée,
« Et voyons si ce change à leurs bontés agrée.
« Quel impie osera se prendre à leur vouloir,
« Lorsqu'en un sacrifice ils nous l'auront fait voir? »
Il se tait, et ces mots semblent être des charmes;
Même aux six combattants ils arrachent les armes;
Et ce desir d'honneur qui leur ferme les yeux,
Tout aveugle qu'il est, respecte encor les dieux.
Leur plus bouillante ardeur cède à l'avis de Tulle;
Et, soit par déférence, ou par un prompt scrupule,
Dans l'une et l'autre armée on s'en fait une loi,
Comme si toutes deux le connoissoient pour roi.
Le reste s'apprendra par la mort des victimes.

SABINE.

Les dieux n'avoueront pas un combat plein de crimes:
J'en espère beaucoup, puisqu'il est différé ;
Et je commence à voir ce que j'ai désiré.

SCÈNE III.

SABINE, CAMILLE, JULIE.

SABINE.

Ma sœur, que je vous dise une bonne nouvelle.

CAMILLE.

Je pense la savoir, s'il faut la nommer telle;
On l'a dite à mon père, et j'étois avec lui;
Mais je n'en conçois rien qui flatte mon ennui :
Ce délai de nos maux rendra leurs coups plus rudes;
Ce n'est qu'un plus long terme à nos inquiétudes;
Et tout l'allégement qu'il en faut espérer,
C'est de pleurer plus tard ceux qu'il faudra pleurer.

SABINE.

Les dieux n'ont pas en vain inspiré ce tumulte.

CAMILLE.

Disons plutôt, ma sœur, qu'en vain on les consulte.
Ces mêmes dieux à Tulle ont inspiré ce choix,
Et la voix du public n'est pas toujours leur voix.
Ils descendent bien moins dans de si bas étages,
Que dans l'ame des rois, leurs vivantes images,
De qui l'indépendante et sainte autorité

Est un rayon secret de leur divinité.

JULIE.

C'est vouloir sans raison vous former des obstacles,
Que de chercher leurs voix ailleurs qu'en leurs oracles;
Et vous ne vous pouvez figurer tout perdu,
Sans démentir celui qui vous fut hier rendu.

CAMILLE.

Un oracle jamais ne se laisse comprendre;
On l'entend d'autant moins que plus on croit l'entendre;
Et, loin de s'assurer sur un pareil arrêt,
Qui n'y voit rien d'obscur doit croire que tout l'est.

SABINE.

Sur ce qu'il fait pour nous prenons plus d'assurance,
Et souffrons les douceurs d'une juste espérance.
Quand la faveur du ciel ouvre à demi ses bras,
Qui ne s'en promet rien ne la mérite pas :
Il empêche souvent qu'elle ne se déploie;
Et, lorsqu'elle descend, son refus la renvoie.

CAMILLE.

Le ciel agit sans nous en ces événements,
Et ne les règle point dessus nos sentiments.

JULIE.

Il ne vous a fait peur que pour vous faire grace.
Adieu : je vais savoir comme enfin tout se passe.
Modérez vos frayeurs : j'espère, à mon retour,
Ne vous entretenir que de propos d'amour,
Et que nous n'emploierons la fin de la journée
Qu'aux doux préparatifs d'un heureux hyménée.

SABINE.

J'ose encor l'espérer.

CAMILLE.

Moi, je n'espère rien.

JULIE.

L'effet vous fera voir que nous en jugeons bien.

SCÈNE IV.

SABINE, CAMILLE.

SABINE.

Parmi nos déplaisirs souffrez que je vous blâme.
Je ne puis approuver tant de trouble en votre ame :
Que feriez-vous, ma sœur, au point où je me vois,
Si vous aviez à craindre autant que je le dois,
Et si vous attendiez de leurs armes fatales
Des maux pareils aux miens, et des pertes égales?

CAMILLE.

Parlez plus sainement de vos maux et des miens.
Chacun voit ceux d'autrui d'un autre œil que les siens :
Mais, à bien regarder ceux où le ciel me plonge,
Les vôtres auprès d'eux vous sembleront un songe.
La seule mort d'Horace est à craindre pour vous :
Des frères ne sont rien à l'égal d'un époux ;
L'hymen qui nous attache en un autre famille
Nous détache de celle où l'on a vécu fille ;
On voit d'un œil divers des nœuds si différents,

ACTE III, SCENE IV.

Et pour suivre un mari l'on quitte ses parents.
Mais, si près d'un hymen, l'amant que donne un père
Nous est moins qu'un époux, et non pas moins qu'un frère;
Nos sentiments entre eux demeurent suspendus,
Notre choix impossible, et nos vœux confondus.
Ainsi, ma sœur, du moins vous avez dans vos plaintes
Où porter vos souhaits et terminer vos craintes;
Mais, si le ciel s'obstine à nous persécuter,
Pour moi j'ai tout à craindre, et rien à souhaiter.

SABINE.

Quand il faut que l'un meure, et par les mains de l'autre,
C'est un raisonnement bien mauvais que le vôtre.
Quoique ce soient, ma sœur, des nœuds bien différents,
C'est sans les oublier qu'on quitte ses parents :
L'hymen n'efface point ces profonds caractères;
Pour aimer un mari, l'on ne hait pas ses frères;
La nature en tout temps garde ses premiers droits;
Aux dépens de leur vie on ne fait point de choix;
Aussi bien qu'un époux ils sont d'autres nous-mêmes,
Et tous maux sont pareils alors qu'ils sont extrêmes.
Mais l'amant qui vous charme, et pour qui vous brûlez,
Ne vous est, après tout, que ce que vous voulez :
Une mauvaise humeur, un peu de jalousie,
En fait assez souvent passer la fantaisie.
Ce que peut le caprice, osez-le par raison,
Et laissez votre sang hors de comparaison.
C'est crime qu'opposer des liens volontaires
A ceux que la naissance a rendus nécessaires.

Si donc le ciel s'obstine à nous persécuter,
Seule j'ai tout à craindre, et rien à souhaiter:
Mais, pour vous, le devoir vous donne dans vos plaintes
Où porter vos souhaits et terminer vos craintes.

CAMILLE.

Je le vois bien, ma sœur, vous n'aimâtes jamais;
Vous ne connoissez point ni l'amour ni ses traits:
On peut lui résister quand il commence à naître,
Mais non pas le bannir quand il s'est rendu maître,
Et que l'aveu d'un père, engageant notre foi,
A fait de ce tyran un légitime roi.
Il entre avec douceur, mais il règne par force;
Et, quand l'ame une fois a goûté son amorce,
Vouloir ne plus aimer, c'est ce qu'elle ne peut,
Puisqu'elle ne peut plus vouloir que ce qu'il veut;
Ses chaînes sont pour nous aussi fortes que belles.

SCÈNE V.

LE VIEIL HORACE, SABINE, CAMILLE.

LE VIEIL HORACE.

Je viens vous apporter de fâcheuses nouvelles,
Mes filles; mais en vain je voudrois vous celer
Ce qu'on ne vous sauroit long-temps dissimuler:
Vos frères sont aux mains, les dieux ainsi l'ordonnent.

SABINE.

Je veux bien l'avouer, ces nouvelles m'étonnent;

Et je m'imaginois dans la divinité
Beaucoup moins d'injustice, et bien plus de bonté.
Ne nous consolez point; contre tant d'infortune
La pitié parle en vain, la raison importune :
Nous avons en nos mains la fin de nos douleurs,
Et qui veut bien mourir peut braver les malheurs.
Nous pourrions aisément faire en votre présence
De notre désespoir une fausse constance;
Mais quand on peut sans honte être sans fermeté,
L'affecter au dehors, c'est une lâcheté :
L'usage d'un tel art, nous le laissons aux hommes,
Et ne voulons passer que pour ce que nous sommes.
Nous ne demandons point qu'un courage si fort
S'abaisse, à notre exemple, à se plaindre du sort :
Recevez sans frémir ces mortelles alarmes;
Voyez couler nos pleurs sans y mêler vos larmes;
Enfin, pour toute grace, en de tels déplaisirs,
Gardez votre constance, et souffrez nos soupirs.

LE VIEIL HORACE.

Loin de blâmer les pleurs que je vous vois répandre,
Je crois faire beaucoup de m'en pouvoir défendre,
Et céderois peut-être à de si rudes coups,
Si je prenois ici même intérêt que vous :
Non qu'Albe par son choix m'ait fait haïr vos frères,
Tous trois me sont encor des personnes bien chères;
Mais enfin l'amitié n'est pas de même rang,
Et n'a point les effets de l'amour ni du sang :
Je ne sens point pour eux la douleur qui tourmente

Sabine comme sœur, Camille comme amante;
Je puis les regarder comme nos ennemis,
Et donne sans regret mes souhaits à mes fils.
Ils sont, graces aux dieux, dignes de leur patrie :
Aucun étonnement n'a leur gloire flétrie;
Et j'ai vu leur honneur croître de la moitié,
Quand ils ont des deux camps refusé la pitié.
Si par quelque foiblesse ils l'avoient mendiée,
Si leur haute vertu ne l'eût répudiée,
Ma main bientôt sur eux m'eût vengé hautement
De l'affront que m'eût fait ce mol consentement.
Mais, lorsqu'en dépit d'eux on en a voulu d'autres,
Je ne le cèle point, j'ai joint mes vœux aux vôtres.
Si le ciel pitoyable eût écouté ma voix,
Albe seroit réduite à faire un autre choix;
Nous pourrions voir tantôt triompher les Horaces,
Sans voir leurs bras souillés du sang des Curiaces,
Et de l'événement d'un combat plus humain
Dépendroit maintenant l'honneur du nom romain.
La prudence des dieux autrement en dispose;
Sur leur ordre éternel mon esprit se repose;
Il s'arme en ce besoin de générosité,
Et du bonheur public fait sa félicité.
Tâchez d'en faire autant pour soulager vos peines,
Et songez toutes deux que vous êtes Romaines;
Vous l'êtes devenue, et vous l'êtes encor :
Un si glorieux titre est un digne trésor.
Un jour, un jour viendra que par toute la terre

Rome se fera craindre à l'égal du tonnerre;
Et que, tout l'univers tremblant dessous ses lois,
Ce grand nom deviendra l'ambition des rois.
Les dieux à notre Énée ont promis cette gloire.

SCÈNE VI.

Le vieil HORACE, SABINE, CAMILLE, JULIE.

LE VIEIL HORACE.
Nous venez-vous, Julie, apprendre la victoire?
JULIE.
Mais plutôt du combat les funestes effets.
Rome est sujette d'Albe, et vos fils sont défaits;
Des trois les deux sont morts, son époux seul vous reste.
LE VIEIL HORACE.
O d'un triste combat effet vraiment funeste!
Rome est sujette d'Albe! et, pour l'en garantir,
Il n'a pas employé jusqu'au dernier soupir!
Non, non, cela n'est point; on vous trompe, Julie:
Rome n'est point sujette, ou mon fils est sans vie;
Je connois mieux mon sang, il sait mieux son devoir.
JULIE.
Mille, de nos remparts, comme moi l'ont pu voir.
Il s'est fait admirer tant qu'ont duré ses frères;
Mais, quand il s'est vu seul contre trois adversaires,
Près d'être enfermé d'eux, sa fuite l'a sauvé.

LE VIEIL HORACE.

Et nos soldats trahis ne l'ont point achevé!
Dans leurs rangs à ce lâche ils ont donné retraite!

JULIE.

Je n'ai rien voulu voir après cette défaite.

CAMILLE.

O mes frères!

LE VIEIL HORACE.

Tout beau, ne les pleurez pas tous;
Deux jouissent d'un sort dont leur père est jaloux.
Que des plus nobles fleurs leur tombe soit couverte;
La gloire de leur mort m'a payé de leur perte :
Ce bonheur a suivi leur courage invaincu,
Qu'ils ont vu Rome libre autant qu'ils ont vécu,
Et ne l'auront point vue obéir qu'à son prince,
Ni d'un état voisin devenir la province.
Pleurez l'autre, pleurez l'irréparable affront
Que sa fuite honteuse imprime à notre front;
Pleurez le déshonneur de toute notre race,
Et l'opprobre éternel qu'il laisse au nom d'Horace.

JULIE.

Que vouliez-vous qu'il fît contre trois?

LE VIEIL HORACE.

Qu'il mourût!
Ou qu'un beau désespoir alors le secourût :
N'eût-il que d'un moment reculé sa défaite,
Rome eût été du moins un peu plus tard sujette;
Il eût avec honneur laissé mes cheveux gris;

Et c'étoit de sa vie un assez digne prix.
Il est de tout son sang comptable à sa patrie;
Chaque goutte épargnée a sa gloire flétrie;
Chaque instant de sa vie, après ce lâche tour,
Met d'autant plus ma honte avec la sienne au jour.
J'en romprai bien le cours; et ma juste colère,
Contre un indigne fils usant des droits d'un père,
Saura bien faire voir dans sa punition
L'éclatant désaveu d'une telle action.

SABINE.

Écoutez un peu moins ces ardeurs généreuses,
Et ne nous rendez point tout-à-fait malheureuses.

LE VIEIL HORACE.

Sabine, votre cœur se console aisément;
Nos malheurs jusqu'ici vous touchent foiblement :
Vous n'avez point encor de part à nos misères,
Le ciel vous a sauvé votre époux et vos frères;
Si nous sommes sujets, c'est de votre pays :
Vos frères sont vainqueurs quand nous sommes trahis;
Et, voyant le haut point où leur gloire se monte,
Vous regardez fort peu ce qui nous vient de honte.
Mais votre trop d'amour pour cet infame époux
Vous donnera bientôt à plaindre comme à nous.
Vos pleurs en sa faveur sont de foibles défenses :
J'atteste des grands dieux les suprêmes puissances
Qu'avant ce jour fini, ces mains, ces propres mains
Laveront dans son sang la honte des Romains.

SABINE.

Suivons-le promptement, la colère l'emporte.
Dieux! verrons-nous toujours des malheurs de la sorte?
Nous faudra-t-il toujours en craindre de plus grands,
Et toujours redouter la main de nos parents?

FIN DU TROISIÈME ACTE.

ACTE QUATRIÈME.

SCÈNE I.

Le vieil HORACE, CAMILLE.

LE VIEIL HORACE.

Ne me parlez jamais en faveur d'un infame;
Qu'il me fuie à l'égal des frères de sa femme :
Pour conserver un sang qu'il tient si précieux
Il n'a rien fait encor, s'il n'évite mes yeux.
Sabine y peut mettre ordre, ou de rechef j'atteste
Le souverain pouvoir de la troupe céleste...

CAMILLE.

Ah, mon père! prenez un plus doux sentiment;
Vous verrez Rome même en user autrement,
Et, de quelque malheur que le ciel l'ait comblée,
Excuser la vertu sous le nombre accablée.

LE VIEIL HORACE.

Le jugement de Rome est peu pour mon regard;
Camille, je suis père, et j'ai mes droits à part.
Je sais trop comme agit la vertu véritable;
C'est sans en triompher que le nombre l'accable;
Et sa mâle vigueur, toujours en même point,

Succombe sous la force, et ne lui cède point.
Taisez-vous, et sachons ce que nous veut Valère.

SCÈNE II.

Le vieil HORACE, VALÈRE, CAMILLE.

VALÈRE.

Envoyé par le roi pour consoler un père,
Et pour lui témoigner...

LE VIEIL HORACE.

N'en prenez aucun soin :
C'est un soulagement dont je n'ai pas besoin;
Et j'aime mieux voir morts que couverts d'infamie
Ceux que vient de m'ôter une main ennemie.
Tous deux pour leur pays sont morts en gens d'honneur;
Il me suffit.

VALÈRE.

Mais l'autre est un rare bonheur;
De tous les trois chez vous il doit tenir la place.

LE VIEIL HORACE.

Que n'a-t-on vu périr en lui le nom d'Horace!

VALÈRE.

Seul vous le maltraitez après ce qu'il a fait.

LE VIEIL HORACE.

C'est à moi seul aussi de punir son forfait.

VALÈRE.

Quel forfait trouvez-vous en sa bonne conduite?

LE VIEIL HORACE.
Quel éclat de vertu trouvez-vous en sa fuite?
VALÈRE.
La fuite est glorieuse en cette occasion.
LE VIEIL HORACE.
Vous redoublez ma honte et ma confusion.
Certes l'exemple est rare et digne de mémoire,
De trouver dans la fuite un chemin à la gloire!
VALÈRE.
Quelle confusion et quelle honte à vous
D'avoir produit un fils qui nous conserve tous,
Qui fait triompher Rome, et lui gagne un empire?
A quels plus grands honneurs faut-il qu'un père aspire?
LE VIEIL HORACE.
Quels honneurs, quel triomphe, et quel empire enfin,
Lorsque Albe sous ses lois range notre destin?
VALÈRE.
Que parlez-vous ici d'Albe et de sa victoire?
Ignorez-vous encor la moitié de l'histoire?
LE VIEIL HORACE.
Je sais que par sa fuite il a trahi l'état.
VALÈRE.
Oui, s'il eût en fuyant terminé le combat;
Mais on a bientôt vu qu'il ne fuyoit qu'en homme
Qui savoit ménager l'avantage de Rome.
LE VIEIL HORACE.
Quoi! Rome donc triomphe?

VALÈRE.

Apprenez, apprenez
La valeur de ce fils qu'à tort vous condamnez.
Resté seul contre trois, mais en cette aventure
Tous trois étant blessés, et lui seul sans blessure,
Trop foible pour eux tous, trop fort pour chacun d'eux,
Il sait bien se tirer d'un pas si hasardeux;
Il fuit pour mieux combattre, et cette prompte ruse
Divise adroitement trois frères qu'elle abuse.
Chacun le suit d'un pas ou plus ou moins pressé,
Selon qu'il se rencontre ou plus ou moins blessé;
Leur ardeur est égale à poursuivre sa fuite,
Mais leurs coups inégaux séparent leur poursuite.
Horace les voyant l'un de l'autre écartés,
Se retourne, et déja les croit demi domptés;
Il attend le premier, et c'étoit votre gendre.
L'autre, tout indigné qu'il ait osé l'attendre,
En vain en l'attaquant fait paroître un grand cœur,
Le sang qu'il a perdu ralentit sa vigueur.
Albe, à son tour, commence à craindre un sort contraire;
Elle crie au second qu'il secoure son frère :
Il se hâte, et s'épuise en efforts superflus;
Il trouve en le joignant que son frère n'est plus.

CAMILLE.

Hélas!

VALÈRE.

Tout hors d'haleine il prend pourtant sa place,
Et redouble bientôt la victoire d'Horace:

ACTE IV, SCENE II.

Son courage sans force est un débile appui ;
Voulant venger son frère, il tombe auprès de lui.
L'air résonne des cris qu'au ciel chacun envoie ;
Albe en jette d'angoisse, et les Romains de joie.
Comme notre héros se voit près d'achever,
C'est peu pour lui de vaincre, il veut encor braver :
« J'en viens d'immoler deux aux mânes de mes frères,
« Rome aura le dernier de mes trois adversaires ;
« C'est à ses intérêts que je vais l'immoler, »
Dit-il ; et tout d'un temps on le voit y voler.
La victoire entre eux deux n'étoit pas incertaine ;
L'Albain, percé de coups, ne se traînoit qu'à peine ;
Et, comme une victime aux marches de l'autel,
Il sembloit présenter sa gorge au coup mortel :
Aussi le reçoit-il, peu s'en faut, sans défense ;
Et son trépas de Rome établit la puissance.

LE VIEIL HORACE.

O mon fils ! ô ma joie ! ô l'honneur de nos jours !
O d'un état penchant l'inespéré secours !
Vertu digne de Rome, et sang digne d'Horace !
Appui de ton pays, et gloire de ta race !
Quand pourrai-je étouffer dans tes embrassements
L'erreur dont j'ai formé de si faux sentiments ?
Quand pourra mon amour baigner avec tendresse
Ton front victorieux de larmes d'alégresse ?

VALÈRE.

Vos caresses bientôt pourront se déployer :
Le roi dans un moment vous le va renvoyer,

Et remet à demain la pompe qu'il prépare
D'un sacrifice aux dieux pour un bonheur si rare;
Aujourd'hui seulement on s'acquitte vers eux
Par des chants de victoire et par de simples vœux:
C'est où le roi le mène, et tandis il m'envoie
Faire office vers vous de douleur et de joie.
Mais cet office encor n'est pas assez pour lui;
Il y viendra lui-même, et peut-être aujourd'hui:
Il croit mal reconnoître une vertu si pure,
Si de sa propre bouche il ne vous en assure,
S'il ne vous dit chez vous combien vous doit l'état.

LE VIEIL HORACE.

De tels remercîments ont pour moi trop d'éclat;
Et je me tiens déja trop payé par les vôtres
Du service d'un fils, et du sang des deux autres.

VALÈRE.

Il ne sait ce que c'est d'honorer à demi;
Et son sceptre arraché des mains de l'ennemi
Fait qu'il tient cet honneur qu'il lui plaît de vous faire
Au-dessous du mérite et du fils et du père.
Je vais lui témoigner quels nobles sentiments
La vertu vous inspire en tous vos mouvements,
Et combien vous montrez d'ardeur pour son service.

LE VIEIL HORACE.

Je vous devrai beaucoup pour un si bon office.

SCÈNE III.

Le vieil HORACE, CAMILLE.

LE VIEIL HORACE.

Ma fille, il n'est plus temps de répandre des pleurs;
Il sied mal d'en verser où l'on voit tant d'honneurs :
On pleure injustement des pertes domestiques,
Quand on en voit sortir des victoires publiques.
Rome triomphe d'Albe, et c'est assez pour nous;
Tous nos maux à ce prix doivent nous être doux.
En la mort d'un amant vous ne perdez qu'un homme
Dont la perte est aisée à réparer dans Rome :
Après cette victoire il n'est point de Romain
Qui ne soit glorieux de vous donner la main.
Il me faut à Sabine en porter la nouvelle :
Ce coup sera sans doute assez rude pour elle;
Et ses trois frères morts par la main d'un époux
Lui donneront des pleurs bien plus justes qu'à vous :
Mais j'espère aisément en dissiper l'orage,
Et qu'un peu de prudence, aidant son grand courage,
Fera bientôt régner sur un si noble cœur
Le généreux amour qu'elle doit au vainqueur.
Cependant étouffez cette lâche tristesse;
Recevez-le, s'il vient, avec moins de foiblesse;
Faites-vous voir sa sœur, et qu'en un même flanc
Le ciel vous a tous deux formés du même sang.

SCÈNE IV.

CAMILLE.

Oui, je lui ferai voir par d'infaillibles marques
Qu'un véritable amour brave la main des Parques,
Et ne prend point de lois de ces cruels tyrans
Qu'un astre injurieux nous donne pour parents.
Tu blâmes ma douleur! tu l'oses nommer lâche!
Je l'aime d'autant plus que plus elle te fâche,
Impitoyable père! et, par un juste effort,
Je la veux rendre égale aux rigueurs de mon sort.
En vit-on jamais un dont les rudes traverses
Prissent en moins de rien tant de faces diverses;
Qui fût doux tant de fois, et tant de fois cruel,
Et portât tant de coups avant le coup mortel?
Vit-on jamais une ame en un jour plus atteinte
De joie et de douleur, d'espérance et de crainte;
Asservie en esclave à plus d'évènements,
Et le piteux jouet de plus de changements?
Un oracle m'assure; un songe me travaille:
La paix calme l'effroi que me fait la bataille:
Mon hymen se prépare; et, presque en un moment,
Pour combattre mon frère on choisit mon amant:
Ce choix me désespère, et tous le désavouent;
La partie est rompue, et les dieux la renouent!
Rome semble vaincue, et seul des trois Albains,

ACTE IV, SCENE IV.

Curiace en mon sang n'a point trempé ses mains :
O dieux ! sentois-je alors des douleurs trop légères
Pour le malheur de Rome et la mort de deux frères ?
Et me flattois-je trop, quand je croyois pouvoir
L'aimer encor sans crime et nourrir quelque espoir ?
Sa mort m'en punit bien, et la façon cruelle
Dont mon ame éperdue en reçoit la nouvelle ;
Son rival me l'apprend, et, faisant à mes yeux
D'un si triste succès le récit odieux,
Il porte sur le front une alégresse ouverte
Que le bonheur public fait bien moins que ma perte ;
Et, bâtissant en l'air sur le malheur d'autrui,
Aussi bien que mon frère il triomphe de lui.
Mais ce n'est rien encore au prix de ce qui reste :
On demande ma joie en un jour si funeste !
Il me faut applaudir aux exploits du vainqueur,
Et baiser une main qui me perce le cœur !
En un sujet de pleurs si grand, si légitime,
Se plaindre est une honte ; et soupirer, un crime :
Leur brutale vertu veut qu'on s'estime heureux ;
Et si l'on n'est barbare, on n'est point généreux !

  Dégénérons, mon cœur, d'un si vertueux père ;
Soyons indigne sœur d'un si généreux frère :
C'est gloire de passer pour un cœur abattu
Quand la brutalité fait la haute vertu.
Éclatez, mes douleurs ; à quoi bon vous contraindre ?
Quand on a tout perdu, que sauroit-on plus craindre ?
Pour ce cruel vainqueur n'ayez point de respect ;

Loin d'éviter ses yeux, croissez à son aspect;
Offensez sa victoire, irritez sa colère,
Et prenez, s'il se peut, plaisir à lui déplaire.
Il vient : préparons-nous à montrer constamment
Ce que doit une amante à la mort d'un amant.

SCÈNE V.

HORACE, CAMILLE; PROCULE, portant en sa main les trois épées des Curiaces.

HORACE.

Ma sœur, voici le bras qui venge nos deux frères;
Le bras qui rompt le cours de nos destins contraires,
Qui nous rend maîtres d'Albe; enfin, voici le bras
Qui seul fait aujourd'hui le sort de deux états.
Vois ces marques d'honneur, ces témoins de ma gloire;
Et rends ce que tu dois à l'heur de ma victoire.

CAMILLE.

Recevez donc mes pleurs; c'est ce que je lui dois.

HORACE.

Rome n'en veut point voir après de tels exploits;
Et nos deux frères morts dans le malheur des armes
Sont trop payés de sang pour exiger des larmes :
Quand la perte est vengée, on n'a plus rien perdu.

CAMILLE.

Puisqu'ils sont satisfaits par le sang épandu,
Je cesserai pour eux de paroître affligée,

Et j'oublierai leur mort que vous avez vengée.
Mais qui me vengera de celle d'un amant,
Pour me faire oublier sa perte en un moment?

HORACE.

Que dis-tu, malheureuse?

CAMILLE.

O mon cher Curiace!

HORACE.

O d'une indigne sœur insupportable audace!
D'un ennemi public, dont je reviens vainqueur,
Le nom est dans ta bouche, et l'amour dans ton cœur!
Ton ardeur criminelle à la vengeance aspire!
Ta bouche la demande, et ton cœur la respire!
Suis moins ta passion, règle mieux tes desirs;
Ne me fais plus rougir d'entendre tes soupirs.
Tes flammes désormais doivent être étouffées;
Bannis-les de ton ame, et songe à mes trophées;
Qu'ils soient dorénavant ton unique entretien.

CAMILLE.

Donne-moi donc, barbare, un cœur comme le tien;
Et, si tu veux enfin que je t'ouvre mon ame,
Rends-moi mon Curiace, ou laisse agir ma flamme.
Ma joie et mes douleurs dépendoient de son sort;
Je l'adorois vivant, et je le pleure mort.
Ne cherche plus ta sœur où tu l'avois laissée;
Tu ne revois en moi qu'une amante offensée,
Qui, comme une furie attachée à tes pas,
Te veut incessamment reprocher son trépas.

Tigre altéré de sang, qui me défends les larmes,
Qui veux que dans sa mort je trouve encor des charmes,
Et que, jusques au ciel élevant tes exploits,
Moi-même je le tue une seconde fois!
Puissent tant de malheurs accompagner ta vie,
Que tu tombes au point de me porter envie,
Et toi bientôt souiller par quelque lâcheté
Cette gloire si chère à ta brutalité!

HORACE.

O Ciel! qui vit jamais une pareille rage!
Crois-tu donc que je sois insensible à l'outrage,
Que je souffre en mon sang ce mortel déshonneur?
Aime, aime cette mort qui fait notre bonheur;
Et préfère du moins au souvenir d'un homme
Ce que doit ta naissance aux intérêts de Rome.

CAMILLE.

Rome, l'unique objet de mon ressentiment!
Rome, à qui vient ton bras d'immoler mon amant!
Rome qui t'a vu naître, et que ton cœur adore!
Rome enfin que je hais parce qu'elle t'honore!
Puissent tous ses voisins, ensemble conjurés,
Saper ses fondements encor mal assurés;
Et, si ce n'est assez de toute l'Italie,
Que l'Orient contre elle à l'Occident s'allie;
Que cent peuples unis des bouts de l'univers
Passent pour la détruire et les monts et les mers;
Qu'elle-même sur soi renverse ses murailles,
Et de ses propres mains déchire ses entrailles!

Que le courroux du ciel allumé par mes vœux
Fasse pleuvoir sur elle un déluge de feux!
Puissé-je de mes yeux y voir tomber ce foudre,
Voir ses maisons en cendre, et tes lauriers en poudre,
Voir le dernier Romain à son dernier soupir,
Moi seule en être cause, et mourir de plaisir!

HORACE, *mettant l'épée à la main, et poursuivant sa sœur qui s'enfuit.*

C'est trop; ma passion à la raison fait place;
Va dedans les enfers plaindre ton Curiace!

CAMILLE, *blessée, derrière le théâtre.*

Ah, traître!

HORACE, *revenant sur le théâtre.*

Ainsi reçoive un châtiment soudain
Quiconque ose pleurer un ennemi romain!

SCÈNE VI.

HORACE, PROCULE.

PROCULE.

Que venez-vous de faire?

HORACE.

Un acte de justice.
Un semblable forfait veut un pareil supplice.

PROCULE.

Vous deviez la traiter avec moins de rigueur.

HORACE.
Ne me dis point qu'elle est et mon sang et ma sœur;
Mon père ne peut plus l'avouer pour sa fille :
Qui maudit son pays renonce à sa famille;
Des noms si pleins d'amour ne lui sont plus permis;
De ses plus chers parents il fait ses ennemis;
Le sang même les arme en haine de son crime;
La plus prompte vengeance en est plus légitime;
Et ce souhait impie, encore qu'impuissant,
Est un monstre qu'il faut étouffer en naissant.

SCÈNE VII.

HORACE, SABINE, PROCULE.

SABINE.
A quoi s'arrête ici ton illustre colère?
Viens voir mourir ta sœur dans les bras de ton père;
Viens repaître tes yeux d'un spectacle si doux :
Ou, si tu n'es point las de ces généreux coups,
Immole au cher pays des vertueux Horaces
Ce reste malheureux du sang des Curiaces;
Si prodigue du tien, n'épargne pas le leur;
Joins Sabine à Camille, et ta femme à ta sœur.
Nos crimes sont pareils ainsi que nos misères;
Je soupire comme elle et déplore mes frères :
Plus coupable en ce point contre tes dures lois,

Qu'elle n'en pleuroit qu'un, et que j'en pleure trois;
Qu'après son châtiment ma faute continue.

HORACE.

Sèche tes pleurs, Sabine, ou les cache à ma vue;
Rends-toi digne du nom de ma chaste moitié;
Et ne m'accable point d'une indigne pitié.
Si l'absolu pouvoir d'une pudique flamme
Ne nous laisse à tous deux qu'un penser et qu'une ame,
C'est à toi d'élever tes sentiments aux miens,
Non à moi de descendre à la honte des tiens.
Je t'aime, et je connois la douleur qui te presse:
Embrasse ma vertu, pour vaincre ta foiblesse;
Participe à ma gloire au lieu de la souiller;
Tâche à t'en revêtir, non à m'en dépouiller.
Es-tu de mon honneur si mortelle ennemie,
Que je te plaise mieux couvert d'une infamie?
Sois plus femme que sœur, et, te réglant sur moi,
Fais-toi de mon exemple une immuable loi.

SABINE.

Cherche pour t'imiter des ames plus parfaites.
Je ne t'impute point les pertes que j'ai faites;
J'en ai les sentiments que je dois en avoir;
Et je m'en prends au sort plutôt qu'à ton devoir.
Mais enfin je renonce à la vertu romaine,
Si pour la posséder je dois être inhumaine,
Et ne puis voir en moi la femme du vainqueur
Sans y voir des vaincus la déplorable sœur.
Prenons part en public aux victoires publiques;

Pleurons dans la maison nos malheurs domestiques;
Et ne regardons point des biens communs à tous
Quand nous voyons des maux qui ne sont que pour nous.
Pourquoi veux-tu, cruel, agir d'une autre sorte?
Laisse en entrant ici tes lauriers à la porte;
Mêle tes pleurs aux miens. Quoi! ces lâches discours
N'arment point ta vertu contre mes tristes jours!
Mon crime redoublé n'émeut point ta colère!
Que Camille est heureuse! elle a pu te déplaire;
Elle a reçu de toi ce qu'elle a prétendu,
Et recouvre là-bas tout ce qu'elle a perdu.
Cher époux, cher auteur du tourment qui me presse,
Écoute la pitié, si ta colère cesse;
Exerce l'une ou l'autre, après de tels malheurs,
A punir ma foiblesse, ou finir mes douleurs.
Je demande la mort pour grace, ou pour supplice:
Qu'elle soit un effet d'amour ou de justice,
N'importe; tous ses traits n'auront rien que de doux,
Si je les vois partir de la main d'un époux.

HORACE.

Quelle injustice aux dieux d'abandonner aux femmes
Un empire si grand sur les plus belles ames,
Et de se plaire à voir de si foibles vainqueurs
Régner si puissamment sur les plus nobles cœurs!
A quel point ma vertu devient-elle réduite!
Rien ne la sauroit plus garantir que la fuite.
Adieu; ne me suis point, ou retiens tes soupirs.

ACTE IV, SCENE VII.

SABINE, seule.

O colère! ô pitié! sourdes à mes desirs,
Vous négligez mon crime, et ma douleur vous lasse;
Et je n'obtiens de vous ni supplice ni grace!
Allons-y par nos pleurs faire encore un effort;
Et n'employons après que nous à notre mort.

FIN DU QUATRIÈME ACTE.

ACTE CINQUIÈME.

SCÈNE I.

Le vieil HORACE, HORACE.

LE VIEIL HORACE.

Retirons nos regards de cet objet funeste,
Pour admirer ici le jugement céleste :
Quand la gloire nous enfle, il sait bien comme il faut
Confondre notre orgueil qui s'élève trop haut ;
Nos plaisirs les plus doux ne vont point sans tristesse ;
Il mêle à nos vertus des marques de foiblesse,
Et rarement accorde à notre ambition
L'entier et pur honneur d'une bonne action.
Je ne plains point Camille, elle étoit criminelle ;
Je me tiens plus à plaindre, et je te plains plus qu'elle :
Moi, d'avoir mis au jour un cœur si peu romain ;
Toi, d'avoir par sa mort déshonoré ta main.
Je ne la trouve point injuste ni trop prompte ;
Mais tu pouvois, mon fils, t'en épargner la honte :
Son crime, quoique énorme et digne du trépas,
Étoit mieux impuni que puni par ton bras.

HORACE.

Disposez de mon sang, les lois vous en font maître :
J'ai cru devoir le sien aux lieux qui m'ont vu naître.
Si dans vos sentiments mon zèle est criminel,
S'il m'en faut recevoir un reproche éternel,
Si ma main en devient honteuse et profanée,
Vous pouvez d'un seul mot trancher ma destinée :
Reprenez tout ce sang de qui ma lâcheté
A si brutalement souillé la pureté.
Ma main n'a pu souffrir de crime en votre race ;
Ne souffrez point de tache en la maison d'Horace.
C'est en ces actions dont l'honneur est blessé
Qu'un père tel que vous se montre intéressé :
Son amour doit se taire où toute excuse est nulle ;
Lui-même il y prend part lorsqu'il les dissimule ;
Et de sa propre gloire il fait trop peu de cas,
Quand il ne punit point ce qu'il n'approuve pas.

LE VIEIL HORACE.

Il n'use pas toujours d'une rigueur extrême ;
Il épargne ses fils bien souvent pour soi-même :
Sa vieillesse sur eux aime à se soutenir,
Et ne les punit point, de peur de se punir.
Je te vois d'un autre œil que tu ne te regardes ;
Je sais... Mais le roi vient ; je vois entrer ses gardes.

SCÈNE II.

TULLE, VALÈRE, LE VIEIL HORACE,
HORACE, TROUPE DE GARDES.

LE VIEIL HORACE.

Ah, Sire! un tel honneur a trop d'excès pour moi;
Ce n'est point en ce lieu que je dois voir mon roi.
Permettez qu'à genoux...

TULLE.

Non : levez-vous, mon père;
Je fais ce qu'en ma place un bon prince doit faire.
Un si rare service et si fort important
Veut l'honneur le plus rare et le plus éclatant :
Vous en aviez déja sa parole pour gage;
Je ne l'ai pas voulu différer davantage.
J'ai su par son rapport, et je n'en doutois pas,
Comme de vos deux fils vous portez le trépas;
Et que déja votre ame étant trop résolue,
Ma consolation vous seroit superflue :
Mais je viens de savoir quel étrange malheur
D'un fils victorieux a suivi la valeur,
Et que son trop d'amour pour la cause publique
Par ses mains à son père ôte une fille unique.
Ce coup est un peu rude à l'esprit le plus fort;
Et je doute comment vous portez cette mort.

LE VIEIL HORACE.
Sire, avec déplaisir, mais avec patience.
TULLE.
C'est l'effet vertueux de votre expérience.
Beaucoup par un long âge ont appris comme vous
Que le malheur succède au bonheur le plus doux;
Peu savent comme vous s'appliquer ce remède,
Et dans leur intérêt toute leur vertu cède.
Si vous pouvez trouver dans ma compassion
Quelque soulagement pour votre affliction,
Ainsi que votre mal sachez qu'elle est extrême,
Et que je vous en plains autant que je vous aime.
VALÈRE.
Sire, puisque le ciel entre les mains des rois
Dépose sa justice et la force des lois,
Et que l'état demande aux princes légitimes
Des prix pour les vertus, des peines pour les crimes,
Souffrez qu'un bon sujet vous fasse souvenir
Que vous plaignez beaucoup ce qu'il vous faut punir;
Souffrez...
LE VIEIL HORACE.
Quoi! qu'on envoie un vainqueur au supplice?
TULLE.
Permettez qu'il achève, et je ferai justice.
J'aime à la rendre à tous, à toute heure, en tout lieu;
C'est par elle qu'un roi se fait un demi-dieu;
Et c'est dont je vous plains, qu'après un tel service

On puisse contre lui me demander justice.
VALÈRE.
Souffrez donc, ô grand roi, le plus juste des rois,
Que tous les gens de bien vous parlent par ma voix :
Non que nos cœurs jaloux de ses honneurs s'irritent ;
S'il en reçoit beaucoup, ses hauts faits les méritent :
Ajoutez-y plutôt que d'en diminuer ;
Nous sommes tous encor prêts d'y contribuer :
Mais puisque d'un tel crime il s'est montré capable,
Qu'il triomphe en vainqueur, et périsse en coupable.
Arrêtez sa fureur, et sauvez de ses mains,
Si vous voulez régner, le reste des Romains ;
Il y va de la perte ou du salut du reste.
 La guerre avoit un cours si sanglant, si funeste,
Et les nœuds de l'hymen, durant nos bons destins,
Ont tant de fois uni des peuples si voisins,
Qu'il est peu de Romains que le parti contraire
N'intéresse en la mort d'un gendre ou d'un beau-frère,
Et qui ne soient forcés de donner quelques pleurs,
Dans le bonheur public, à leurs propres malheurs :
Si c'est offenser Rome, et que l'heur de ses armes
L'autorise à punir ce crime de nos larmes,
Quel sang épargnera ce barbare vainqueur
Qui ne pardonne pas à celui de sa sœur,
Et ne peut excuser cette douleur pressante
Que la mort d'un amant jette au cœur d'une amante,
Quand, près d'être éclairés du nuptial flambeau,
Elle voit avec lui son espoir au tombeau ?

Faisant triompher Rome, il se l'est asservie;
Il a sur nous un droit et de mort et de vie;
Et nos jours criminels ne pourront plus durer
Qu'autant qu'à sa clémence il plaira l'endurer.
Je pourrois ajouter aux intérêts de Rome
Combien un pareil coup est indigne d'un homme;
Je pourrois demander qu'on mît devant vos yeux
Ce grand et rare exploit d'un bras victorieux.
Vous verriez un beau sang, pour accuser sa rage,
D'un frère si cruel rejaillir au visage;
Vous verriez des horreurs qu'on ne peut concevoir;
Son âge et sa beauté vous pourroient émouvoir :
Mais je hais ces moyens qui sentent l'artifice.
Vous avez à demain remis le sacrifice;
Pensez-vous que les dieux, vengeurs des innocents,
D'une main parricide acceptent de l'encens?
Sur vous ce sacrilége attireroit sa peine :
Ne le considérez qu'en objet de leur haine;
Et croyez avec nous qu'en tous ces trois combats
Le bon destin de Rome a plus fait que son bras,
Puisque ces mêmes dieux, auteurs de sa victoire,
Ont permis qu'aussitôt il en souillât la gloire,
Et qu'un si grand courage, après ce noble effort,
Fût digne en même jour de triomphe et de mort.
Sire, c'est ce qu'il faut que votre arrêt décide.
En ce lieu Rome a vu le premier parricide;
La suite en est à craindre, et la haine des cieux :
Sauvez-nous de sa main, et redoutez les dieux.

TULLE.

Défendez-vous, Horace.

HORACE.

A quoi bon me défendre?
Vous savez l'action, vous la venez d'entendre;
Ce que vous en croyez me doit être une loi.
Sire, on se défend mal contre l'avis d'un roi;
Et le plus innocent devient souvent coupable
Quand aux yeux de son prince il paroît condamnable;
C'est crime qu'envers lui se vouloir excuser :
Notre sang est son bien, il en peut disposer;
Et c'est à nous de croire, alors qu'il en dispose,
Qu'il ne s'en prive point sans une juste cause.
Sire, prononcez donc, je suis prêt d'obéir;
D'autres aiment la vie, et je la dois haïr.
Je ne reproche point à l'ardeur de Valère
Qu'en amant de la sœur il accuse le frère :
Mes vœux avec les siens conspirent aujourd'hui;
Il demande ma mort, je la veux comme lui.
Un seul point entre nous met cette différence,
Que mon honneur par là cherche son assurance,
Et qu'à ce même but nous voulons arriver,
Lui pour flétrir ma gloire, et moi pour la sauver.
Sire, c'est rarement qu'il s'offre une matière
A montrer d'un grand cœur la vertu tout entière;
Suivant l'occasion elle agit plus ou moins,
Et paroît forte ou foible aux yeux de ses témoins.
Le peuple, qui voit tout seulement par l'écorce,

S'attache à son effet pour juger de sa force ;
Il veut que ses dehors gardent un même cours,
Qu'ayant fait un miracle elle en fasse toujours :
Après une action pleine, haute, éclatante,
Tout ce qui brille moins remplit mal son attente :
Il veut qu'on soit égal en tout temps, en tous lieux ;
Il n'examine point si lors on pouvoit mieux,
Ni que, s'il ne voit pas sans cesse une merveille,
L'occasion est moindre, et la vertu pareille :
Son injustice accable et détruit les grands noms ;
L'honneur des premiers faits se perd par les seconds ;
Et, quand la renommée a passé l'ordinaire,
Si l'on n'en veut déchoir, il faut ne plus rien faire.
Je ne vanterai point les exploits de mon bras ;
Votre majesté, Sire, a vu mes trois combats :
Il est bien mal aisé qu'un pareil les seconde,
Qu'une autre occasion à celle-ci réponde,
Et que tout mon courage, après de si grands coups,
Parvienne à des succès qui n'aillent au-dessous ;
Si bien que, pour laisser une illustre mémoire,
La mort seule aujourd'hui peut conserver ma gloire :
Encor la falloit-il sitôt que j'eus vaincu,
Puisque pour mon honneur j'ai déja trop vécu.
Un homme tel que moi voit sa gloire ternie
Quand il tombe en péril de quelque ignominie :
Et ma main auroit su déja m'en garantir :
Mais sans votre congé mon sang n'ose sortir ;
Comme il vous appartient, votre aveu doit se prendre

C'est vous le dérober qu'autrement le répandre.
Rome ne manque point de généreux guerriers;
Assez d'autres sans moi soutiendront vos lauriers :
Que votre majesté désormais m'en dispense;
Et, si ce que j'ai fait vaut quelque récompense,
Permettez, ô grand roi, que de ce bras vainqueur
Je m'immole à ma gloire, et non pas à ma sœur.

SCÈNE III.

TULLE, VALÈRE, LE VIEIL HORACE, HORACE, SABINE.

SABINE.

Sire, écoutez Sabine; et voyez dans son ame
Les douleurs d'une sœur, et celles d'une femme,
Qui, toute désolée, à vos sacrés genoux,
Pleure pour sa famille, et craint pour son époux.
Ce n'est pas que je veuille avec cet artifice
Dérober un coupable au bras de la justice :
Quoi qu'il ait fait pour vous, traitez-le comme tel,
Et punissez en moi ce noble criminel;
De mon sang malheureux expiez tout son crime :
Vous ne changerez point pour cela de victime;
Ce n'en sera point prendre une injuste pitié,
Mais en sacrifier la plus chère moitié.
Les nœuds de l'hyménée et son amour extrême
Font qu'il vit plus en moi qu'il ne vit en lui-même;
Et, si vous m'accordez de mourir aujourd'hui,

Il mourra plus en moi qu'il ne mourroit en lui.
La mort que je demande, et qu'il faut que j'obtienne,
Augmentera sa peine, et finira la mienne.
Sire, voyez l'excès de mes tristes ennuis,
Et l'effroyable état où mes jours sont réduits.
Quelle horreur d'embrasser un homme dont l'épée
De toute ma famille a la trame coupée !
Et quelle impiété de haïr un époux
Pour avoir bien servi les siens, l'état, et vous !
Aimer un bras souillé du sang de tous mes frères !
N'aimer pas un mari qui finit nos misères !
Sire, délivrez-moi, par un heureux trépas,
Des crimes de l'aimer, et de ne l'aimer pas :
J'en nommerai l'arrêt une faveur bien grande.
Ma main peut me donner ce que je vous demande ;
Mais ce trépas enfin me sera bien plus doux
Si je puis de sa honte affranchir mon époux ;
Si je puis par mon sang apaiser la colère
Des dieux qu'a pu fâcher sa vertu trop sévère,
Satisfaire en mourant aux mânes de sa sœur,
Et conserver à Rome un si bon défenseur.

LE VIEIL HORACE.

Sire, c'est donc à moi de répondre à Valère.
Mes enfants avec lui conspirent contre un père :
Tous trois veulent me perdre, et s'arment sans raison
Contre si peu de sang qui reste en ma maison.

(à Sabine.)

Toi, qui, par des douleurs à ton devoir contraires,

Veux quitter un mari pour rejoindre tes frères,
Va plutôt consulter leurs mânes généreux ;
Ils sont morts, mais pour Albe, et s'en tiennent heureux :
Puisque le ciel vouloit qu'elle fût asservie,
Si quelque sentiment demeure après la vie,
Ce malheur semble moindre, et moins rudes ses coups,
Voyant que tout l'honneur en retombe sur nous ;
Tous trois désavoueront la douleur qui te touche,
Les larmes de tes yeux, les soupirs de ta bouche,
L'horreur que tu fais voir d'un mari vertueux.
Sabine, sois leur sœur, suis ton devoir comme eux.
(au roi.)
Contre ce cher époux Valère en vain s'anime :
Un premier mouvement ne fut jamais un crime ;
Et la louange est due au lieu du châtiment
Quand la vertu produit ce premier mouvement.
Aimer nos ennemis avec idolâtrie,
De rage en leur trépas maudire la patrie,
Souhaiter à l'état un malheur infini,
C'est ce qu'on nomme crime, et ce qu'il a puni.
Le seul amour de Rome a sa main animée ;
Il seroit innocent s'il l'avoit moins aimée.
Qu'ai-je dit, Sire ? Il l'est ; et ce bras paternel
L'auroit déja puni, s'il étoit criminel ;
J'aurois su mieux user de l'entière puissance
Que me donnent sur lui les droits de la naissance ;
J'aime trop l'honneur, Sire, et ne suis point de rang
A souffrir ni d'affront ni de crime en mon sang.

C'est dont je ne veux point de témoin que Valère;
Il a vu quel accueil lui gardoit ma colère,
Lorsque, ignorant encor la moitié du combat,
Je croyois que sa fuite avoit trahi l'état.
Qui le fait se charger des soins de ma famille?
Qui le fait malgré moi vouloir venger ma fille?
Et par quelle raison, dans son juste trépas,
Prend-il un intérêt qu'un père ne prend pas?
On craint qu'après sa sœur il n'en maltraite d'autres!
Sire, nous n'avons part qu'à la honte des nôtres;
Et de quelque façon qu'un autre puisse agir,
Qui ne nous touche point ne nous fait point rougir.

(à Valère.)

Tu peux pleurer, Valère, et même aux yeux d'Horace;
Il ne prend intérêt qu'aux crimes de sa race:
Qui n'est pas de son sang ne peut faire d'affront
Aux lauriers immortels qui lui ceignent le front.
Lauriers, sacrés rameaux qu'on veut réduire en poudre,
Vous qui mettez sa tête à couvert de la foudre,
L'abandonnerez-vous à l'infame couteau
Qui fait choir les méchants sous la main d'un bourreau?
Romains, souffrirez-vous qu'on vous immole un homme
Sans qui Rome aujourd'hui cesseroit d'être Rome;
Et qu'un Romain s'efforce à tacher le renom
D'un guerrier à qui tous doivent un si beau nom?
Dis, Valère, dis-nous, si tu veux qu'il périsse,
Où tu penses choisir un lieu pour son supplice:
Sera-ce entre ces murs que mille et mille voix

Font résonner encor du bruit de ses exploits?
Sera-ce hors des murs, au milieu de ces places
Qu'on voit fumer encor du sang des Curiaces;
Entre leurs trois tombeaux, et dans ce champ d'honneur,
Témoin de sa vaillance et de notre bonheur?
Tu ne saurois cacher sa peine à sa victoire :
Dans les murs, hors des murs, tout parle de sa gloire;
Tout s'oppose à l'effort de ton injuste amour,
Qui veut d'un si beau sang souiller un si beau jour.
Albe ne pourra pas souffrir un tel spectacle,
Et Rome par ses pleurs y mettra trop d'obstacle.

    Vous les préviendrez, Sire; et par un juste arrêt
Vous saurez embrasser bien mieux son intérêt.
Ce qu'il a fait pour elle, il peut encor le faire;
Il peut la garantir encor d'un sort contraire.
Sire, ne donnez rien à mes débiles ans :
Rome aujourd'hui m'a vu père de quatre enfants;
Trois en ce même jour sont morts pour sa querelle;
Il m'en reste encore un; conservez-le pour elle :
N'ôtez pas à ses murs un si puissant appui,
Et souffrez, pour finir, que je m'adresse à lui.

    Horace, ne crois pas que le peuple stupide
Soit le maître absolu d'un renom bien solide.
Sa voix tumultueuse assez souvent fait bruit :
Mais un moment l'élève, un moment le détruit;
Et ce qu'il contribue à notre renommée
Toujours en moins de rien se dissipe en fumée.
C'est aux rois, c'est aux grands, c'est aux esprits bien faits,

A voir la vertu pleine en ses moindres effets;
C'est d'eux seuls qu'on reçoit la véritable gloire;
Eux seuls des vrais héros assurent la mémoire.
Vis toujours en Horace; et toujours auprès d'eux
Ton nom demeurera grand, illustre, fameux,
Bien que l'occasion moins haute ou moins brillante
D'un vulgaire ignorant trompe l'injuste attente.
Ne hais donc plus la vie, et du moins vis pour moi,
Et pour servir encor ton pays et ton roi.
Sire, j'en ai trop dit : mais l'affaire vous touche;
Et Rome tout entière a parlé par ma bouche.

VALÈRE.

Sire, permettez-moi...

TULLE.

Valère, c'est assez :
Vos discours par les leurs ne sont pas effacés;
J'en garde en mon esprit les forces plus pressantes,
Et toutes vos raisons me sont encor présentes.
Cette énorme action faite presque à nos yeux
Outrage la nature, et blesse jusqu'aux dieux.
Un premier mouvement qui produit un tel crime
Ne sauroit lui servir d'excuse légitime :
Les moins sévères lois en ce point sont d'accord;
Et, si nous les suivons, il est digne de mort.
Si d'ailleurs nous voulons regarder le coupable,
Ce crime, quoique grand, énorme, inexcusable,
Vient de la même épée, et part du même bras
Qui me fait aujourd'hui maître de deux états.

Deux sceptres en ma main, Albe à Rome asservie,
Parlent bien hautement en faveur de sa vie :
Sans lui j'obéirois où je donne la loi,
Et je serois sujet où je suis deux fois roi.
Assez de bons sujets dans toutes les provinces
Par des vœux impuissants s'acquittent vers leurs princes;
Tous les peuvent aimer : mais tous ne peuvent pas
Par d'illustres effets assurer leurs états;
Et l'art et le pouvoir d'affermir des couronnes
Sont des dons que le ciel fait à peu de personnes.
De pareils serviteurs sont les forces des rois,
Et de pareils aussi sont au-dessus des lois.
Qu'elles se taisent donc; que Rome dissimule
Ce que dès sa naissance elle vit en Romule :
Elle peut bien souffrir en son libérateur
Ce qu'elle a bien souffert en son premier auteur.
Vis donc, Horace, vis, guerrier trop magnanime;
Ta vertu met ta gloire au-dessus de ton crime :
Sa chaleur généreuse a produit ton forfait;
D'une cause si belle il faut souffrir l'effet.
Vis pour servir l'état; vis, mais aime Valère :
Qu'il ne reste entre vous ni haine ni colère;
Et, soit qu'il ait suivi l'amour ou le devoir,
Sans aucun sentiment résous-toi de le voir.
Sabine, écoutez moins la douleur qui vous presse;
Chassez de ce grand cœur ces marques de foiblesse :
C'est en séchant vos pleurs que vous vous montrerez
La véritable sœur de ceux que vous pleurez.

ACTE V, SCENE III.

Mais nous devons aux dieux demain un sacrifice;
Et nous aurions le ciel à nos vœux mal propice,
Si nos prêtres, avant que de sacrifier,
Ne trouvoient les moyens de le purifier.
Son père en prendra soin : il lui sera facile
D'apaiser tout d'un temps les mânes de Camille.
Je la plains; et, pour rendre à son sort rigoureux
Ce que peut souhaiter son esprit amoureux,
Puisqu'en un même jour l'ardeur du même zèle
Achève le destin de son amant et d'elle;
Je veux qu'un même jour, témoin de leurs deux morts,
Dans un même tombeau voie enfermer leurs corps.

FIN D'HORACE.[*]

---

[*] Nous conformant aux dernières éditions données par l'auteur, nous terminons ici sa pièce, qui, dans les éditions antérieures, finissait par la scène suivante.

SCÈNE IV.

JULIE.

Camille, ainsi le ciel t'avoit bien avertie
Des tragiques succès qu'il t'avoit préparés;
Mais toujours du secret il cache une partie
Aux esprits les plus nets et les plus éclairés.
Il sembloit nous parler de ton proche hyménée,
Il sembloit tout promettre à tes vœux innocents;
Et, nous cachant ainsi ta mort inopinée,
Sa voix n'est que trop vraie en trompant notre sens.

« Albe et Rome aujourd'hui prennent une autre face
« Tes vœux sont exaucés; elles goûtent la paix;
« Et tu vas être unie avec ton Curiace,
« Sans qu'aucun mauvais sort t'en sépare jamais. »

EXAMEN D'HORACE.

C'est une croyance assez générale que cette pièce pourroit passer pour la plus belle des miennes, si les derniers actes répondoient aux premiers. Tous veulent que la mort de Camille en gâte la fin, et j'en demeure d'accord; mais je ne sais si tous en savent la raison. On l'attribue communément à ce qu'on voit cette mort sur la scène; ce qui seroit plutôt la faute de l'actrice que la mienne, parce que, quand elle voit son frère mettre l'épée à la main, la frayeur si naturelle au sexe lui doit faire prendre la fuite, et recevoir le coup derrière le théâtre, comme je le marque dans cette impression. D'ailleurs, si c'est une règle de ne le point ensanglanter, elle n'est pas du temps d'Aristote, qui nous apprend que, pour émouvoir puissamment, il faut de grands déplaisirs, des blessures, et des morts en spectacle. Horace ne veut pas que nous y hasardions les événements trop dénaturés, comme de Médée qui tue ses enfants; mais je ne vois pas qu'il en fasse une règle générale pour toutes sortes de morts, ni que l'emportement d'un homme passionné pour sa patrie, contre une sœur qui la maudit en sa présence avec des imprécations horribles, soit de même nature que la cruauté de cette mère. Sénèque l'expose aux yeux du peuple en dépit d'Horace ; et, chez Sophocle, Ajax ne se cache point aux spectateurs lorsqu'il se tue. L'adoucissement que j'apporte dans le second de mes discours, pour rectifier la mort de Clytemnestre, ne peut être propre ici à celle de Camille. Quand elle s'enferreroit d'elle-même par désespoir en voyant son frère l'épée à la main, ce frère ne laisseroit pas d'être criminel de l'avoir tirée contre elle, puisqu'il n'y a point de troisième personne sur le théâtre à qui il pût adresser le coup qu'elle recevroit, comme peut faire Oreste à Égiste. D'ailleurs, l'histoire est trop connue pour retrancher le péril qu'il court d'une mort infame après l'avoir tuée; et la défense que lui prête son père pour obtenir sa grace n'auroit plus de lieu, s'il demeuroit innocent. Quoi qu'il en soit, voyons si cette action n'a pu causer la chute de ce poëme que par là, et si elle n'a point d'autre irrégularité que de blesser les yeux.

Comme je n'ai point accoutumé de dissimuler mes défauts, j'en trouve ici deux ou trois assez considérables. Le premier est que cette action, qui devient la principale de la pièce, est momentanée, et n'a point cette juste grandeur que lui demande Aristote, et qui consiste en un commencement, un milieu, et une fin. Elle surprend tout d'un coup; et toute la préparation que j'y ai donnée par la peinture de la vertu farouche d'Horace, et par la défense qu'il fait à sa sœur de regretter qui que ce soit de lui ou de son amant qui meure au combat, n'est point suffisante pour faire attendre un emportement si extraordinaire, et servir de commencement à cette action.

Le second défaut est que cette mort fait une action double par le second péril où tombe Horace après être sorti du premier. L'unité de péril d'un héros dans la tragédie fait l'unité d'action; et quand il en est garanti, la pièce est finie, si ce n'est que la sortie même de ce péril l'engage si nécessairement dans un autre, que la liaison et la continuité des deux n'en fasse qu'une action ; ce qui n'arrive point ici, où Horace revient triomphant, sans aucun besoin de tuer sa sœur, ni même de parler à elle : et l'action seroit suffisamment terminée à sa victoire. Cette chute d'un péril en l'autre sans nécessité fait ici un effet d'autant plus mauvais, que, d'un péril public où il y va de tout l'état, il tombe en un péril particulier où il n'y va que de sa vie ; et, pour dire encore plus, d'un péril illustre où il ne peut succomber que glorieusement, en un péril infame dont il ne peut sortir sans tache. Ajoutez, pour troisième imperfection, que Camille, qui ne tient que le second rang dans les trois premiers actes, et y laisse le premier à Sabine, prend le premier en ces deux derniers, où cette Sabine n'est plus considérable, et qu'ainsi, s'il y a égalité dans les mœurs, il n'y en a point dans la dignité des personnages, où se doit étendre ce précepte d'Horace :

. . . . Servetur ad imum

Qualis ab incepto processerit, et sibi constet.

Ce défaut en Rodelinde a été une des principales causes du mauvais succès de Pertharite, et je n'ai point encore vu sur nos théâtres cette inégalité de rang en un même acteur qui n'ait produit un très-méchant effet. Il seroit bon d'en établir une règle inviolable.

Du côté du temps, l'action n'est point trop pressée, et n'a rien qui ne me semble vraisemblable. Pour le lieu, bien que l'unité y soit exacte, elle n'est pas sans quelque contrainte. Il est constant qu'Horace et Curiace n'ont point de raison de se séparer du reste de la famille pour commencer le second acte; et c'est une adresse de théâtre de n'en donner aucune quand on n'en peut donner de bonnes. L'attachement de l'auditeur à l'action présente souvent ne lui permet pas de descendre à l'examen sévère de cette justesse; et ce n'est pas un crime que de s'en prévaloir pour l'éblouir, quand il est malaisé de le satisfaire.

Le personnage de Sabine est assez heureusement inventé, et trouve sa vraisemblance aisée dans le rapport à l'histoire, qui marque assez d'amitié et d'égalité entre les deux familles pour avoir pu faire cette double alliance.

Elle ne sert pas davantage à l'action que l'infante à celle du Cid, et ne fait que se laisser toucher diversement comme elle à la diversité des événements.

Néanmoins on a généralement approuvé celle-ci, et condamné l'autre. J'en ai cherché la raison ; et j'en ai trouvé deux. L'une est la liaison des scènes, qui semblent, s'il m'est permis de parler ainsi, incorporer Sabine dans cette pièce ; au lieu que, dans le Cid, toutes celles de l'infante sont détachées, et paroissent hors œuvre :

. . . . Tantum series juncturaque pollet.

L'autre, qu'ayant une fois posé Sabine pour femme d'Horace, il est nécessaire que tous les incidents de ce poëme lui donnent les sentiments qu'elle en témoigne avoir, par l'obligation qu'elle a de prendre intérêt à ce qui regarde son mari et ses frères : mais l'infante n'est point obligée d'en prendre aucun en ce qui touche le Cid ; et, si elle a quelque inclination secrète pour lui, il n'est point besoin qu'elle en fasse rien paroître, puisqu'elle ne produit aucun effet.

L'oracle qui est proposé au premier acte trouve son vrai sens à la conclusion du cinquième. Il semble clair d'abord, et porte l'imagination à un sens contraire ; et je les aimerois mieux de cette sorte, sur nos théâtres, que ceux qu'on fait entièrement obscurs, parce que la surprise de leur véritable effet en est plus belle. J'en ai usé ainsi encore dans l'Andromède et dans l'OEdipe. Je ne dis pas la même chose des songes, qui peuvent faire encore un plus grand ornement dans la protase, pourvu qu'on ne s'en serve pas souvent. Je voudrois qu'ils eussent l'idée de la fin véritable de la pièce, mais avec quelque confusion qui n'en permît pas l'intelligence entière. C'est ainsi que je m'en suis servi deux fois, ici et dans Polyeucte, mais avec plus d'éclat et d'artifice dans ce dernier poëme, où il marque toutes les particularités de l'événement, qu'en celui-ci, où il ne fait qu'exprimer une ébauche tout-à-fait informe de ce qui doit arriver de funeste.

Il passe pour constant que le second acte est un des plus pathétiques qui soient sur la scène, et le troisième un des plus artificieux. Il est soutenu de la seule narration de la moitié du combat des trois frères, qui est coupée très-heureusement pour laisser Horace le père dans la colère et le déplaisir, et lui donner ensuite un beau retour à la joie dans le quatrième. Il a été à propos, pour le jeter dans cette erreur, de se servir de l'impatience d'une femme qui suit brusquement sa première idée, et présume le combat achevé, parce qu'elle a vu deux des Horaces par terre et le troisième en fuite. Un homme, qui doit être plus posé et plus judicieux, n'eût pas été propre à donner cette fausse alarme; il eût dû prendre plus de patience, afin d'avoir plus de certitude de l'événement, et n'eût pas été excusable de se laisser emporter si légèrement par les apparences à présumer le mauvais succès d'un combat dont il n'eût pas vu la fin.

Bien que le roi n'y paroisse qu'au cinquième, il y est mieux dans sa dignité que dans le Cid, parce qu'il a intérêt pour tout son état dans le reste de la pièce ; et, bien qu'il n'y parle point, il ne laisse pas d'y agir comme roi. Il vient aussi dans ce cinquième comme roi qui veut honorer par cette visite un père dont les fils lui ont conservé sa couronne, et acquis celle d'Albe au prix de leur sang. S'il y fait l'office de juge, ce n'est que par accident, et il le fait dans ce logis même d'Horace, par la seule contrainte qu'impose la règle de l'unité de lieu. Tout ce cinquième est encore une des causes du peu de satisfaction que laisse cette tragédie. Il est tout en plaidoyers, et ce n'est pas là la place des harangues ni des longs discours : ils peuvent être supportés en un commencement de pièce, où l'action n'est pas encore échauffée ; mais le cinquième acte doit plus agir que discourir. L'attention de l'auditeur, déja lassée, se rebute de ces conclusions qui traînent, et tirent la fin en longueur.

Quelques-uns ne veulent pas que Valère y soit un digne accusateur d'Horace, parce que, dans la pièce, il n'a pas fait voir assez de passion pour Camille : à quoi je réponds que ce n'est pas à dire qu'il n'en eût une très-forte, mais qu'un amant malvoulu ne pouvoit se montrer de bonne grace à sa maîtresse dans le jour qui la rejoignoit à un amant aimé. Il n'y avoit point de place pour lui au premier acte, et encore moins au second : il falloit qu'il tînt son rang à l'armée pendant le troisième; et il se montre au quatrième, sitôt que la mort de son rival fait quelque ouverture à son espérance. Il tâche à gagner les bonnes graces du père, par la commission qu'il prend du roi de lui apporter les glorieuses nouvelles de l'honneur que ce prince lui veut faire, et, par occasion, il lui apprend la victoire de son fils, qu'il ignoroit. Il ne manque pas d'amour durant les trois premiers actes, mais d'un temps propre à le témoigner; et, dès la première scène de la pièce, il paroît bien qu'il rendoit assez de soins à Camille, puisque Sabine s'en alarme pour son frère. S'il ne prend pas le procédé de France, il faut considérer qu'il est Romain, et dans Rome, où il n'aurait pu entreprendre un duel contre un autre Romain sans faire un crime d'état; et que j'aurois fait un crime de théâtre, si j'avois habillé un Romain à la françoise.

FIN DE L'EXAMEN D'HORACE.

CINNA,

ou

LA CLÉMENCE D'AUGUSTE,

TRAGÉDIE.

1539.

> Cui lecta potenter erit res,
> Nec facundia deseret hunc, nec lucidus ordo.
> HORAT.

AVERTISSEMENT
DE VOLTAIRE.

Ce n'est pas ici une pièce telle que *les Horaces*. On voit bien le même pinceau, mais l'ordonnance du tableau est très-supérieure. Il n'y a point de double action : ce ne sont point des intérêts indépendants les uns des autres, des actes ajoutés à des actes ; c'est toujours la même intrigue. Les trois unités sont aussi parfaitement observées qu'elles puissent l'être, sans que l'action soit gênée, sans que l'auteur paraisse faire le moindre effort. Il y a toujours de l'art, et l'art s'y montre rarement à découvert.

A MONSIEUR
DE MONTAURON.

Monsieur,

Je vous présente un tableau d'une des plus belles actions d'Auguste. Ce monarque étoit tout généreux, et sa générosité n'a jamais paru avec tant d'éclat que dans les effets de sa clémence et de sa libéralité. Ces deux rares vertus lui étoient si naturelles, et si inséparables en lui, qu'il semble qu'en cette histoire que j'ai mise sur notre théâtre, elles se soient tour-à-tour entre-produites dans son ame. Il avoit été si libéral envers Cinna, que sa conjuration ayant fait voir une ingratitude extraordinaire, il eut besoin d'un extraordinaire effort de clémence pour lui pardonner; et le pardon qu'il lui donna fut la source des nouveaux bienfaits dont il lui fut prodigue pour vaincre tout-à-fait cet esprit qui n'avoit pu être gagné par les premiers ; de sorte qu'il est vrai de dire qu'il eût été moins clément envers lui s'il eût été moins libéral, et qu'il eût été moins libéral s'il eût été moins clément. Cela étant, à qui pourrois-je plus justement donner le portrait de l'une des ces héroïques vertus, qu'à celui qui possède l'autre à un si haut degré, puisque, dans cette action, ce grand prince les a si bien attachées, et comme unies l'une à l'autre, qu'elles ont été tout ensemble et la cause et l'effet l'une de l'autre? Vous avez des richesses, mais vous savez en jouir, et vous en jouissez d'une façon si noble, si relevée, et tellement illustre, que vous forcez la voix publique d'avouer que la fortune a consulté la raison quand elle a répandu ses faveurs sur vous, et qu'on a plus de sujet de vous en souhaiter le redoublement que de vous en envier l'abondance. J'ai vécu si éloigné de la flatterie, que je pense être en possession de me faire croire quand je dis du bien de quelqu'un ; et lorsque je donne des louanges, ce qui m'arrive assez rarement, c'est avec tant de retenue, que je supprime toujours quantité de glorieuses vérités, pour ne me rendre pas suspect d'étaler de ces mensonges obligeants que beaucoup de nos modernes savent débiter de si bonne grace.

Aussi ne dirai-je rien des avantages de votre naissance, ni de votre courage qui l'a si dignement soutenue dans la profession des armes, à qui vous avez donné vos premières années; ce sont des choses trop connues de tout le monde. Je ne dirai rien de ce prompt et puissant secours que reçoivent chaque jour de votre main tant de bonnes familles ruinées par les désordres de nos guerres; ce sont des choses que vous voulez tenir cachées. Je dirai seulement un mot de ce que vous avez particulièrement de commun avec Auguste : c'est que cette générosité qui compose la meilleure partie de votre ame et règne sur l'autre, et qu'à juste titre on peut nommer l'ame de votre ame, puisqu'elle en fait mouvoir toutes les puissances; c'est, dis-je, que cette générosité, à l'exemple de ce grand empereur, prend plaisir à s'étendre sur les gens de lettres, en un temps où beaucoup pensent avoir trop récompensé leurs travaux quand ils les ont honorés d'une louange stérile. Et certes, vous avez traité quelques-unes de nos muses avec tant de magnanimité, qu'en elles vous avez obligé toutes les autres, et qu'il n'en est point qui ne vous en doive un remerciement. Trouvez donc bon, Monsieur, que je m'acquitte de celui que je reconnois vous en devoir, par le présent que je vous fais de ce poëme, que j'ai choisi, comme le plus durable des miens, pour apprendre plus long-temps à ceux qui le liront que le généreux M. de Montauron, par une libéralité inouïe en ce siècle, s'est rendu toutes les muses redevables, et que je prends tant de part aux bienfaits dont vous avez surpris quelques-unes d'elles, que je m'en dirai toute ma vie,

Monsieur,

Votre très-humble et très-obligé serviteur,

P. Corneille.

EXTRAIT

Du livre de Sénèque le philosophe, dont le sujet de Cinna *est tiré.*

Seneca, *de Clementia*, Lib. i, Cap. 9.

Divus Augustus mitis fuit princeps, si quis illum à principatu suo æstimare incipiat : in communi quidem republica gladium movit. Duodevicesimum egressus annum, jam pugiones in sinum amicorum absconderat, jam insidiis M. Antonii consulis latus petierat, jam fuerat collega proscriptionis : sed quum annum quadragesimum transisset, et in Gallia moraretur, delatum est ad eum indicium L. Cinnam, stolidi ingenii virum, insidias ei struere. Dictum est et ubi, et quando, et quemadmodum aggredi vellet. Unus ex consciis deferebat; constituit se ab eo vindicare. Consilium amicorum advocari jussit.

Nox illi inquieta erat, quum cogitaret adolescentem nobilem, hoc detracto, integrum, Cn. Pompeii nepotem, damnandum. Jam unum hominem occidere non poterat, quum M. Antonio proscriptionis edictum inter cœnam dictaret. Gemens subinde voces emittebat varias et inter se contrarias : « Quid ergo ? ego percussorem meum securum ambulare « patiar, me sollicito ? Ergo non dabit pœnas, qui tot civi- « libus bellis frustra petitum caput, tot navalibus, tot pe- « destribus præliis incolume, postquam terra marique pax « parta est, non occidere constituit, sed immolare ? » (Nam sacrificantem placuerat adoriri.) Rursus silentio interposito, majore multo voce sibi quam Cinnæ irascebatur : « Quid « vivis, si perire te tam multorum interest? Quis finis erit « suppliciorum? quis sanguinis? Ego sum nobilibus adoles- « centulis expositum caput in quod mucrones acuant. Non est « tanti vita, si, ut ego non peream, tam multa perdenda « sunt. » Interpellavit tandem illum Livia uxor; et « admittis, « inquit, muliebre consilium? Fac quod medici solent, ubi « usitata remedia non procedunt : tenta contraria. Severitate « nihil adhuc profecisti : Salvidienum Lepidus secutus est, « Lepidum Muræna, Muraenam Cæpio, Cæpionem Egnatius, « ut alios taceam quos tantum ausos pudet : nunc tenta quo- « modo tibi cedat clementia. Ignosce L. Cinnæ: deprehensus « est ; jam nocere tibi non potest, prodesse famæ tuæ potest.»

Gavisus sibi quod advocatum invenerat; uxori quidem gratias egit : renuntiari autem extemplo amicis quos in consilium rogaverat, imperavit, et Cinnam unum ad se accersit, dimissisque omnibus e cubiculo, quum alteram poni Cinnæ cathedram jussisset, « Hoc, inquit, primum a te peto ne me « loquentem interpelles, ne medio sermone meo proclames; « dabitur tibi loquendi liberum tempus. Ego te, Cinna, « quum in hostium castris invenissem, non tantum factum « mihi inimicum, sed natum, servavi ; patrimonium tibi « omne concessi; hodie tam felix es et tam dives, ut victo « victores invideant : sacerdotium tibi petenti, præteritis « compluribus quorum parentes mecum militaverant, dedi. « Quum sic de te meruerim, occidere me constituisti. »

Quum ad hanc vocem exclamasset Cinna, procul hanc ab « se abesse dementiam, « Non præstas, inquit, fidem, Cinna; « convenerat ne interloquereris. Occidere, inquam, me paras.»

Adjecit locum, socios, diem, ordinem insidiarum, cui commissum esset ferrum. Et quum defixum videret, nec ex conventione jam, sed ex conscientia tacentem, « Quo, inquit, « hoc animo facis? ut ipse sis princeps? Male mehercule cum « populo romano agitur, si tibi ad imperandum nihil præter « me obstat. Domum tuam tueri non potes; nuper libertini « hominis gratiâ in privato judicio superatus es. Adeo nihil « facilius putas quam contra Cæsarem advocare. Cedo, si « spes tuas solus impedio. Paulusne te et Fabius Maximus et « Cossi et Servilii ferent, tantumque agmen nobilium, non « inania nomina præferentium, sed eorum qui imaginibus « suis decori sunt? » Ne, totam ejus orationem repetendo, magnam partem voluminis occupem, diutius enim quam duabus horis locutum esse constat, quum hanc pœnam quâ solâ erat contentus futurus, extenderet, « Vitam tibi, inquit, « Cinna, iterum do, prius hosti, nunc insidiatori ac parri- « cidæ. Ex hodierno die inter nos amicitia incipiat. Conten- « damus, utrum ego meliore fide vitam tibi dederim, an tu « debeas. » Post hæc detulit ultro consulatum, questus quod non auderet petere, amicissimum fidelissimumque habuit, hæres solus fuit illi, nullis amplius insidiis ab ullo petitus est.

PERSONNAGES.

OCTAVE CÉSAR AUGUSTE, empereur de Rome.
LIVIE, impératrice.
CINNA, fils d'une fille de Pompée, chef de la conjuration contre Auguste.
MAXIME, autre chef de la conjuration.
ÉMILIE, fille de C. Toranius, tuteur d'Auguste, et proscrit par lui durant le triumvirat.
FULVIE, confidente d'Émilie.
POLYCLÈTE, affranchi d'Auguste.
ÉVANDRE, affranchi de Cinna.
EUPHORBE, affranchi de Maxime.

La scène est à Rome.

CINNA.

ACTE PREMIER.

SCÈNE I.

ÉMILIE.

Impatients desirs d'une illustre vengeance
Dont la mort de mon père a formé la naissance,
Enfants impétueux de mon ressentiment,
Que ma douleur séduite embrasse aveuglément,
Vous prenez sur mon ame un trop puissant empire;
Durant quelques moments souffrez que je respire,
Et que je considère, en l'état où je suis,
Et ce que je hasarde, et ce que je poursuis.
Quand je regarde Auguste au milieu de sa gloire,
Et que vous reprochez à ma triste mémoire
Que par sa propre main mon père massacré
Du trône où je le vois fait le premier degré;
Quand vous me présentez cette sanglante image,
La cause de ma haine et l'effet de sa rage,
Je m'abandonne toute à vos ardents transports,

Et crois pour une mort lui devoir mille morts.
Au milieu toutefois d'une fureur si juste,
J'aime encor plus Cinna que je ne hais Auguste;
Et je sens refroidir ce bouillant mouvement
Quand il faut pour le suivre exposer mon amant.
Oui, Cinna, contre moi moi-même je m'irrite,
Quand je songe aux dangers où je te précipite.
Quoique pour me servir tu n'appréhendes rien,
Te demander du sang, c'est exposer le tien.
D'une si haute place on n'abat point de têtes
Sans attirer sur soi mille et mille tempêtes.
L'issue en est douteuse, et le péril certain :
Un ami déloyal peut trahir ton dessein;
L'ordre mal concerté, l'occasion mal prise,
Peuvent sur son auteur renverser l'entreprise,
Tourner sur toi les coups dont tu le veux frapper;
Dans sa ruine même il peut t'envelopper;
Et, quoi qu'en ma faveur ton amour exécute,
Il te peut en tombant écraser sous sa chute.
Ah! cesse de courir à ce mortel danger :
Te perdre en me vengeant, ce n'est pas me venger.
Un cœur est trop cruel quand il trouve des charmes
Aux douceurs que corrompt l'amertume des larmes;
Et l'on doit mettre au rang des plus cuisants malheurs
La mort d'un ennemi qui coûte tant de pleurs.

Mais peut-on en verser alors qu'on venge un père?
Est-il perte à ce prix qui ne semble légère?
Et, quand son assassin tombe sous notre effort,

Doit-on considérer ce que coûte sa mort?
Cessez, vaines frayeurs, cessez, lâches tendresses,
De jeter dans mon cœur vos indignes foiblesses;
Et toi qui les produis par tes soins superflus,
Amour, sers mon devoir, et ne le combats plus.
Lui céder, c'est ta gloire; et le vaincre, ta honte:
Montre-toi généreux, souffrant qu'il te surmonte.
Plus tu lui donneras, plus il te va donner,
Et ne triomphera que pour te couronner.

SCÈNE II.

ÉMILIE, FULVIE.

ÉMILIE.

Je l'ai juré, Fulvie, et je le jure encore,
Quoique j'aime Cinna, quoique mon cœur l'adore,
S'il me veut posséder, Auguste doit périr;
Sa tête est le seul prix dont il peut m'acquérir:
Je lui prescris la loi que mon devoir m'impose.

FULVIE.

Elle a, pour la blâmer, une trop juste cause:
Par un si grand dessein, vous vous faites juger
Digne sang de celui que vous voulez venger.
Mais, encore une fois, souffrez que je vous die
Qu'une si juste ardeur devroit être attiédie:
Auguste chaque jour, à force de bienfaits,
Semble assez réparer les maux qu'il vous a faits;

Sa faveur envers vous paroît si déclarée,
Que vous êtes chez lui la plus considérée;
Et de ses courtisans souvent les plus heureux
Vous pressent à genoux de lui parler pour eux.

ÉMILIE.

Toute cette faveur ne me rend pas mon père;
Et de quelque façon que l'on me considère,
Abondante en richesse, ou puissante en crédit,
Je demeure toujours la fille d'un proscrit.
Les bienfaits ne font pas toujours ce que tu penses;
D'une main odieuse ils tiennent lieu d'offense:
Plus nous en prodiguons à qui nous peut haïr,
Plus d'armes nous donnons à qui nous veut trahir.
Il m'en fait chaque jour, sans changer mon courage:
Je suis ce que j'étois, et je puis davantage;
Et des mêmes présents qu'il verse dans mes mains
J'achète contre lui les esprits des Romains.
Je recevrois de lui la place de Livie
Comme un moyen plus sûr d'attenter à sa vie:
Pour qui venge son père il n'est point de forfaits,
Et c'est vendre son sang que se rendre aux bienfaits.

FULVIE.

Quel besoin toutefois de passer pour ingrate?
Ne pouvez-vous haïr sans que la haine éclate?
Assez d'autres sans vous n'ont pas mis en oubli
Par quelles cruautés son trône est établi.
Tant de braves Romains, tant d'illustres victimes,
Qu'à son ambition ont immolés ses crimes,

Laissent à leurs enfants d'assez vives douleurs
Pour venger votre perte en vengeant leurs malheurs.
Beaucoup l'ont entrepris, mille autres vont les suivre :
Qui vit haï de tous ne sauroit long-temps vivre.
Remettez à leurs bras les communs intérêts,
Et n'aidez leurs desseins que par des vœux secrets.

ÉMILIE.

Quoi ! je le haïrai sans tâcher de lui nuire ?
J'attendrai du hasard qu'il ose le détruire ?
Et je satisferai des devoirs si pressants
Par une haine obscure et des vœux impuissants ?
Sa perte, que je veux, me deviendroit amère,
Si quelqu'un l'immoloit à d'autres qu'à mon père ;
Et tu verrois mes pleurs couler pour son trépas
Qui, le faisant périr, ne me vengeroit pas.
C'est une lâcheté que de remettre à d'autres
Les intérêts publics qui s'attachent aux nôtres.
Joignons à la douceur de venger nos parents
La gloire qu'on remporte à punir les tyrans ;
Et faisons publier par toute l'Italie :
« La liberté de Rome est l'œuvre d'Émilie :
« On a touché son ame, et son cœur s'est épris ;
« Mais elle n'a donné son amour qu'à ce prix. »

FULVIE.

Votre amour à ce prix n'est qu'un présent funeste
Qui porte à votre amant sa perte manifeste.
Pensez mieux, Émilie, à quoi vous l'exposez ;
Combien à cet écueil se sont déja brisés :

Ne vous aveuglez point quand sa mort est visible.
ÉMILIE.
Ah! tu sais me frapper par où je suis sensible.
Quand je songe aux dangers que je lui fais courir,
La crainte de sa mort me fait déja mourir;
Mon esprit en désordre à soi-même s'oppose;
Je veux, et ne veux pas; je m'emporte, et je n'ose;
Et mon devoir, confus, languissant, étonné,
Cède aux rébellions de mon cœur mutiné.

Tout beau, ma passion, deviens un peu moins forte;
Tu vois bien des hasards, ils sont grands; mais n'importe:
Cinna n'est pas perdu pour être hasardé.
De quelques légions qu'Auguste soit gardé,
Quelque soin qu'il se donne, et quelque ordre qu'il tienne,
Qui méprise la vie est maître de la sienne :
Plus le péril est grand, plus doux en est le fruit;
La vertu nous y jette, et la gloire le suit.
Quoi qu'il en soit, qu'Auguste ou que Cinna périsse,
Aux mânes paternels je dois ce sacrifice;
Cinna me l'a promis en recevant ma foi,
Et ce coup seul aussi le rend digne de moi.
Il est tard, après tout, de m'en vouloir dédire :
Aujourd'hui l'on s'assemble, aujourd'hui l'on conspire;
L'heure, le lieu, le bras, se choisit aujourd'hui;
Et c'est à faire enfin à mourir après lui...
Mais le voici qui vient.

SCÈNE III.

CINNA, ÉMILIE, FULVIE.

ÉMILIE.
          Cinna, votre assemblée
Par l'effroi du péril n'est-elle point troublée?
Et reconnoissez-vous aux fronts de vos amis
Qu'ils soient prêts à tenir ce qu'ils vous ont promis?
CINNA.
Jamais contre un tyran entreprise conçue
Ne permit d'espérer une si belle issue;
Jamais de telle ardeur on n'en jura la mort,
Et jamais conjurés ne furent mieux d'accord.
Tous s'y montrent portés avec tant d'alégresse,
Qu'ils semblent, comme moi, servir une maîtresse;
Et tous font éclater un si puissant courroux,
Qu'ils semblent tous venger un père, comme vous.
ÉMILIE.
Je l'avois bien prévu, que pour un tel ouvrage
Cinna sauroit choisir des hommes de courage,
Et ne remettroit pas en de mauvaises mains
L'intérêt d'Émilie et celui des Romains.
CINNA.
Plût aux dieux que vous-même eussiez vu de quel zèle
Cette troupe entreprend une action si belle!
Au seul nom de César, d'Auguste, et d'empereur,

Vous eussiez vu leurs yeux s'enflammer de fureur,
Et dans un même instant, par un effet contraire,
Leur front pâlir d'horreur, et rougir de colère.
 « Amis, leur ai-je dit, voici le jour heureux
Qui doit conclure enfin nos desseins généreux :
Le ciel entre nos mains a mis le sort de Rome,
Et son salut dépend de la perte d'un homme,
Si l'on doit le nom d'homme à qui n'a rien d'humain,
A ce tigre altéré de tout le sang romain :
Combien pour le répandre a-t-il formé de brigues!
Combien de fois changé de partis et de ligues,
Tantôt ami d'Antoine, et tantôt ennemi,
Et jamais insolent ni cruel à demi! »
 Là, par un long récit de toutes les misères
Que durant notre enfance ont enduré nos pères,
Renouvelant leur haine avec leur souvenir,
Je redouble en leurs cœurs l'ardeur de le punir.
Je leur fais des tableaux de ces tristes batailles
Où Rome par ses mains déchiroit ses entrailles;
Où l'aigle abattoit l'aigle, et de chaque côté
Nos légions s'armoient contre leur liberté;
Où les meilleurs soldats et les chefs les plus braves
Mettoient toute leur gloire à devenir esclaves;
Où, pour mieux assurer la honte de leurs fers,
Tous vouloient à leur chaîne attacher l'univers;
Et l'exécrable honneur de lui donner un maître
Faisant aimer à tous l'infame nom de traître,
Romains contre Romains, parents contre parents,

Combattoient seulement pour le choix des tyrans.
J'ajoute à ces tableaux la peinture effroyable
De leur concorde impie, affreuse, inexorable,
Funeste aux gens de bien, aux riches, au sénat,
Et, pour tout dire enfin, de leur triumvirat.
Mais je ne trouve point de couleurs assez noires
Pour en représenter les tragiques histoires :
Je les peins dans le meurtre à l'envi triomphants,
Rome entière noyée au sang de ses enfants ;
Les uns assassinés dans les places publiques,
Les autres dans le sein de leurs dieux domestiques ;
Le méchant par le prix au crime encouragé,
Le mari par sa femme en son lit égorgé ;
Le fils tout dégouttant du meurtre de son père,
Et, sa tête à la main, demandant son salaire ;
Sans pouvoir exprimer par tant d'horribles traits
Qu'un crayon imparfait de leur sanglante paix.
Vous dirai-je les noms de ces grands personnages
Dont j'ai dépeint les morts pour aigrir les courages,
De ces fameux proscrits, ces demi-dieux mortels,
Qu'on a sacrifiés jusque sur les autels ?
Mais pourrois-je vous dire à quelle impatience,
A quels frémissements, à quelle violence,
Ces indignes trépas, quoique mal figurés,
Ont porté les esprits de tous nos conjurés ?
Je n'ai point perdu temps ; et voyant leur colère
Au point de ne rien craindre, en état de tout faire,
J'ajoute en peu de mots : « Toutes ces cruautés,

La perte de nos biens et de nos libertés,
Le ravage des champs, le pillage des villes,
Et les proscriptions, et les guerres civiles,
Sont les degrés sanglants dont Auguste a fait choix
Pour monter sur le trône et nous donner des lois.
Mais nous pouvons changer un destin si funeste,
Puisque de trois tyrans c'est le seul qui nous reste,
Et que juste une fois il s'est privé d'appui,
Perdant, pour régner seul, deux méchants comme lui.
Lui mort, nous n'avons point de vengeur, ni de maître;
Avec la liberté Rome s'en va renaître;
Et nous mériterons le nom de vrais Romains,
Si le joug qui l'accable est brisé par nos mains.
Prenons l'occasion tandis qu'elle est propice:
Demain au Capitole il fait un sacrifice;
Qu'il en soit la victime; et faisons en ces lieux
Justice à tout le monde à la face des dieux.
Là presque pour sa suite il n'a que notre troupe:
C'est de ma main qu'il prend et l'encens et la coupe;
Et je veux pour signal que cette même main
Lui donne au lieu d'encens un poignard dans le sein.
Ainsi d'un coup mortel la victime frappée
Fera voir si je suis du sang du grand Pompée.
Faites voir après moi si vous vous souvenez
Des illustres aïeux de qui vous êtes nés. »
A peine ai-je achevé que chacun renouvelle,
Par un noble serment, le vœu d'être fidèle:
L'occasion leur plaît; mais chacun veut pour soi

ACTE I, SCENE III.

L'honneur du premier coup que j'ai choisi pour moi.
La raison règle enfin l'ardeur qui les emporte :
Maxime et la moitié s'assurent de la porte;
L'autre moitié me suit, et doit l'environner,
Prête au moindre signal que je voudrai donner.
 Voilà, belle Émilie, à quel point nous en sommes.
Demain j'attends la haine ou la faveur des hommes,
Le nom d'un parricide, ou de libérateur;
César celui de prince, ou d'un usurpateur.
Du succès qu'on obtient contre la tyrannie
Dépend ou notre gloire ou notre ignominie;
Et le peuple, inégal à l'endroit des tyrans,
S'il les déteste morts, les adore vivants.
Pour moi, soit que le ciel me soit dur ou propice,
Qu'il m'élève à la gloire ou me livre au supplice,
Que Rome se déclare ou pour ou contre nous,
Mourant pour vous servir, tout me semblera doux.

ÉMILIE.

Ne crains point de succès qui souille ta mémoire :
Le bon et le mauvais sont égaux pour ta gloire;
Et dans un tel dessein le manque de bonheur
Met en péril ta vie, et non pas ton honneur.
Regarde le malheur de Brute et de Cassie;
La splendeur de leur nom en est-elle obscurcie?
Sont-ils morts tout entiers avec leurs grands desseins?
Ne les compte-t-on plus pour les derniers Romains?
Leur mémoire dans Rome est encor précieuse
Autant que de César la vie est odieuse :

Si leur vainqueur y règne, ils y sont regrettés,
Et, par les vœux de tous, leurs pareils souhaités.
Va marcher sur leurs pas où l'honneur te convie :
Mais ne perds pas le soin de conserver ta vie ;
Souviens-toi du beau feu dont nous sommes épris,
Qu'aussi bien que la gloire Émilie est ton prix,
Que tu me dois ton cœur, que mes faveurs t'attendent,
Que tes jours me sont chers, que les miens en dépendent...
Mais quelle occasion mène Évandre vers nous ?

SCÈNE IV.

CINNA, ÉMILIE, ÉVANDRE, FULVIE.

ÉVANDRE.

Seigneur, César vous mande, et Maxime avec vous.

CINNA.

Et Maxime avec moi ! Le sais-tu bien, Évandre ?

ÉVANDRE.

Polyclète est encor chez vous à vous attendre,
Et fût venu lui-même avec moi vous chercher,
Si ma dextérité n'eût su l'en empêcher.
Je vous en donne avis de peur d'une surprise :
Il presse fort.

ÉMILIE.

Mander les chefs de l'entreprise !
Tous deux ! en même temps ! Vous êtes découverts !

CINNA.

Espérons mieux, de grace !

ACTE I, SCENE IV.

ÉMILIE.

Ah! Cinna, je te perds!
Et les dieux, obstinés à nous donner un maître,
Parmi les vrais amis ont mêlé quelque traître.
Il n'en faut point douter, Auguste a tout appris.
Quoi! tous deux! et sitôt que le conseil est pris!

CINNA.

Je ne vous puis celer que son ordre m'étonne :
Mais souvent il m'appelle auprès de sa personne;
Maxime est comme moi de ses plus confidents;
Et nous nous alarmons peut-être en imprudents.

ÉMILIE.

Sois moins ingénieux à te tromper toi-même,
Cinna; ne porte point mes maux jusqu'à l'extrême;
Et, puisque désormais tu ne peux me venger,
Dérobe au moins ta tête à ce mortel danger;
Fuis d'Auguste irrité l'implacable colère :
Je verse assez de pleurs pour la mort de mon père;
N'aigris point mes douleurs par un nouveau tourment;
Et ne me réduis point à pleurer mon amant.

CINNA.

Quoi! sur l'illusion d'une terreur panique,
Trahir vos intérêts et la chose publique!
Par cette lâcheté moi-même m'accuser,
Et tout abandonner quand il faut tout oser!
Que feront nos amis si vous êtes déçue?

ÉMILIE.

Mais que deviendras-tu si l'entreprise est sue?

CINNA.

S'il est pour me trahir des esprits assez bas,
Ma vertu pour le moins ne me trahira pas;
Vous la verrez brillante, au bord des précipices,
Se couronner de gloire en bravant les supplices,
Rendre Auguste jaloux du sang qu'il répandra,
Et le faire trembler alors qu'il me perdra.
 Je deviendrois suspect à tarder davantage;
Adieu : raffermissez ce généreux courage.
S'il faut subir le coup d'un destin rigoureux,
Je mourrai tout ensemble heureux et malheureux :
Heureux, pour vous servir de perdre ainsi la vie;
Malheureux, de mourir sans vous avoir servie.

ÉMILIE.

Oui, va, n'écoute plus ma voix qui te retient;
Mon trouble se dissipe, et ma raison revient :
Pardonne à mon amour cette indigne foiblesse.
Tu voudrois fuir en vain, Cinna, je le confesse;
Si tout est découvert, Auguste a su pourvoir
A ne te laisser pas ta fuite en ton pouvoir.
Porte, porte chez lui cette mâle assurance,
Digne de notre amour, digne de ta naissance;
Meurs; s'il y faut mourir, en citoyen romain,
Et par un beau trépas couronne un beau dessein.
Ne crains pas qu'après toi rien ici me retienne :
Ta mort emportera mon ame vers la tienne;
Et mon cœur, aussitôt percé des mêmes coups...

ACTE I, SCENE IV.

CINNA.

Ah! souffrez que tout mort je vive encore en vous;
Et du moins en mourant permettez que j'espère
Que vous saurez venger l'amant avec le père.
Rien n'est pour vous à craindre; aucun de nos amis
Ne sait ni vos desseins, ni ce qui m'est promis;
Et, leur parlant tantôt des misères romaines,
Je leur ai tu la mort qui fait naître nos haines,
De peur que mon ardeur touchant vos intérêts
D'un si parfait amour ne trahît les secrets.
Il n'est su que d'Évandre et de votre Fulvie.

ÉMILIE.

Avec moins de frayeur je vais donc chez Livie,
Puisque dans ton péril il me reste un moyen
De faire agir pour toi son crédit et le mien.
Mais, si mon amitié par là ne te délivre,
N'espère pas qu'enfin je veuille te survivre.
Je fais de ton destin des règles à mon sort,
Et j'obtiendrai ta vie, ou je suivrai ta mort.

CINNA.

Soyez en ma faveur moins cruelle à vous-même.

ÉMILIE.

Va-t'en, et souviens-toi seulement que je t'aime.

FIN DU PREMIER ACTE.

ACTE SECOND.

SCÈNE I.

AUGUSTE, CINNA, MAXIME, troupe de courtisans.

AUGUSTE.

Que chacun se retire, et qu'aucun n'entre ici.
Vous, Cinna, demeurez, et vous, Maxime, aussi.
(Tous se retirent, à la réserve de Cinna et de Maxime.)
Cet empire absolu sur la terre et sur l'onde,
Ce pouvoir souverain que j'ai sur tout le monde,
Cette grandeur sans borne, et cet illustre rang
Qui m'a jadis coûté tant de peine et de sang,
Enfin tout ce qu'adore en ma haute fortune
D'un courtisan flatteur la présence importune,
N'est que de ces beautés dont l'éclat éblouit,
Et qu'on cesse d'aimer sitôt qu'on en jouit.
L'ambition déplaît quand elle est assouvie;
D'une contraire ardeur son ardeur est suivie;
Et, comme notre esprit jusqu'au dernier soupir
Toujours vers quelque objet pousse quelque desir,

Il se ramène en soi n'ayant plus où se prendre,
Et, monté sur le faîte, il aspire à descendre.
J'ai souhaité l'empire, et j'y suis parvenu;
Mais, en le souhaitant, je ne l'ai pas connu :
Dans sa possession j'ai trouvé pour tous charmes
D'effroyables soucis, d'éternelles alarmes,
Mille ennemis secrets, la mort à tous propos,
Point de plaisir sans trouble, et jamais de repos.
Sylla m'a précédé dans ce pouvoir suprême;
Le grand César, mon père, en a joui de même :
D'un œil si différent tous deux l'ont regardé,
Que l'un s'en est démis, et l'autre l'a gardé.
Mais l'un, cruel, barbare, est mort aimé, tranquille,
Comme un bon citoyen dans le sein de sa ville;
L'autre, tout débonnaire, au milieu du sénat
A vu trancher ses jours par un assassinat.
Ces exemples récents suffiroient pour m'instruire,
Si par l'exemple seul on se devoit conduire;
L'un m'invite à le suivre, et l'autre me fait peur :
Mais l'exemple souvent n'est qu'un miroir trompeur;
Et l'ordre du destin qui gêne nos pensées
N'est pas toujours écrit dans les choses passées;
Quelquefois l'un se brise où l'autre s'est sauvé,
Et par où l'un périt un autre est conservé.

 Voilà, mes chers amis, ce qui me met en peine.
Vous qui me tenez lieu d'Agrippe et de Mécène,
Pour résoudre ce point avec eux débattu,
Prenez sur mon esprit le pouvoir qu'ils ont eu.

Ne considérez point cette grandeur suprême,
Odieuse aux Romains, et pesante à moi-même;
Traitez-moi comme ami, non comme souverain;
Rome, Auguste, l'état, tout est en votre main :
Vous mettrez et l'Europe, et l'Asie, et l'Afrique,
Sous les lois d'un monarque ou d'une république;
Votre avis est ma règle; et, par ce seul moyen,
Je veux être empereur, ou simple citoyen.

CINNA.

Malgré notre surprise et mon insuffisance,
Je vous obéirai, seigneur, sans complaisance,
Et mets bas le respect qui pourroit m'empêcher
De combattre un avis où vous semblez pencher.
Souffrez-le d'un esprit jaloux de votre gloire,
Que vous allez souiller d'une tache trop noire,
Si vous ouvrez votre ame à ces impressions,
Jusques à condamner toutes vos actions.

On ne renonce point aux grandeurs légitimes;
On garde sans remords ce qu'on acquiert sans crimes;
Et plus le bien qu'on quitte est noble, grand, exquis,
Plus qui l'ose quitter le juge mal acquis.
N'imprimez pas, seigneur, cette honteuse marque
A ces rares vertus qui vous ont fait monarque:
Vous l'êtes justement, et c'est sans attentat
Que vous avez changé la forme de l'état.
Rome est dessous vos lois par le droit de la guerre,
Qui sous les lois de Rome a mis toute la terre:
Vos armes l'ont conquise, et tous les conquérants,

Pour être usurpateurs, ne sont pas des tyrans.
Quand ils ont sous leurs lois asservi des provinces,
Gouvernant justement, ils s'en font justes princes.
C'est ce que fit César : il vous faut aujourd'hui
Condamner sa mémoire, ou faire comme lui.
Si le pouvoir suprême est blâmé par Auguste,
César fut un tyran, et son trépas fut juste;
Et vous devez aux dieux compte de tout le sang
Dont vous l'avez vengé pour monter à son rang.
N'en craignez point, seigneur, les tristes destinées;
Un plus puissant démon veille sur vos années :
On a dix fois sur vous attenté sans effet;
Et qui l'a voulu perdre, au même instant l'a fait.
On entreprend assez, mais aucun n'exécute;
Il est des assassins, mais il n'est plus de Brute :
Enfin, s'il faut attendre un semblable revers,
Il est beau de mourir maître de l'univers.
C'est ce qu'en peu de mots j'ose dire; et j'estime
Que ce peu que j'ai dit est l'avis de Maxime.

MAXIME.

Oui, j'accorde qu'Auguste a droit de conserver
L'empire où sa vertu l'a fait seul arriver,
Et qu'au prix de son sang, au péril de sa tête,
Il a fait de l'état une juste conquête :
Mais que, sans se noircir, il ne puisse quitter
Le fardeau que sa main est lasse de porter;
Qu'il accuse par là César de tyrannie,
Qu'il approuve sa mort; c'est ce que je dénie.

Rome est à vous, seigneur, l'empire est votre bien.
Chacun en liberté peut disposer du sien;
Il le peut, à son choix, garder, ou s'en défaire.
Vous seul ne pourriez pas ce que peut le vulgaire!
Et seriez devenu, pour avoir tout dompté,
Esclave des grandeurs où vous êtes monté!
Possédez-les, seigneur, sans qu'elles vous possèdent;
Loin de vous captiver, souffrez qu'elles vous cèdent;
Et faites hautement connoître enfin à tous
Que tout ce qu'elles ont est au-dessous de vous.
Votre Rome autrefois vous donna la naissance;
Vous lui voulez donner votre toute-puissance;
Et Cinna vous impute à crime capital
La libéralité vers le pays natal!
Il appelle remords l'amour de la patrie!
Par la haute vertu la gloire est donc flétrie,
Et ce n'est qu'un objet digne de nos mépris,
Si de ses pleins effets l'infamie est le prix.
Je veux bien avouer qu'une action si belle
Donne à Rome bien plus que vous ne tenez d'elle :
Mais commet-on un crime indigne de pardon
Quand la reconnoissance est au-dessus du don?
Suivez, suivez, seigneur, le ciel qui vous inspire :
Votre gloire redouble à mépriser l'empire;
Et vous serez fameux chez la postérité,
Moins pour l'avoir conquis, que pour l'avoir quitté.
Le bonheur peut conduire à la grandeur suprême;
Mais, pour y renoncer, il faut la vertu même;

Et peu de généreux vont jusqu'à dédaigner,
Après un sceptre acquis, la douceur de régner.
Considérez d'ailleurs que vous régnez dans Rome,
Où, de quelque façon que votre cour vous nomme,
On hait la monarchie; et le nom d'empereur,
Cachant celui de roi, ne fait pas moins d'horreur.
Il passe pour tyran quiconque s'y fait maître;
Qui le sert, pour esclave, et qui l'aime, pour traître:
Qui le souffre a le cœur lâche, mol, abattu;
Et pour s'en affranchir tout s'appelle vertu.
Vous en avez, seigneur, des preuves trop certaines:
On a fait contre vous dix entreprises vaines;
Peut-être que l'onzième est prête d'éclater,
Et que ce mouvement qui vous vient d'agiter
N'est qu'un avis secret que le ciel vous envoie,
Qui, pour vous conserver, n'a plus que cette voie.
Ne vous exposez plus à ces fameux revers:
Il est beau de mourir maître de l'univers;
Mais la plus belle mort souille notre mémoire
Quand nous avons pu vivre et croître notre gloire.

CINNA.

Si l'amour du pays doit ici prévaloir,
C'est son bien seulement que vous devez vouloir;
Et cette liberté, qui lui semble si chère,
N'est pour Rome, seigneur, qu'un bien imaginaire,
Plus nuisible qu'utile, et qui n'approche pas
De celui qu'un bon prince apporte à ses états.
Avec ordre et raison les honneurs il dispense,

Avec discernement punit et récompense,
Et dispose de tout en juste possesseur,
Sans rien précipiter de peur d'un successeur.
Mais, quand le peuple est maître, on n'agit qu'en tumulte;
La voix de la raison jamais ne se consulte;
Les honneurs sont vendus aux plus ambitieux;
L'autorité livrée aux plus séditieux :
Ces petits souverains qu'il fait pour une année,
Voyant d'un temps si court leur puissance bornée,
Des plus heureux desseins font avorter le fruit,
De peur de les laisser à celui qui les suit;
Comme ils ont peu de part au bien dont ils ordonnent,
Dans le champ du public largement ils moissonnent,
Assurés que chacun leur pardonne aisément,
Espérant à son tour un pareil traitement.
Le pire des états, c'est l'état populaire.

AUGUSTE.

Et toutefois le seul qui dans Rome peut plaire.
Cette haine des rois, que depuis cinq cents ans
Avec le premier lait sucent tous ses enfants,
Pour l'arracher des cœurs est trop enracinée.

MAXIME.

Oui, seigneur, dans son mal Rome est trop obstinée :
Son peuple, qui s'y plaît, en fuit la guérison;
Sa coutume l'emporte, et non pas la raison;
Et cette vieille erreur que Cinna veut abattre
Est une heureuse erreur dont il est idolâtre,
Par qui le monde entier, asservi sous ses lois,

L'a vu cent fois marcher sur la tête des rois,
Son épargne s'enfler du sac de leurs provinces :
Que lui pouvoient de plus donner les meilleurs princes?
  J'ose dire, seigneur, que par tous les climats
Ne sont pas bien reçus toutes sortes d'états;
Chaque peuple a le sien conforme à sa nature,
Qu'on ne sauroit changer sans lui faire une injure :
Tel est la loi du ciel, dont la sage équité
Sème dans l'univers cette diversité.
Les Macédoniens aiment le monarchique,
Et le reste des Grecs la liberté publique;
Les Parthes, les Persans, veulent des souverains;
Et le seul consulat est bon pour les Romains.

CINNA.

Il est vrai que du ciel la prudence infinie
Départ à chaque peuple un différent génie;
Mais il n'est pas moins vrai que cet ordre des cieux
Change selon les temps comme selon les lieux.
Rome a reçu des rois ses murs et sa naissance;
Elle tient des consuls sa gloire et sa puissance,
Et reçoit maintenant de vos rares bontés
Le comble souverain de ses prospérités.
Sous vous, l'état n'est plus en pillage aux armées;
Les portes de Janus par vos mains sont fermées,
Ce que sous ses consuls on n'a vu qu'une fois,
Et qu'a fait voir comme eux le second de ses rois.

MAXIME.

Les changements d'état que fait l'ordre céleste

Ne coûtent point de sang, n'ont rien qui soit funeste.
CINNA.
C'est un ordre des dieux, qui jamais ne se rompt,
De nous vendre bien cher les grands biens qu'ils nous font.
L'exil des Tarquins même ensanglanta nos terres,
Et nos premiers consuls nous ont coûté des guerres.
MAXIME.
Donc votre aïeul Pompée au ciel a résisté
Quand il a combattu pour notre liberté.
CINNA.
Si le ciel n'eût voulu que Rome l'eût perdue,
Par les mains de Pompée il l'auroit défendue.
Il a choisi sa mort pour servir dignement
D'une marque éternelle à ce grand changement;
Et devoit cette gloire aux mânes d'un tel homme,
D'emporter avec eux la liberté de Rome.
Ce nom, depuis long-temps, ne sert qu'à l'éblouir,
Et sa propre grandeur l'empêche d'en jouir.
Depuis qu'elle se voit la maîtresse du monde,
Depuis que la richesse entre ses murs abonde,
Et que son sein, fécond en glorieux exploits,
Produit des citoyens plus puissants que des rois,
Les grands, pour s'affermir achetant les suffrages,
Tiennent pompeusement leurs maîtres à leurs gages,
Qui, par des fers dorés se laissant enchaîner,
Reçoivent d'eux les lois qu'ils pensent leur donner.
Envieux l'un de l'autre, ils mènent tout par brigues,
Que leur ambition tourne en sanglantes ligues.

Ainsi de Marius Sylla devint jaloux,
César de mon aïeul, Marc-Antoine de vous;
Ainsi la liberté ne peut plus être utile
Qu'à former les fureurs d'une guerre civile,
Lorsque, par un désordre à l'univers fatal,
L'un ne veut point de maître, et l'autre point d'égal.

Seigneur, pour sauver Rome, il faut qu'elle s'unisse
En la main d'un bon chef à qui tout obéisse.
Si vous aimez encore à la favoriser,
Otez-lui les moyens de se plus diviser.
Sylla, quittant la place enfin bien usurpée,
N'a fait qu'ouvrir le champ à César et Pompée,
Que le malheur des temps ne nous eût pas fait voir,
S'il eût dans sa famille assuré son pouvoir.
Qu'a fait du grand César le cruel parricide,
Qu'élever contre vous Antoine avec Lépide,
Qui n'eussent pas détruit Rome par les Romains,
Si César eût laissé l'empire entre vos mains?
Vous la replongerez, en quittant cet empire,
Dans les maux dont à peine encore elle respire;
Et de ce peu, seigneur, qui lui reste de sang
Une guerre nouvelle épuisera son flanc.

Que l'amour du pays, que la pitié vous touche;
Votre Rome à genoux vous parle par ma bouche.
Considérez le prix que vous avez coûté :
Non pas qu'elle vous croie avoir trop acheté,
Des maux qu'elle a soufferts elle est trop bien payée;
Mais une juste peur tient son ame effrayée.

Si, jaloux de son heur, et las de commander,
Vous lui rendez un bien qu'elle ne peut garder,
S'il lui faut à ce prix en acheter un autre,
Si vous ne préférez son intérêt au vôtre,
Si ce funeste don la met au désespoir,
Je n'ose dire ici ce que j'ose prévoir.
Conservez-vous, seigneur, en lui laissant un maître
Sous qui son vrai bonheur commence de renaître ;
Et, pour mieux assurer le bien commun de tous,
Donnez un successeur qui soit digne de vous.

AUGUSTE.

N'en délibérons plus, cette pitié l'emporte :
Mon repos m'est bien cher, mais Rome est la plus forte ;
Et, quelque grand malheur qui m'en puisse arriver,
Je consens à me perdre afin de la sauver.
Pour ma tranquillité mon cœur en vain soupire.
Cinna, par vos conseils je retiendrai l'empire ;
Mais je le retiendrai pour vous en faire part.
Je vois trop que vos cœurs n'ont point pour moi de fard,
Et que chacun de vous, dans l'avis qu'il me donne,
Regarde seulement l'état et ma personne.
Votre amour en tous deux fait ce combat d'esprits,
Et vous allez tous deux en recevoir le prix.

Maxime, je vous fais gouverneur de Sicile :
Allez donner mes lois à ce terroir fertile ;
Songez que c'est pour moi que vous gouvernerez,
Et que je répondrai de ce que vous ferez.

Pour épouse, Cinna, je vous donne Émilie :

Vous savez qu'elle tient la place de Julie,
Et que, si nos malheurs et la nécessité
M'ont fait traiter son père avec sévérité,
Mon épargne depuis en sa faveur ouverte
Doit avoir adouci l'aigreur de cette perte.
Voyez-la de ma part, tâchez de la gagner :
Vous n'êtes point pour elle un homme à dédaigner;
De l'offre de vos vœux elle sera ravie.
Adieu, j'en veux porter la nouvelle à Livie.

SCÈNE II.

CINNA, MAXIME.

MAXIME.
Quel est votre dessein après ces beaux discours?
CINNA.
Le même que j'avois, et que j'aurai toujours.
MAXIME.
Un chef de conjurés flatte la tyrannie !
CINNA.
Un chef de conjurés la veut voir impunie !
MAXIME.
Je veux voir Rome libre.
CINNA.
Et vous pouvez juger
Que je veux l'affranchir ensemble et la venger.
Octave aura donc vu ses fureurs assouvies,

Pillé jusqu'aux autels, sacrifié nos vies,
Rempli les champs d'horreur, comblé Rome de morts,
Et sera quitte après pour l'effet d'un remords!
Quand le ciel par nos mains à le punir s'apprête,
Un lâche repentir garantira sa tête!
C'est trop semer d'appas, et c'est trop inviter,
Par son impunité, quelque autre à l'imiter.
Vengeons nos citoyens, et que sa peine étonne
Quiconque après sa mort aspire à la couronne;
Que le peuple aux tyrans ne soit plus exposé:
S'il eût puni Sylla, César eût moins osé.

MAXIME.

Mais la mort de César, que vous trouvez si juste,
A servi de prétexte aux cruautés d'Auguste:
Voulant nous affranchir, Brute s'est abusé;
S'il n'eût puni César, Auguste eût moins osé.

CINNA.

La faute de Cassie, et ses terreurs paniques,
Ont fait rentrer l'état sous des lois tyranniques;
Mais nous ne verrons point de pareils accidents
Lorsque Rome suivra des chefs moins imprudents.

MAXIME.

Nous sommes encor loin de mettre en évidence
Si nous nous conduirons avec plus de prudence:
Cependant c'en est peu que de n'accepter pas
Le bonheur qu'on recherche au péril du trépas.

CINNA.

C'en est encor bien moins, alors qu'on s'imagine

ACTE II, SCENE II.

Guérir un mal si grand sans couper la racine.
Employer la douceur à cette guérison,
C'est, en fermant la plaie, y verser du poison.

MAXIME.

Vous la voulez sanglante, et la rendez douteuse.

CINNA.

Vous la voulez sans peine, et la rendez honteuse.

MAXIME.

Pour sortir de ses fers jamais on ne rougit.

CINNA.

On en sort lâchement, si la vertu n'agit.

MAXIME.

Jamais la liberté ne cesse d'être aimable;
Et c'est toujours pour Rome un bien inestimable.

CINNA.

Ce ne peut être un bien qu'elle daigne estimer,
Quand il vient d'une main lasse de l'opprimer.
Elle a le cœur trop bon pour se voir avec joie
Le rebus du tyran dont elle fut la proie;
Et tout ce que la gloire a de vrais partisans
Le hait trop puissamment pour aimer ses présents.

MAXIME.

Donc pour vous Émilie est un objet de haine?

CINNA.

La recevoir de lui me seroit une gêne.
Mais, quand j'aurai vengé Rome des maux soufferts,
Je saurai le braver jusque dans les enfers:
Oui, quand par son trépas je l'aurai méritée,

Je veux joindre à sa main ma main ensanglantée,
L'épouser sur sa cendre, et qu'après notre effort
Les présents du tyran soient le prix de sa mort.

MAXIME.

Mais l'apparence, ami, que vous puissiez lui plaire,
Teint du sang de celui qu'elle aime comme un père?
Car vous n'êtes pas homme à la violenter.

CINNA.

Ami, dans ce palais on peut nous écouter;
Et nous parlons peut-être avec trop d'imprudence
Dans un lieu si mal propre à notre confidence.
Sortons; qu'en sûreté j'examine avec vous
Pour en venir à bout les moyens les plus doux.

FIN DU SECOND ACTE.

ACTE TROISIÈME.

SCÈNE I.

MAXIME, EUPHORBE.

MAXIME.

Lui-même il m'a tout dit : leur flamme est mutuelle ;
Il adore Émilie, il est adoré d'elle :
Mais sans venger son père il n'y peut aspirer,
Et c'est pour l'acquérir qu'il nous fait conspirer.

EUPHORBE.

Je ne m'étonne plus de cette violence
Dont il contraint Auguste à garder sa puissance ;
La ligue se romproit s'il en étoit démis,
Et tous vos conjurés deviendroient ses amis.

MAXIME.

Ils servent à l'envi la passion d'un homme
Qui n'agit que pour soi, feignant d'agir pour Rome ;
Et moi, par un malheur qui n'eut jamais d'égal,
Je pense servir Rome, et je sers mon rival.

EUPHORBE.

Vous êtes son rival ?

CINNA.

MAXIME.

Oui, j'aime sa maîtresse,
Et l'ai caché toujours avec assez d'adresse.
Mon ardeur inconnue, avant que d'éclater,
Par quelque grand exploit la vouloit mériter.
Cependant par mes mains je vois qu'il me l'enlève ;
Son dessein fait ma perte, et c'est moi qui l'achève :
J'avance des succès dont j'attends le trépas ;
Et pour m'assassiner je lui prête mon bras.
Que l'amitié me plonge en un malheur extrême !

EUPHORBE.

L'issue en est aisée : agissez pour vous-même ;
D'un dessein qui vous perd rompez le coup fatal ;
Gagnez une maîtresse, accusant un rival.
Auguste, à qui par là vous sauverez la vie,
Ne vous pourra jamais refuser Émilie.

MAXIME.

Quoi ! trahir mon ami !

EUPHORBE.

L'amour rend tout permis :
Un véritable amant ne connoît point d'amis ;
Et même avec justice on peut trahir un traître
Qui pour une maîtresse ose trahir son maître.
Oubliez l'amitié, comme lui les bienfaits.

MAXIME.

C'est une exemple à fuir que celui des forfaits.

EUPHORBE.

Contre un si noir dessein tout devient légitime ;

On n'est point criminel quand on punit un crime.
MAXIME.
Un crime par qui Rome obtient sa liberté !
EUPHORBE.
Craignez tout d'un esprit si plein de lâcheté :
L'intérêt du pays n'est point ce qui l'engage ;
Le sien, et non la gloire, anime son courage ;
Il aimeroit César s'il n'étoit amoureux,
Et n'est enfin qu'ingrat, et non pas généreux.
Pensez-vous avoir lu jusqu'au fond de son ame ?
Sous la cause publique il vous cachoit sa flamme,
Et peut cacher encor sous cette passion
Les détestables feux de son ambition.
Peut-être qu'il prétend, après la mort d'Octave,
Au lieu d'affranchir Rome, en faire son esclave ;
Qu'il vous compte déja pour un de ses sujets,
Ou que sur votre perte il fonde ses projets.
MAXIME.
Mais comment l'accuser sans nommer tout le reste ?
A tous nos conjurés l'avis seroit funeste ;
Et par là nous verrions indignement trahis
Ceux qu'engage avec nous le seul bien du pays.
D'un si lâche dessein mon ame est incapable ;
Il perd trop d'innocents pour punir un coupable :
J'ose tout contre lui, mais je crains tout pour eux.
EUPHORBE.
Auguste s'est lassé d'être si rigoureux.
En ces occasions, ennuyé de supplices,

Ayant puni les chefs, il pardonne aux complices.
Si toutefois pour eux vous craignez son courroux,
Quand vous lui parlerez, parlez au nom de tous.
MAXIME.
Nous disputons en vain; et ce n'est que folie
De vouloir par sa perte acquérir Émilie :
Ce n'est pas le moyen de plaire à ses beaux yeux
Que de priver du jour ce qu'elle aime le mieux.
Pour moi, j'estime peu qu'Auguste me la donne;
Je veux gagner son cœur plutôt que sa personne,
Et ne fais point d'état de sa possession,
Si je n'ai point de part à son affection.
Puis-je la mériter par une triple offense?
Je trahis son amant, je détruis sa vengeance,
Je conserve le sang qu'elle veut voir périr;
Et j'aurois quelque espoir qu'elle me pût chérir!
EUPHORBE.
C'est ce qu'à dire vrai je vois fort difficile :
L'artifice pourtant vous y peut être utile;
Il en faut trouver un qui la puisse abuser;
Et du reste, le temps en pourra disposer.
MAXIME.
Mais si pour s'excuser il nomme sa complice,
S'il arrive qu'Auguste avec lui la punisse,
Puis-je lui demander, pour prix de mon rapport,
Celle qui nous oblige à conspirer sa mort?
EUPHORBE.
Vous pourriez m'opposer tant et de tels obstacles,

Que pour les surmonter il faudroit des miracles.
J'espère toutefois qu'à force d'y rêver...
MAXIME.
Éloigne-toi; dans peu j'irai te retrouver :
Cinna vient, et je veux en tirer quelque chose,
Pour mieux résoudre après ce que je me propose.

SCÈNE II.

CINNA, MAXIME.

MAXIME.
Vous me semblez pensif.
CINNA.
Ce n'est pas sans sujet.
MAXIME.
Puis-je d'un tel chagrin savoir quel est l'objet?
CINNA.
Émilie et César. L'un et l'autre me gêne;
L'un me semble trop bon, l'autre trop inhumaine.
Plût aux dieux que César employât mieux ses soins,
Et s'en fît plus aimer, ou m'aimât un peu moins!
Que sa bonté touchât la beauté qui me charme,
Et la pût adoucir comme elle me désarme!
Je sens au fond du cœur mille remords cuisants,
Qui rendent à mes yeux tous ses bienfaits présents.
Cette faveur si pleine et si mal reconnue
Par un mortel reproche à tous moments me tue :

Il me semble surtout incessamment le voir
Déposer en nos mains son absolu pouvoir,
Écouter nos avis, m'applaudir, et me dire :
« Cinna, par vos conseils je retiendrai l'empire ;
« Mais je le retiendrai pour vous en faire part. »
Et je puis dans son sein enfoncer un poignard !
Ah ! plutôt... Mais, hélas ! j'idolâtre Émilie ;
Un serment exécrable à sa haine me lie ;
L'horreur qu'elle a de lui me le rend odieux :
Des deux côtés, j'offense et ma gloire et les dieux ;
Je deviens sacrilége, ou je suis parricide ;
Et vers l'un ou vers l'autre il faut être perfide.

MAXIME.

Vous n'aviez point tantôt ces agitations ;
Vous paroissiez plus ferme en vos intentions ;
Vous ne sentiez au cœur ni remords ni reproche.

CINNA.

On ne les sent aussi que quand le coup approche ;
Et l'on ne reconnoît de semblables forfaits
Que quand la main s'apprête à venir aux effets.
L'ame, de son dessein jusque-là possédée,
S'attache aveuglément à sa première idée :
Mais alors quel esprit n'en devient point troublé ?
Ou plutôt quel esprit n'en est point accablé ?
Je crois que Brute même, à tel point qu'on le prise,
Voulut plus d'une fois rompre son entreprise ;
Qu'avant que de frapper elle lui fit sentir
Plus d'un remords en l'ame, et plus d'un repentir.

MAXIME.
Il eut trop de vertu pour tant d'inquiétude :
Il ne soupçonna point sa main d'ingratitude;
Et fut contre un tyran d'autant plus animé
Qu'il en reçut de biens et qu'il s'en vit aimé.
Comme vous l'imitez, faites la même chose;
Et formez vos remords d'une plus juste cause,
De vos lâches conseils, qui seuls ont arrêté
Le bonheur renaissant de notre liberté;
C'est vous seul aujourd'hui qui nous l'avez ôtée :
De la main de César Brute l'eût acceptée,
Et n'eût jamais souffert qu'un intérêt léger
De vengeance ou d'amour l'eût remise en danger.
N'écoutez plus la voix d'un tyran qui vous aime,
Et vous veut faire part de son pouvoir suprême;
Mais entendez crier Rome à votre côté :
« Rends-moi, rends-moi, Cinna, ce que tu m'as ôté;
« Et, si tu m'as tantôt préféré ta maîtresse,
« Ne me préfère pas le tyran qui m'oppresse. »

CINNA.
Ami, n'accable plus un esprit malheureux
Qui ne forme qu'en lâche un dessein généreux.
Envers nos citoyens je sais quelle est ma faute,
Et leur rendrai bientôt tout ce que je leur ôte :
Mais pardonne aux abois d'une vieille amitié
Qui ne peut expirer sans me faire pitié;
Et laisse-moi, de grace, attendant Émilie,
Donner un libre cours à ma mélancolie.

Mon chagrin t'importune, et le trouble où je suis
Veut de la solitude à calmer tant d'ennuis.

MAXIME.

Vous voulez rendre compte à l'objet qui vous blesse
De la bonté d'Octave et de votre foiblesse :
L'entretien des amants veut un entier secret ;
Adieu : je me retire en confident discret.

SCÈNE III.

CINNA.

Donne un plus digne nom au glorieux empire
Du noble sentiment que la vertu m'inspire,
Et que l'honneur oppose au coup précipité
De mon ingratitude et de ma lâcheté :
Mais plutôt continue à le nommer foiblesse,
Puisqu'il devient si foible auprès d'une maîtresse ;
Qu'il respecte un amour qu'il devroit étouffer,
Ou que, s'il le combat, il n'ose en triompher.
En ces extrémités quel conseil dois-je prendre ?
De quel côté pencher ? à quel parti me rendre ?
 Qu'une ame généreuse a de peine à faillir !
Quelque fruit que par là j'espère de cueillir,
Les douceurs de l'amour, celles de la vengeance,
La gloire d'affranchir le lieu de ma naissance,
N'ont point assez d'appas pour flatter ma raison,
S'il les faut acquérir par une trahison ;

ACTE III, SCENE III.

S'il faut percer le flanc d'un prince magnanime,
Qui du peu que je suis fait une telle estime,
Qui me comble d'honneurs, qui m'accable de biens,
Qui ne prend pour régner de conseils que les miens.
O coup, ô trahison trop indigne d'un homme!
Dure, dure à jamais l'esclavage de Rome,
Périsse mon amour, périsse mon espoir,
Plutôt que de ma main parte un crime si noir!
Quoi! ne m'offre-t-il pas tout ce que je souhaite,
Et qu'au prix de son sang ma passion achète?
Pour jouir de ses dons faut-il l'assassiner?
Et faut-il lui ravir ce qu'il me veut donner?
  Mais je dépends de vous, ô serment téméraire!
O haine d'Émilie! ô souvenir d'un père!
Ma foi, mon cœur, mon bras, tout vous est engagé,
Et je ne puis plus rien que par votre congé:
C'est à vous à régler ce qu'il faut que je fasse;
C'est à vous, Émilie, à lui donner sa grace;
Vos seules volontés président à son sort,
Et tiennent en mes mains et sa vie et sa mort.
O dieux, qui comme vous la rendez adorable,
Rendez-la, comme vous, à mes vœux exorable;
Et, puisque de ses lois je ne puis m'affranchir,
Faites qu'à mes desirs je la puisse fléchir!
Mais voici de retour cette aimable inhumaine.

SCÈNE IV.

ÉMILIE, CINNA, FULVIE.

ÉMILIE.

Graces aux dieux, Cinna, ma frayeur étoit vaine;
Aucun de tes amis ne t'a manqué de foi,
Et je n'ai point eu lieu de m'employer pour toi.
Octave, en ma présence, a tout dit à Livie,
Et par cette nouvelle il m'a rendu la vie.

CINNA.

Le désavouerez-vous? et du don qu'il me fait
Voudrez-vous retarder le bienheureux effet?

ÉMILIE.

L'effet est en ta main.

CINNA.

Mais plutôt en la vôtre.

ÉMILIE.

Je suis toujours moi-même, et mon cœur n'est point autre:
Me donner à Cinna, c'est ne lui donner rien;
C'est seulement lui faire un présent de son bien.

CINNA.

Vous pouvez toutefois... O ciel! l'osé-je dire?

ÉMILIE.

Que puis-je? et que crains-tu?

CINNA.

Je tremble, je soupire,

ACTE III, SCENE IV.

Et vois que, si nos cœurs avoient mêmes desirs,
Je n'aurois pas besoin d'expliquer mes soupirs;
Ainsi je suis trop sûr que je vais vous déplaire :
Mais je n'ose parler, et je ne puis me taire.

ÉMILIE.

C'est trop me gêner; parle.

CINNA.

      Il faut vous obéir :
Je vais donc vous déplaire, et vous m'allez haïr.
Je vous aime, Émilie, et le ciel me foudroie
Si cette passion ne fait toute ma joie,
Et si je ne vous aime avec toute l'ardeur
Que peut un digne objet attendre d'un grand cœur !
Mais voyez à quel prix vous me donnez votre ame;
En me rendant heureux vous me rendez infame :
Cette bonté d'Auguste...

ÉMILIE.

     Il suffit, je t'entends;
Je vois ton repentir et tes vœux inconstants.
Les faveurs du tyran emportent tes promesses;
Tes feux et tes serments cèdent à ses caresses;
Et ton esprit crédule ose s'imaginer
Qu'Auguste pouvant tout peut aussi me donner;
Tu me veux de sa main plutôt que de la mienne;
Mais ne crois pas qu'ainsi jamais je t'appartienne.
Il peut faire trembler la terre sous ses pas,
Mettre un roi hors du trône et donner ses états,
De ses proscriptions rougir la terre et l'onde,

Et changer à son gré l'ordre de tout le monde;
Mais le cœur d'Émilie est hors de son pouvoir.

CINNA.

Aussi n'est-ce qu'à vous que je veux le devoir.
Je suis toujours moi-même, et ma foi toujours pure :
La pitié que je sens ne me rend point parjure;
J'obéis sans réserve à tous vos sentiments,
Et prends vos intérêts par-delà mes serments.
J'ai pu, vous le savez, sans parjure et sans crime,
Vous laisser échapper cette illustre victime :
César, se dépouillant du pouvoir souverain,
Nous ôtoit tout prétexte à lui percer le sein;
La conjuration s'en alloit dissipée,
Vos desseins avortés, votre haine trompée :
Moi seul j'ai raffermi son esprit étonné;
Et pour vous l'immoler ma main l'a couronné.

ÉMILIE.

Pour me l'immoler, traître! Et tu veux que moi-même
Je retienne ta main, qu'il vive, et que je l'aime,
Que je sois le butin de qui l'ose épargner,
Et le prix du conseil qui le force à régner!

CINNA.

Ne me condamnez point quand je vous ai servie :
Sans moi vous n'auriez plus de pouvoir sur sa vie;
Et, malgré ses bienfaits, je rends tout à l'amour,
Quand je veux qu'il périsse, ou vous doive le jour.
Avec les premiers vœux de mon obéissance,
Souffrez ce foible effort de ma reconnoissance;

ACTE III, SCENE IV.

Que je tâche de vaincre un indigne courroux,
Et vous donner pour lui l'amour qu'il a pour vous.
Une ame généreuse et que la vertu guide,
Fuit la honte des noms d'ingrate et de perfide;
Elle en hait l'infamie attachée au bonheur,
Et n'accepte aucun bien aux dépens de l'honneur.

ÉMILIE.

Je fais gloire, pour moi, de cette ignominie :
La perfidie est noble envers la tyrannie;
Et, quand on rompt le cours d'un sort si malheureux,
Les cœurs les plus ingrats sont les plus généreux.

CINNA.

Vous faites des vertus au gré de votre haine.

ÉMILIE.

Je me fais des vertus dignes d'une Romaine.

CINNA.

Un cœur vraiment Romain...

ÉMILIE.

     Ose tout pour ravir
Une odieuse vie à qui le fait servir;
Il fuit plus que la mort la honte d'être esclave.

CINNA.

C'est l'être avec honneur que de l'être d'Octave;
Et nous voyons souvent des rois à nos genoux
Implorer la faveur d'esclaves tels que nous.
Il abaisse à nos pieds l'orgueil des diadêmes;
Il nous fait souverains sur leurs grandeurs suprêmes;
Il prend d'eux les tributs dont il nous enrichit,

Et leur impose un joug dont il nous affranchit.
ÉMILIE.
L'indigne ambition que ton cœur se propose !
Pour être plus qu'un roi, tu te crois quelque chose !
Aux deux bouts de la terre en est-il un si vain
Qu'il prétende égaler un citoyen romain ?
Antoine sur sa tête attira notre haine
En se déshonorant par l'amour d'une reine :
Attale, ce grand roi dans la pourpre blanchi,
Qui du peuple romain se nommoit l'affranchi,
Quand de toute l'Asie il se fût vu l'arbitre,
Eût encor moins prisé son trône que ce titre.
Souviens-toi de ton nom, soutiens sa dignité ;
Et, prenant d'un Romain la générosité,
Sache qu'il n'en est point que le ciel n'ait fait naître
Pour commander aux rois, et pour vivre sans maître.
CINNA.
Le ciel a trop fait voir, en de tels attentats,
Qu'il hait les assassins, et punit les ingrats ;
Et quoi qu'on entreprenne, et quoi qu'on exécute,
Quand il élève un trône, il en venge la chute :
Il se met du parti de ceux qu'il fait régner ;
Le coup dont on les tue est long-temps à saigner ;
Et, quand à les punir il a pu se résoudre,
De pareils châtiments n'appartiennent qu'au foudre.
ÉMILIE.
Dis que de leur parti toi-même tu te rends,
De te remettre au foudre à punir les tyrans.

Je ne t'en parle plus : va, sers la tyrannie ;
Abandonne ton ame à son lâche génie ;
Et pour rendre le calme à ton esprit flottant,
Oublie et ta naissance et le prix qui t'attend.
Sans emprunter ta main pour servir ma colère,
Je saurai bien venger mon pays et mon père.
J'aurois déja l'honneur d'un si fameux trépas,
Si l'amour jusqu'ici n'eût arrêté mon bras :
C'est lui qui, sous tes lois me tenant asservie,
M'a fait en ta faveur prendre soin de ma vie ;
Seule contre un tyran, en le faisant périr,
Par les mains de sa garde il me falloit mourir ;
Je t'eusse par ma mort dérobé ta captive ;
Et comme pour toi seul l'amour veut que je vive,
J'ai voulu, mais en vain, me conserver pour toi,
Et te donner moyen d'être digne de moi.
 Pardonnez-moi, grands dieux, si je me suis trompée
Quand j'ai pensé chérir un neveu de Pompée,
Et si d'un faux semblant mon esprit abusé
A fait choix d'un esclave en son lieu supposé.
Je t'aime toutefois, quel que tu puisses être ;
Et si, pour me gagner, il faut trahir ton maître,
Mille autres à l'envi recevroient cette loi
S'ils pouvoient m'acquérir à même prix que toi.
Mais n'appréhende pas qu'un autre ainsi m'obtienne ;
Vis pour ton cher tyran, tandis que je meurs tienne :
Mes jours avec les siens se vont précipiter,
Puisque ta lâcheté n'ose me mériter.

CINNA.

Viens me voir dans son sang et dans le mien baignée,
De ma seule vertu mourir accompagnée,
Et te dire en mourant d'un esprit satisfait:
« N'accuse point mon sort, c'est toi seul qui l'as fait;
« Je descends dans la tombe, où tu m'as condamnée,
« Où la gloire me suit qui t'étoit destinée;
« Je meurs en détruisant un pouvoir absolu,
« Mais je vivrois à toi, si tu l'avois voulu. »

CINNA.

Eh bien! vous le voulez, il faut vous satisfaire,
Il faut affranchir Rome, il faut venger un père,
Il faut sur un tyran porter de justes coups:
Mais apprenez qu'Auguste est moins tyran que vous.
S'il nous ôte à son gré nos biens, nos jours, nos femmes,
Il n'a point jusqu'ici tyrannisé nos ames;
Mais l'empire inhumain qu'exercent vos beautés
Force jusqu'aux esprits et jusqu'aux volontés.
Vous me faites priser ce qui me déshonore;
Vous me faites haïr ce que mon ame adore;
Vous me faites répandre un sang pour qui je dois
Exposer tout le mien et mille et mille fois;
Vous le voulez, j'y cours, ma parole est donnée:
Mais ma main aussitôt, contre mon sein tournée,
Aux mânes d'un tel prince immolant votre amant,
A mon crime forcé joindra mon châtiment;
Et, par cette action dans l'autre confondue,
Recouvrera ma gloire aussitôt que perdue.
Adieu.

SCÈNE V.

ÉMILIE, FULVIE.

FULVIE.
Vous avez mis son ame au désespoir.
ÉMILIE.
Qu'il cesse de m'aimer, ou suive son devoir.
FULVIE.
Il va vous obéir aux dépens de sa vie.
Vous en pleurez!
ÉMILIE.
Hélas! cours après lui, Fulvie;
Et si ton amitié daigne me secourir
Arrache-lui du cœur ce dessein de mourir:
Dis-lui...
FULVIE.
Qu'en sa faveur vous laissez vivre Auguste?
ÉMILIE.
Ah! c'est faire à ma haine une loi trop injuste.
FULVIE.
Et quoi donc?
ÉMILIE.
Qu'il achève, et dégage sa foi;
Et qu'il choisisse après de la mort ou de moi.

FIN DU TROISIÈME ACTE.

ACTE QUATRIÈME.

SCÈNE I.

AUGUSTE, EUPHORBE, POLYCLÈTE,
GARDES.

AUGUSTE.

Tout ce que tu me dis, Euphorbe, est incroyable.
EUPHORBE.
Seigneur, le récit même en paroît effroyable.
On ne conçoit qu'à peine une telle fureur,
Et la seule pensée en fait frémir d'horreur.
AUGUSTE.
Quoi! mes plus chers amis! quoi, Cinna! quoi, Maxime!
Les deux que j'honorois d'une si haute estime,
A qui j'ouvrois mon cœur, et dont j'avois fait choix
Pour les plus importants et plus nobles emplois!
Après qu'entre leurs mains j'ai remis mon empire,
Pour m'arracher le jour l'un et l'autre conspire!
Maxime a vu sa faute, il m'en fait avertir,
Et montre un cœur touché d'un juste repentir :
Mais Cinna!

EUPHORBE.

Cinna seul dans sa rage s'obstine,
Et contre vos bontés d'autant plus se mutine :
Lui seul combat encor les vertueux efforts
Que sur les conjurés fait ce juste remords;
Et, malgré les frayeurs à leurs regrets mêlées,
Il tâche à raffermir leurs ames ébranlées.

AUGUSTE.

Lui seul les encourage, et lui seul les séduit !
O le plus déloyal que la terre ait produit !
O trahison conçue au sein d'une furie !
O trop sensible coup d'une main si chérie !
Cinna, tu me trahis !... Polyclète, écoutez.

(Il lui parle à l'oreille.)

POLYCLÈTE.

Tous vos ordres, seigneur, seront exécutés.

AUGUSTE.

Qu'Éraste en même temps aille dire à Maxime
Qu'il vienne recevoir le pardon de son crime.

SCÈNE II.

AUGUSTE, EUPHORBE.

EUPHORBE.

Il l'a jugé trop grand pour ne pas s'en punir :
A peine du palais il a pu revenir,

Que, les yeux égarés, et le regard farouche,
Le cœur gros de soupirs, les sanglots à la bouche,
Il déteste sa vie, et ce complot maudit,
M'en apprend l'ordre entier tel que je vous l'ai dit;
Et, m'ayant commandé que je vous avertisse,
Il ajoute : « Dis-lui que je me fais justice,
« Que je n'ignore point ce que j'ai mérité. »
Puis soudain dans le Tibre il s'est précipité,
Dont l'eau grosse et rapide, et la nuit assez noire,
M'ont dérobé la fin de sa tragique histoire.

AUGUSTE.

Sous ce pressant remords il a trop succombé,
Et s'est à mes bontés lui-même dérobé;
Il n'est crime envers moi qu'un repentir n'efface.
Mais, puisqu'il a voulu renoncer à ma grace,
Allez pourvoir au reste, et faites qu'on ait soin
De tenir en lieu sûr ce fidèle témoin.

SCÈNE III.

AUGUSTE.

Ciel! à qui voulez-vous désormais que je fie
Les secrets de mon ame et le soin de ma vie?
Reprenez le pouvoir que vous m'avez commis,
Si, donnant des sujets, il ôte les amis;
Si tel est le destin des grandeurs souveraines,
Que leurs plus grands bienfaits n'attirent que des haines;

Et si votre rigueur les condamne à chérir
Ceux que vous animez à les faire périr.
Pour elles rien n'est sûr; qui peut tout, doit tout craindre.

 Rentre en toi-même, Octave, et cesse de te plaindre :
Quoi ! tu veux qu'on t'épargne, et n'as rien épargné !
Songe aux fleuves de sang où ton bras s'est baigné,
De combien ont rougi les champs de Macédoine,
Combien en a versé la défaite d'Antoine,
Combien celle de Sexte, et revois tout d'un temps
Pérouse au sien noyée, et tous ses habitants ;
Remets dans ton esprit, après tant de carnages,
De tes proscriptions les sanglantes images,
Où toi-même, des tiens devenu le bourreau,
Au sein de ton tuteur enfonças le couteau :
Et puis ose accuser le destin d'injustice,
Quand tu vois que les tiens s'arment pour ton supplice,
Et que, par ton exemple, à ta perte guidés,
Ils violent des droits que tu n'as pas gardés !
Leur trahison est juste, et le ciel l'autorise :
Quitte ta dignité comme tu l'as acquise ;
Rends un sang infidèle à l'infidélité,
Et souffre des ingrats après l'avoir été.

 Mais que mon jugement au besoin m'abandonne !
Quelle fureur, Cinna, m'accuse et te pardonne,
Toi, dont la trahison me force à retenir
Ce pouvoir souverain dont tu me veux punir,
Me traite en criminel, et fait seule mon crime,
Relève, pour l'abattre, un trône illégitime,

Et, d'un zèle effronté couvrant son attentat,
S'oppose, pour me perdre, au bonheur de l'état?
Donc jusqu'à l'oublier je pourrois me contraindre!
Tu vivrois en repos après m'avoir fait craindre!
Non, non; je me trahis moi-même d'y penser :
Qui pardonne aisément invite à l'offenser;
Punissons l'assassin, proscrivons les complices.

Mais quoi! toujours du sang, et toujours des supplices!
Ma cruauté se lasse, et ne peut s'arrêter;
Je veux me faire craindre, et ne fais qu'irriter.
Rome a pour ma ruine une hydre trop fertile;
Une tête coupée en fait renaître mille;
Et le sang répandu de mille conjurés
Rend mes jours plus maudits, et non plus assurés.
Octave, n'attends plus le coup d'un nouveau Brute;
Meurs, et dérobe-lui la gloire de ta chute;
Meurs, tu ferois pour vivre un lâche et vain effort,
Si tant de gens de cœur font des vœux pour ta mort,
Et si tout ce que Rome a d'illustre jeunesse
Pour te faire périr tour-à-tour s'intéresse;
Meurs, puisque c'est un mal que tu ne peux guérir;
Meurs enfin, puisqu'il faut, ou tout perdre, ou mourir;
La vie est peu de chose, et le peu qui t'en reste
Ne vaut pas l'acheter par un prix si funeste;
Meurs, mais quitte du moins la vie avec éclat,
Éteins-en le flambeau dans le sang de l'ingrat;
A toi-même, en mourant, immole ce perfide;
Contentant ses desirs, punis son parricide;

Fais un tourment pour lui de ton propre trépas,
En faisant qu'il le voie, et n'en jouisse pas.
Mais jouissons plutôt nous-mêmes de sa peine;
Et si Rome nous hait, triomphons de sa haine.
   O Romains! ô vengeance! ô pouvoir absolu!
O rigoureux combat d'un cœur irrésolu
Qui fuit en même temps tout ce qu'il se propose!
D'un prince malheureux ordonnez quelque chose.
Qui des deux dois-je suivre, et duquel m'éloigner?
Ou laissez-moi périr, ou laissez-moi régner.

SCÈNE IV.

AUGUSTE, LIVIE.

AUGUSTE.

Madame, on me trahit, et la main qui me tue
Rend sous mes déplaisirs ma constance abattue.
Cinna, Cinna le traître...

LIVIE.

            Euphorbe m'a tout dit,
Seigneur, et j'ai pâli cent fois à ce récit.
Mais écouteriez-vous les conseils d'une femme?

AUGUSTE.

Hélas! de quel conseil est capable mon ame!

LIVIE.

Votre sévérité, sans produire aucun fruit,
Seigneur, jusqu'à présent a fait beaucoup de bruit.

Par les peines d'un autre aucun ne s'intimide :
Salvidien à bas a soulevé Lépide;
Murène a succédé, Cépion l'a suivi;
Le jour à tous les deux dans les tourments ravi
N'a point mêlé de crainte à la fureur d'Égnace,
Dont Cinna maintenant ose prendre la place;
Et, dans les plus bas rangs, les noms les plus abjects,
Ont voulu s'ennoblir par de si hauts projets.
Après avoir en vain puni leur insolence,
Essayez sur Cinna ce que peut la clémence;
Faites son châtiment de sa confusion;
Cherchez le plus utile en cette occasion :
Sa peine peut aigrir une ville animée;
Son pardon peut servir à votre renommée;
Et ceux que vos rigueurs ne font qu'effaroucher
Peut-être à vos bontés se laisseront toucher.

AUGUSTE.

Gagnons-les tout-à-fait en quittant cet empire
Qui nous rend odieux, contre qui l'on conspire.
J'ai trop par vos avis consulté là-dessus;
Ne m'en parlez jamais, je ne consulte plus.
  Cesse de soupirer, Rome, pour ta franchise;
Si je t'ai mise aux fers, moi-même je les brise,
Et te rends ton état, après l'avoir conquis,
Plus paisible et plus grand que je ne te l'ai pris.
Si tu me veux haïr, hais-moi sans plus rien feindre;
Si tu me veux aimer, aime-moi sans me craindre :
De tout ce qu'eut Sylla de puissance et d'honneur,

ACTE IV, SCENE IV.

Lassé comme il en fut, j'aspire à son bonheur.

LIVIE.

Assez et trop long-temps son exemple vous flatte ;
Mais gardez que sur vous le contraire n'éclate.
Ce bonheur sans pareil qui conserva ses jours
Ne seroit pas bonheur, s'il arrivoit toujours.

AUGUSTE.

Eh bien ! s'il est trop grand, si j'ai tort d'y prétendre,
J'abandonne mon sang à qui voudra l'épandre.
Après un long orage il faut trouver un port ;
Et je n'en vois que deux, le repos ou la mort.

LIVIE.

Quoi ! vous voulez quitter le fruit de tant de peines ?

AUGUSTE.

Quoi ! vous voulez garder l'objet de tant de haines ?

LIVIE.

Seigneur, vous emporter à cette extrémité,
C'est plutôt désespoir que générosité.

AUGUSTE.

Régner et caresser une main si traîtresse,
Au lieu de sa vertu, c'est montrer sa foiblesse.

LIVIE.

C'est régner sur vous-même, et, par un noble choix,
Pratiquer la vertu la plus digne des rois.

AUGUSTE.

Vous m'aviez bien promis des conseils d'une femme ;
Vous me tenez parole, et c'en sont là, madame.
Après tant d'ennemis à mes pieds abattus,

Depuis vingt ans je règne, et j'en sais les vertus;
Je sais leur divers ordre, et de quelle nature
Sont les devoirs d'un prince en cette conjoncture.
Tout son peuple est blessé par un tel attentat,
Et la seule pensée est un crime d'état,
Une offense qu'on fait à toute sa province,
Dont il faut qu'il la venge ou cesse d'être prince.

LIVIE.

Donnez moins de croyance à votre passion.

AUGUSTE.

Ayez moins de foiblesse, ou moins d'ambition.

LIVIE.

Ne traitez pas si mal un conseil salutaire.

AUGUSTE.

Le ciel m'inspirera ce qu'ici je dois faire:
Adieu; nous perdons temps.

LIVIE.

Je ne vous quitte point,
Seigneur, que mon amour n'ait obtenu ce point.

AUGUSTE.

C'est l'amour des grandeurs qui vous rend importune.

LIVIE.

J'aime votre personne, et non votre fortune.

(seule.)

Il m'échappe : suivons, et forçons-le de voir
Qu'il peut, en faisant grace, affermir son pouvoir;
Et qu'enfin la clémence est la plus belle marque
Qui fasse à l'univers connoître un vrai monarque.

SCÈNE V.

ÉMILIE, FULVIE.

ÉMILIE.

D'où me vient cette joie? et que mal-à-propos
Mon esprit malgré moi goûte un entier repos!
César mande Cinna, sans me donner d'alarmes!
Mon cœur est sans soupirs, mes yeux n'ont point de larmes
Comme si j'apprenois d'un secret mouvement
Que tout doit succéder à mon contentement!
Ai-je bien entendu? me l'as-tu dit, Fulvie?

FULVIE.

J'avois gagné sur lui qu'il aimeroit la vie,
Et je vous l'amenois, plus traitable et plus doux,
Faire un second effort contre votre courroux;
Je m'en applaudissois, quand soudain Polyclète,
Des volontés d'Auguste ordinaire interprète,
Est venu l'aborder et sans suite et sans bruit,
Et de sa part sur l'heure au palais l'a conduit.
Auguste est fort troublé; l'on ignore la cause:
Chacun diversement soupçonne quelque chose;
Tous présument qu'il ait un grand sujet d'ennui,
Et qu'il mande Cinna pour prendre avis de lui.
Mais ce qui m'embarrasse, et que je viens d'apprendre,
C'est que deux inconnus se sont saisis d'Évandre,
Qu'Euphorbe est arrêté sans qu'on sache pourquoi,

Que même de son maître on dit je ne sais quoi :
On lui veut imputer un désespoir funeste;
On parle d'eaux, de Tibre, et l'on se tait du reste.

ÉMILIE.

Que de sujets de craindre et de désespérer,
Sans que mon triste cœur en daigne murmurer!
A chaque occasion, le ciel y fait descendre
Un sentiment contraire à celui qu'il doit prendre.
Une vaine frayeur tantôt m'a pu troubler;
Et je suis insensible alors qu'il faut trembler.

Je vous entends, grands dieux! vos bontés que j'adore
Ne peuvent consentir que je me déshonore,
Et, ne me permettant soupirs, sanglots, ni pleurs,
Soutiennent ma vertu contre de tels malheurs :
Vous voulez que je meure avec ce grand courage
Qui m'a fait entreprendre un si fameux ouvrage;
Et je veux bien périr comme vous l'ordonnez,
Et dans la même assiette où vous me retenez.

O liberté de Rome! ô mânes de mon père!
J'ai fait de mon côté tout ce que j'ai pu faire;
Contre votre tyran j'ai ligué ses amis,
Et plus osé pour vous qu'il ne m'étoit permis.
Si l'effet a manqué, ma gloire n'est pas moindre :
N'ayant pu vous venger, je vous irai rejoindre,
Mais si fumante encor d'un généreux courroux,
Par un trépas si noble et si digne de vous,
Qu'il vous fera sur l'heure aisément reconnoître
Le sang des grands héros dont vous m'avez fait naître.

SCÈNE VI.

MAXIME, ÉMILIE, FULVIE.

ÉMILIE.
Mais je vous vois, Maxime, et l'on vous faisoit mort !
MAXIME.
Euphorbe trompe Auguste avec ce faux rapport :
Se voyant arrêté, la trame découverte,
Il a feint ce trépas pour empêcher ma perte.
ÉMILIE.
Que dit-on de Cinna ?
MAXIME.
Que son plus grand regret,
C'est de voir que César sait tout votre secret.
En vain il le dénie et le veut méconnoître,
Évandre a tout conté pour excuser son maître ;
Et par l'ordre d'Auguste on vient vous arrêter.
ÉMILIE.
Celui qui l'a reçu tarde à l'exécuter :
Je suis prête à le suivre, et lasse de l'attendre.
MAXIME.
Il vous attend chez moi.
ÉMILIE.
Chez vous !
MAXIME.
C'est vous surprendre.

Mais apprenez le soin que le ciel a de vous :
C'est un des conjurés qui va fuir avec nous.
Prenons notre avantage avant qu'on nous poursuive;
Nous avons pour partir un vaisseau sur la rive.
ÉMILIE.
Me connois-tu, Maxime? et sais-tu qui je suis?
MAXIME.
En faveur de Cinna je fais ce que je puis,
Et tâche à garantir de ce malheur extrême
La plus belle moitié qui reste de lui-même.
Sauvons-nous, Émilie, et conservons le jour,
Afin de le venger par un heureux retour.
ÉMILIE.
Cinna dans son malheur est de ceux qu'il faut suivre,
Qu'il ne faut pas venger de peur de leur survivre.
Quiconque après sa perte aspire à se sauver
Est indigne du jour qu'il tâche à conserver.
MAXIME.
Quel désespoir aveugle à ces fureurs vous porte?
O dieux! que de foiblesse en une ame si forte!
Ce cœur si généreux rend si peu de combat!
Et du premier revers la fortune l'abat!
Rappelez, rappelez cette vertu sublime;
Ouvrez enfin les yeux, et connoissez Maxime.
C'est un autre Cinna qu'en lui vous regardez;
Le ciel vous rend en lui l'amant que vous perdez;
Et, puisque l'amitié n'en faisoit plus qu'une ame,
Aimez en cet ami l'objet de votre flamme :

ACTE IV, SCENE VI.

Avec la même ardeur il saura vous chérir,
Que...

ÉMILIE.

Tu m'oses aimer, et tu n'oses mourir!
Tu prétends un peu trop : mais, quoi que tu prétendes,
Rends-toi digne du moins de ce que tu demandes;
Cesse de fuir en lâche un glorieux trépas,
Ou de m'offrir un cœur que tu fais voir si bas;
Fais que je porte envie à ta vertu parfaite;
Ne te pouvant aimer, fais que je te regrette;
Montre d'un vrai Romain la dernière vigueur,
Et mérite mes pleurs au défaut de mon cœur.
Quoi! si ton amitié pour Cinna s'intéresse,
Crois-tu qu'elle consiste à flatter sa maîtresse?
Apprends, apprends de moi quel en est le devoir;
Et donne-m'en l'exemple, ou viens le recevoir.

MAXIME.

Votre juste douleur est trop impétueuse.

ÉMILIE.

La tienne en ta faveur est trop ingénieuse.
Tu me parles déja d'un bienheureux retour,
Et dans tes déplaisirs tu conçois de l'amour!

MAXIME.

Cet amour en naissant est toutefois extrême :
C'est votre amant en vous, c'est mon ami que j'aime;
Et des mêmes ardeurs dont il fut embrasé...

ÉMILIE.

Maxime, en voilà trop pour un homme avisé.

Ma perte m'a surprise, et ne m'a point troublée;
Mon noble désespoir ne m'a point aveuglée;
Ma vertu tout entière agit sans s'émouvoir :
Et je vois malgré moi plus que je ne veux voir.

MAXIME.

Quoi! vous suis-je suspect de quelque perfidie?

ÉMILIE.

Oui, tu l'es, puisque enfin tu veux que je le die.
L'ordre de notre fuite est trop bien concerté,
Pour ne te soupçonner d'aucune lâcheté :
Les dieux seroient pour nous prodigues en miracles,
S'ils en avoient sans toi levé tous les obstacles.
Fuis sans moi : tes amours sont ici superflus.

MAXIME.

Ah! vous m'en dites trop.

ÉMILIE.

J'en présume encor plus.
Ne crains pas toutefois que j'éclate en injures;
Mais n'espère non plus m'éblouir de parjures.
Si c'est te faire tort que de m'en défier,
Viens mourir avec moi pour te justifier.

MAXIME.

Vivez, belle Émilie, et souffrez qu'un esclave...

ÉMILIE.

Je ne t'écoute plus qu'en présence d'Octave.
Allons, Fulvie, allons.

SCÈNE VII.

MAXIME.

Désespéré, confus,
Et digne, s'il se peut, d'un plus cruel refus,
Que résous-tu, Maxime? et quel est le supplice
Que ta vertu prépare à ton vain artifice?
Aucune illusion ne te doit plus flatter;
Émilie en mourant va tout faire éclater.
Sur un même échafaud, la perte de sa vie
Étalera sa gloire et ton ignominie,
Et sa mort va laisser à la postérité
L'infame souvenir de ta déloyauté.
Un même jour t'a vu, par une fausse adresse,
Trahir ton souverain, ton ami, ta maîtresse,
Sans que de tant de droits en un jour violés,
Sans que de deux amants au tyran immolés,
Il te reste aucun fruit que la honte et la rage
Qu'un remords inutile allume en ton courage.
Euphorbe, c'est l'effet de tes lâches conseils!
Mais que peut-on attendre enfin de tes pareils?
Jamais un affranchi n'est qu'un esclave infame;
Bien qu'il change d'état, il ne change point d'ame:
La tienne, encor servile, avec la liberté
N'a pu prendre un rayon de générosité.
Tu m'as fait relever une injuste puissance;

Tu m'as fait démentir l'honneur de ma naissance :
Mon cœur te résistoit, et tu l'as combattu
Jusqu'à ce que ta fourbe ait souillé sa vertu.
Il m'en coûte la vie, il m'en coûte la gloire ;
Et j'ai tout mérité pour t'avoir voulu croire :
Mais les dieux permettront à mes ressentiments
De te sacrifier aux yeux des deux amants ;
Et j'ose m'assurer qu'en dépit de mon crime
Mon sang leur servira d'assez pure victime,
Si dans le tien mon bras justement irrité
Peut laver le forfait de t'avoir écouté.

FIN DU QUATRIÈME ACTE.

ACTE CINQUIÈME.

SCÈNE I.

AUGUSTE, CINNA.

AUGUSTE.

Prends un siége, Cinna, prends; et, sur toute chose,
Observe exactement la loi que je t'impose :
Prête, sans me troubler, l'oreille à mes discours;
D'aucun mot, d'aucun cri, n'en interromps le cours;
Tiens ta langue captive; et, si ce grand silence
A ton émotion fait quelque violence,
Tu pourras me répondre, après, tout à loisir.
Sur ce point seulement contente mon desir.

CINNA.

Je vous obéirai, seigneur.

AUGUSTE.

Qu'il te souvienne
De garder ta parole; et je tiendrai la mienne.
Tu vois le jour, Cinna; mais ceux dont tu le tiens
Furent les ennemis de mon père, et les miens :
Au milieu de leur camp tu reçus la naissance;
Et, lorsque après leur mort tu vins en ma puissance,

Leur haine, enracinée au milieu de ton sein,
T'avoit mis contre moi les armes à la main.
Tu fus mon ennemi même avant que de naître,
Et tu le fus encor quand tu me pus connoître;
Et l'inclination jamais n'a démenti
Ce sang qui t'avoit fait du contraire parti :
Autant que tu l'as pu, les effets l'ont suivie.
Je ne m'en suis vengé qu'en te donnant la vie :
Je te fis prisonnier pour te combler de bien;
Ma cour fut ta prison, mes faveurs tes liens;
Je te restituai d'abord ton patrimoine;
Je t'enrichis après des dépouilles d'Antoine;
Et tu sais que depuis, à chaque occasion,
Je suis tombé pour toi dans la profusion :
Toutes les dignités que tu m'as demandées,
Je te les ai sur l'heure et sans peine accordées;
Je t'ai préféré même à ceux dont les parents
Ont jadis dans mon camp tenu les premiers rangs,
A ceux qui de leur sang m'ont acheté l'empire,
Et qui m'ont conservé le jour que je respire.
De la façon enfin qu'avec toi j'ai vécu,
Les vainqueurs sont jaloux du bonheur du vaincu.
Quand le ciel me voulut, en rappelant Mécène,
Après tant de faveurs, montrer un peu de haine,
Je te donnai sa place en ce triste accident,
Et te fis après lui mon plus cher confident.
Aujourd'hui même encor, mon ame irrésolue
Me pressant de quitter ma puissance absolue,

ACTE V, SCENE I.

De Maxime et de toi j'ai pris les seuls avis ;
Et ce sont malgré lui les tiens que j'ai suivis.
Bien plus, ce même jour, je te donne Émilie,
Le digne objet des vœux de toute l'Italie,
Et qu'ont mise si haut mon amour et mes soins,
Qu'en te couronnant roi je t'aurois donné moins.
Tu t'en souviens, Cinna ; tant d'heur et tant de gloire
Ne peuvent pas si tôt sortir de ta mémoire :
Mais, ce qu'on ne pourroit jamais s'imaginer,
Cinna, tu t'en souviens, et veux m'assassiner.

CINNA.
Moi, seigneur, moi, que j'eusse une ame si traîtresse !
Qu'un si lâche dessein...

AUGUSTE.
Tu tiens mal ta promesse :
Sieds-toi, je n'ai pas dit encor ce que je veux ;
Tu te justifieras après, si tu le peux.
Écoute cependant, et tiens mieux ta parole.
Tu veux m'assassiner demain au Capitole,
Pendant le sacrifice ; et ta main, pour signal,
Me doit, au lieu d'encens, donner le coup fatal.
La moitié de tes gens doit occuper la porte,
L'autre moitié te suivre, et te prêter main-forte.
Ai-je de bons avis, ou de mauvais soupçons ?
De tous ces meurtriers te dirai-je les noms ?
Procule, Glabrion, Virginian, Rutile,
Marcel, Plaute, Lénas, Pompone, Albin, Icile ;
Maxime, qu'après toi j'avois le plus aimé :

Le reste ne vaut pas l'honneur d'être nommé;
Un tas d'hommes perdus de dettes et de crimes,
Que pressent de mes lois les ordres légitimes,
Et qui, désespérant de les plus éviter,
Si tout n'est renversé, ne sauroient subsister.
 Tu te tais maintenant, et gardes le silence,
Plus par confusion que par obéissance.
Quel étoit ton dessein, et que prétendois-tu,
Après m'avoir au temple à tes pieds abattu?
Affranchir ton pays d'un pouvoir monarchique?
Si j'ai bien entendu tantôt ta politique,
Son salut désormais dépend d'un souverain
Qui, pour tout conserver, tienne tout en sa main :
Et, si sa liberté te faisoit entreprendre,
Tu ne m'eusses jamais empêché de la rendre;
Tu l'aurois acceptée au nom de tout l'état,
Sans vouloir l'acquérir par un assassinat.
Quel étoit donc ton but? d'y régner à ma place?
D'un étrange malheur son destin le menace,
Si, pour monter au trône et lui donner la loi,
Tu ne trouves dans Rome autre obstacle que moi;
Si jusques à ce point son sort est déplorable,
Que tu sois après moi le plus considérable,
Et que ce grand fardeau de l'empire romain
Ne puisse après ma mort tomber mieux qu'en ta main.
Apprends à te connoître, et descends en toi-même:
On t'honore dans Rome, on te courtise, on t'aime,
Chacun tremble sous toi, chacun t'offre des vœux,

ACTE V, SCENE I.

Ta fortune est bien haut, tu peux ce que tu veux;
Mais tu ferois pitié, même à ceux qu'elle irrite,
Si je t'abandonnois à ton peu de mérite.
Ose me démentir, dis-moi ce que tu vaux;
Conte-moi tes vertus, tes glorieux travaux,
Les rares qualités par où tu m'as dû plaire,
Et tout ce qui t'élève au-dessus du vulgaire.
Ma faveur fait ta gloire, et ton pouvoir en vient;
Elle seule t'élève, et seule te soutient;
C'est elle qu'on adore, et non pas ta personne;
Tu n'as crédit ni rang qu'autant qu'elle t'en donne;
Et, pour te faire choir, je n'aurois aujourd'hui
Qu'à retirer la main qui seule est ton appui.
J'aime mieux toutefois céder à ton envie;
Règne, si tu le peux, aux dépens de ma vie.
Mais oses-tu penser que les Serviliens,
Les Cosses, les Métels, les Pauls, les Fabiens,
Et tant d'autres enfin de qui les grands courages
Des héros de leur sang sont les vives images,
Quittent le noble orgueil d'un sang si généreux
Jusqu'à pouvoir souffrir que tu règnes sur eux?
Parle, parle, il est temps.

CINNA.

Je demeure stupide;
Non que votre colère ou la mort m'intimide;
Je vois qu'on m'a trahi; vous m'y voyez rêver;
Et j'en cherche l'auteur sans le pouvoir trouver.
Mais c'est trop y tenir toute l'ame occupée.

Seigneur, je suis Romain, et du sang de Pompée :
Le père et les deux fils, lâchement égorgés,
Par la mort de César étoient trop peu vengés :
C'est là d'un beau dessein l'illustre et seule cause ;
Et, puisqu'à vos rigueurs la trahison m'expose,
N'attendez point de moi d'infames repentirs,
D'inutiles regrets, ni de honteux soupirs.
Le sort vous est propice autant qu'il m'est contraire :
Je sais ce que j'ai fait, et ce qu'il vous faut faire ;
Vous devez un exemple à la postérité ;
Et mon trépas importe à votre sûreté.

AUGUSTE.

Tu me braves, Cinna ; tu fais le magnanime ;
Et, loin de t'excuser, tu couronnes ton crime :
Voyons si ta constance ira jusques au bout.
Tu sais ce qui t'est dû, tu vois que je sais tout ;
Fais ton arrêt toi-même, et choisis tes supplices.

SCÈNE II.

AUGUSTE, LIVIE, CINNA, ÉMILIE, FULVIE.

LIVIE.

Vous ne connoissez pas encor tous les complices ;
Votre Émilie en est, seigneur ; et la voici.

CINNA.

C'est elle-même, ô dieux !

AUGUSTE.

Et toi, ma fille, aussi !

ACTE V, SCENE II.

ÉMILIE.

Oui, tout ce qu'il a fait, il l'a fait pour me plaire;
Et j'en étois, seigneur, la cause et le salaire.

AUGUSTE.

Quoi! l'amour qu'en ton cœur j'ai fait naître aujourd'hui
T'emporte-t-il déja jusqu'à mourir pour lui?
Ton ame à ces transports un peu trop s'abandonne,
Et c'est trop tôt aimer l'amant que je te donne.

ÉMILIE.

Cet amour qui m'expose à vos ressentiments
N'est point le prompt effet de vos commandements:
Ces flammes dans nos cœurs sans votre ordre étoient nées;
Et ce sont des secrets de plus de quatre années.
Mais, quoique je l'aimasse, et qu'il brûlât pour moi,
Une haine plus forte à tous deux fit la loi;
Je ne voulus jamais lui donner d'espérance
Qu'il ne m'eût de mon père assuré la vengeance:
Je la lui fis jurer; il chercha des amis.
Le ciel rompt le succès que je m'étois promis;
Et je vous viens, seigneur, offrir une victime,
Non pour sauver sa vie en me chargeant du crime;
Son trépas est trop juste après son attentat,
Et toute excuse est vaine en un crime d'état:
Mourir en sa présence, et rejoindre mon père,
C'est tout ce qui m'amène, et tout ce que j'espère.

AUGUSTE.

Jusques à quand, ô ciel, et par quelle raison
Prendrez-vous contre moi des traits dans ma maison?

Pour ses débordements j'en ai chassé Julie;
Mon amour en sa place a fait choix d'Émilie;
Et je la vois comme elle indigne de ce rang.
L'une m'ôtoit l'honneur, l'autre a soif de mon sang;
Et, prenant toutes deux leurs passions pour guide,
L'une fut impudique, et l'autre parricide.
O ma fille! est-ce là le prix de mes bienfaits?
ÉMILIE.
Ceux de mon père en vous firent mêmes effets.
AUGUSTE.
Songe avec quel amour j'élevai ta jeunesse.
ÉMILIE.
Il éleva la vôtre avec même tendresse;
Il fut votre tuteur, et vous son assassin;
Et vous m'avez au crime enseigné le chemin.
Le mien d'avec le vôtre en ce point seul diffère,
Que votre ambition s'est immolé mon père;
Et qu'un juste courroux dont je me sens brûler
A son sang innocent vouloit vous immoler.
LIVIE.
C'en est trop, Émilie; arrête, et considère
Qu'il t'a trop bien payé les bienfaits de ton père.
Sa mort, dont la mémoire allume ta fureur,
Fut un crime d'Octave, et non de l'empereur.
Tous ces crimes d'état qu'on fait pour la couronne,
Le ciel nous en absout alors qu'il nous la donne;
Et, dans le sacré rang où sa faveur l'a mis,
Le passé devient juste et l'avenir permis.

ACTE V, SCENE II.

Qui peut y parvenir ne peut être coupable;
Quoi qu'il ait fait ou fasse, il est inviolable :
Nous lui devons nos biens, nos jours sont en sa main,
Et jamais on n'a droit sur ceux du souverain.

ÉMILIE.

Aussi, dans le discours que vous venez d'entendre,
Je parlois pour l'aigrir, et non pour me défendre.
Punissez donc, seigneur, ces criminels appas
Qui de vos favoris font d'illustres ingrats.
Tranchez mes tristes jours pour assurer les vôtres :
Si j'ai séduit Cinna, j'en séduirai bien d'autres;
Et je suis plus à craindre, et vous plus en danger,
Si j'ai l'amour ensemble et le sang à venger.

CINNA.

Que vous m'ayez séduit, et que je souffre encore
D'être déshonoré par celle que j'adore!
  Seigneur, la vérité doit ici s'exprimer :
J'avois fait ce dessein avant que de l'aimer.
A mes plus saints desirs la trouvant inflexible,
Je crus qu'à d'autres soins elle seroit sensible;
Je parlai de son père et de votre rigueur,
Et l'offre de mon bras suivit celle du cœur.
Que la vengeance est douce à l'esprit d'une femme!
Je l'attaquai par là, par là je pris son ame.
Dans mon peu de mérite elle me négligeoit,
Et ne put négliger le bras qui la vengeoit.
Elle n'a conspiré que par mon artifice;
J'en suis le seul auteur, elle n'est que complice.

ÉMILIE.

Cinna, qu'oses-tu dire? Est-ce là me chérir,
Que de m'ôter l'honneur quand il me faut mourir?

CINNA.

Mourez; mais en mourant ne souillez point ma gloire.

ÉMILIE.

La mienne se flétrit, si César te veut croire.

CINNA.

Et la mienne se perd, si vous tirez à vous
Toute celle qui suit de si généreux coups.

ÉMILIE.

Eh bien! prends-en ta part, et me laisse la mienne;
Ce seroit l'affoiblir que d'affoiblir la tienne :
La gloire et le plaisir, la honte et les tourments,
Tout doit être commun entre de vrais amants.
 Nos deux ames, seigneur, sont deux ames romaines :
Unissant nos desirs, nous unîmes nos haines.
De nos parents perdus le vif ressentiment
Nous apprit nos devoirs en un même moment;
En ce noble dessein nos cœurs se rencontrèrent;
Nos esprits généreux ensemble le formèrent;
Ensemble nous cherchons l'honneur d'un beau trépas :
Vous vouliez nous unir, ne nous séparez pas.

AUGUSTE.

Oui, je vous unirai, couple ingrat et perfide,
Et plus mon ennemi qu'Antoine ni Lépide;
Oui, je vous unirai, puisque vous le voulez :
Il faut bien satisfaire aux feux dont vous brûlez;

Et que tout l'univers, sachant ce qui m'anime,
S'étonne du supplice aussi bien que du crime...
  Mais enfin le ciel m'aime, et ses bienfaits nouveaux
Ont arraché Maxime à la fureur des eaux.

SCÈNE III.

AUGUSTE, LIVIE, CINNA, MAXIME, ÉMILIE, FULVIE.

AUGUSTE.
Approche, seul ami que j'éprouve fidèle.
MAXIME.
Honorez moins, seigneur, une ame criminelle.
AUGUSTE.
Ne parlons plus de crime après ton repentir,
Après que du péril tu m'as su garantir :
C'est à toi que je dois et le jour et l'empire.
MAXIME.
De tous vos ennemis connoissez mieux le pire :
Si vous régnez encor, seigneur, si vous vivez,
C'est ma jalouse rage à qui vous le devez.
Un vertueux remords n'a point touché mon ame :
Pour perdre mon rival j'ai découvert sa trame ;
Euphorbe vous a feint que je m'étois noyé,
De crainte qu'après moi vous n'eussiez envoyé.
Je voulois avoir lieu d'abuser Émilie,
Effrayer son esprit, la tirer d'Italie ;

Et pensois la résoudre à cet enlèvement
Sous l'espoir du retour pour venger son amant.
Mais, au lieu de goûter ces grossières amorces,
Sa vertu combattue a redoublé ses forces :
Elle a lu dans mon cœur. Vous savez le surplus,
Et je vous en ferois des récits superflus ;
Vous voyez le succès de mon lâche artifice.
Si pourtant quelque grace est due à mon indice,
Faites périr Euphorbe au milieu des tourments,
Et souffrez que je meure aux yeux de ces amants.
J'ai trahi mon ami, ma maîtresse, mon maître,
Ma gloire, mon pays, par l'avis de ce traître ;
Et croirai toutefois mon bonheur infini,
Si je puis m'en punir après l'avoir puni.

AUGUSTE.

En est-ce assez, ô ciel! et le sort pour me nuire
A-t-il quelqu'un des miens qu'il veuille encor séduire?
Qu'il joigne à ses efforts le secours des enfers,
Je suis maître de moi comme de l'univers ;
Je le suis, je veux l'être. O siècles! ô mémoire!
Conservez à jamais ma dernière victoire :
Je triomphe aujourd'hui du plus juste courroux
De qui le souvenir puisse aller jusqu'à vous.

Soyons ami, Cinna ; c'est moi qui t'en convie :
Comme à mon ennemi je t'ai donné la vie ;
Et, malgré la fureur de ton lâche dessein,
Je te la donne encor comme à mon assassin.
Commençons un combat qui montre par l'issue

ACTE V, SCENE III.

Qui l'aura mieux de nous ou donnée ou reçue.
Tu trahis mes bienfaits, je les veux redoubler;
Je t'en avois comblé, je t'en veux accabler:
Avec cette beauté que je t'avois donnée,
Reçois le consulat pour la prochaine année.

Aime Cinna, ma fille, en cet illustre rang;
Préfères-en la pourpre à celle de mon sang;
Apprends sur mon exemple à vaincre ta colère:
Te rendant un époux, je te rends plus qu'un père.

ÉMILIE.

Et je me rends, seigneur, à ces hautes bontés;
Je recouvre la vue auprès de leurs clartés:
Je connois mon forfait qui me sembloit justice;
Et, ce que n'avoit pu la terreur du supplice,
Je sens naître en mon ame un repentir puissant;
Et mon cœur en secret me dit qu'il y consent.

Le ciel a résolu votre grandeur suprême,
Et pour preuve, seigneur, je n'en veux que moi-même.
J'ose avec vanité me donner cet éclat,
Puisqu'il change mon cœur, qu'il veut changer l'état.
Ma haine va mourir, que j'ai crue immortelle;
Elle est morte; et ce cœur devient sujet fidèle;
Et, prenant désormais cette haine en horreur,
L'ardeur de vous servir succède à sa fureur.

CINNA.

Seigneur, que vous dirai-je après que nos offenses,
Au lieu de châtiments, trouvent des récompenses?
O vertu sans exemple! ô clémence, qui rend

Votre pouvoir plus juste, et mon crime plus grand!
AUGUSTE.
Cesse d'en retarder un oubli magnanime;
Et tous deux avec moi faites grace à Maxime :
Il nous a trahis tous; mais ce qu'il a commis
Vous conserve innocents, et me rend mes amis.
(à Maxime.)
Reprends auprès de moi ta place accoutumée,
Rentre dans ton crédit et dans ta renommée,
Qu'Euphorbe de tous trois ait sa grace à son tour;
Et que demain l'hymen couronne leur amour :
Si tu l'aimes encor, ce sera ton supplice.
MAXIME.
Je n'en murmure point, il a trop de justice;
Et je suis plus confus, seigneur, de vos bontés,
Que je ne suis jaloux du bien que vous m'ôtez.
CINNA.
Souffrez que ma vertu dans mon cœur rappelée
Vous consacre une foi lâchement violée,
Mais si ferme à présent, si loin de chanceler,
Que la chute du ciel ne pourroit l'ébranler.
Puisse le grand moteur des belles destinées,
Pour prolonger vos jours, retrancher nos années;
Et moi, par un bonheur dont chacun soit jaloux,
Perdre pour vous cent fois ce que je tiens de vous!
LIVIE.
Ce n'est pas tout, seigneur, une céleste flamme
D'un rayon prophétique illumine mon ame.
Oyez ce que les dieux vous font savoir par moi :

ACTE V, SCENE III.

De votre heureux destin c'est l'immuable loi.
　　Après cette action, vous n'avez rien à craindre :
On portera le joug désormais sans se plaindre ;
Et les plus indomptés, renversant leurs projets,
Mettront toute leur gloire à mourir vos sujets.
Aucun lâche dessein, aucune ingrate envie
N'attaquera le cours d'une si belle vie ;
Jamais plus d'assassins ni de conspirateurs :
Vous avez trouvé l'art d'être maître des cœurs.
Rome, avec une joie et sensible et profonde,
Se démet en vos mains de l'empire du monde :
Vos royales vertus lui vont trop enseigner
Que son bonheur consiste à vous faire régner.
D'une si longue erreur pleinement affranchie,
Elle n'a plus de vœux que pour la monarchie,
Vous prépare déjà des temples, des autels,
Et le ciel une place entre les immortels ;
Et la postérité, dans toutes les provinces,
Donnera votre exemple aux plus généreux princes.

AUGUSTE.

J'en accepte l'augure, et j'ose l'espérer.
Ainsi toujours les dieux vous daignent inspirer !
　　Qu'on redouble demain les heureux sacrifices
Que nous leur offrirons sous de meilleurs auspices ;
Et que vos conjurés entendent publier
Qu'Auguste a tout appris, et veut tout oublier.

FIN DE CINNA.

EXAMEN DE CINNA.

Ce poëme a tant d'illustres suffrages qui lui donnent le premier rang parmi les miens, que je me ferois trop d'importants ennemis, si j'en disois du mal : je ne le suis pas assez de moi-même pour chercher des défauts où ils n'en ont point voulu voir, et accuser le jugement qu'ils en ont fait, pour obscurcir la gloire qu'ils m'en ont donnée. Cette approbation si forte et si générale vient sans doute de ce que la vraisemblance s'y trouve si heureusement conservée aux endroits où la vérité lui manque, qu'il n'a jamais besoin de recourir au nécessaire. Rien n'y contredit l'histoire, bien que beaucoup de choses y soient ajoutées; rien n'y est violenté par les incommodités de la représentation, ni par l'unité de jour, ni par celle de lieu.

Il est vrai qu'il s'y rencontre une duplicité de lieu particulier. La moitié de la pièce se passe chez Émilie, et l'autre dans le cabinet d'Auguste. J'aurois été ridicule, si j'avois prétendu que cet empereur délibérât avec Maxime et Cinna s'il quitteroit l'empire ou non, précisément dans la même place où ce dernier vient de rendre compte à Émilie de la conspiration qu'il a formée contre lui. C'est ce qui m'a fait rompre la liaison des scènes au quatrième acte, n'ayant pu me résoudre à faire que Maxime vînt donner l'alarme à Émilie de la conjuration découverte, au lieu même où Auguste en venoit de recevoir l'avis par son ordre, et dont il ne faisoit que de sortir avec tant d'inquiétude et d'irrésolution. C'eût été une imprudence extraordinaire, et tout-à-fait hors du vraisemblable, de se présenter dans son cabinet un moment après qu'il lui avoit fait révéler le secret de cette entreprise dont il étoit un des chefs, et porter la nouvelle de sa fausse mort. Bien loin de pouvoir surprendre Émilie par la peur de se voir arrêtée, c'eût été se faire arrêter lui-même, et se précipiter dans un obstacle invincible au dessein qu'il vouloit exécuter. Émilie ne parle donc pas où parle Auguste, à la réserve du cinquième acte; mais cela n'empêche pas qu'à considérer tout le poëme ensemble, il n'ait son unité de lieu, puisque tout s'y peut passer, non-seulement dans Rome ou dans un quartier de Rome, mais dans le seul palais d'Auguste, pourvu que vous y vouliez donner un appartement à Émilie, qui soit éloigné du sien.

Le compte que Cinna lui rend de sa conspiration justifie ce que j'ai dit ailleurs, que, pour faire souffrir une narration ornée, il faut que celui qui la fait et celui qui l'écoute aient l'esprit assez tranquille, et s'y plaisent assez, pour lui prêter toute la patience qui lui est nécessaire. Émilie a de la joie d'apprendre de la bouche de son amant avec quelle chaleur il a suivi ses intentions, et Cinna n'en a pas moins de lui pouvoir donner de si belles espérances de l'effet qu'elle en souhaite : c'est pourquoi, quelque longue que soit cette narration sans interruption aucune, elle n'ennuie point. Les ornements de rhétorique dont j'ai tâché de l'enrichir ne la font point condamner de trop d'artifices, et la diversité de ses figures ne fait point regretter le temps que j'y perds : mais si j'avois attendu à la commencer qu'Évandre eût troublé ces deux amants par la nouvelle qu'il leur apporte, Cinna eût été obligé de s'en taire ou de la conclure en six vers, et Émilie n'en eût pu supporter davantage.

Comme les vers de ma tragédie d'Horace ont quelque chose de plus net et de moins guindé pour les pensées que ceux du Cid, on peut dire que ceux de cette pièce ont quelque chose de plus achevé que ceux d'Horace, et qu'enfin la facilité de concevoir le sujet, qui n'est, ni trop chargé d'incidents, ni trop embarrassé des récits de ce qui s'est passé avant le commencement de la pièce, est une des causes, sans doute, de la grande approbation qu'elle a reçue. L'auditeur aime à s'abandonner à l'action présente, et n'être point obligé, pour l'intelligence de ce qu'il voit, de réfléchir sur ce qu'il a déja vu, et de fixer sa mémoire sur les premiers actes, cependant que les derniers sont devant ses yeux. C'est l'incommodité des pièces embarrassées, qu'en termes de l'art on nomme *implexes*, par un mot tiré du latin, telles que sont Rodogune et Héraclius. Elle ne se rencontre pas dans les simples : mais comme celles-là ont sans doute besoin de plus d'esprit pour les imaginer, et de plus d'art pour les conduire, celles-ci n'ayant pas le même secours du côté du sujet, demandent plus de force de vers, de raisonnement et de sentiment, pour les soutenir.

FIN DU PREMIER VOLUME.

TABLE

DES PIÈCES

CONTENUES DANS CE VOLUME.

Vie de P. Corneille, par Fontenelle, Page	5
Médée, tragédie,	31
Le Cid, tragédie,	129
Horace, tragédie,	269
Cinna, tragédie,	375

FIN DE LA TABLE.

www.ingramcontent.com/pod-product-compliance
Lightning Source LLC
Chambersburg PA
CBHW050252230426
43664CB00012B/1925